네이비씰
승리의 리더십

조코 윌링크 지음 · 최지희 옮김

네이비씰
승리의 리더십

위기에는 강한 리더가 필요하다

NAVY
SEALS

경향BP

머리말

반드시 이겨야 하는 전투 리더십 원칙은
어떤 현장에서든 통한다

내가 기초수중파괴/특전요원 훈련(BUD/S)을 마치고 네이비씰 1팀에 배정되었을 당시에는 리더십 과정이 전혀 없었다. 새로운 씰 팀에는 리더십과 관련해 어떤 자료나 책도 없었다. 부대에서는 우리가 OJT(on-the-job training: 직무 수행과 병행하는 교육 훈련-옮긴이)나 특기 훈련을 통해 지금까지 습득해온 씰 팀의 방식을 배우고 전수해주기를 기대했다.

물론 OJT에도 몇 가지 좋은 점이 있다. 훈련을 맡은 듬직한 리더가 각자 맡은 병과에서 실제로 어려움을 겪을 때 옆에서 지도해주고 조언해줄 수 있다. 씰 팀에서 팀원이 다양한 상황을 겪을 때 리더가 무엇을 해야 하는지 정확하게 말해준다는 뜻이다. 리더가 리더십 자질이 뛰어난 사람이라면 당신에게 기꺼이 시간과 정력을 투자할 것이다. 그리고 당신이 그만한 관심을 쏟을 만큼 똑똑하다면 리더십에 대해 무언가를 배울 수 있다.

그러나 이런 식으로 리더십을 가르치는 건 역부족이다. 우선 리더라고 다 좋은 리더가 아니며, 씰 팀도 예외가 아니다. 내가 씰 팀에 들어갔을 때는 1991년이었다. 전쟁은 일어나지 않았다. 1차 걸프전이 막 종식되었지만 지상전은 불과 72시간 만에 끝났다. 씰 팀의 소수만이 작전을 수행했고, 작전 역시 상대적으로 쉬운 편이었다.

그 전 20년 동안 이루어졌던 파견은 대부분 평시[平時: 교전 당사국의 국가수반인 대통령(또는 주석) 간에 상호 평화조약을 조인함으로써 휴전과 더불어 평화 상태로 대체되어 전쟁행위가 금지된 종전 상태-옮긴이] 파견이었다. 씰 팀의 주요 업무는 다른 나라의 군대를 훈련시키는 것이었다. 실제로 전투에 임하는 것은 대부분의 미군에게 요원한 꿈처럼 보였다.

사실상 베트남 전쟁이 끝난 후 네이비씰과 다른 미군 모두 평시 모드로 지냈다. 이는 리더가 실제로 리더십을 테스트받을 일이 없었다는 뜻이다. 네이비씰 팀의 훌륭한 리더는 나쁜 리더와 거의 유사한 임무를 받았고 승진 속도도 비슷했다.

젊은 대원을 지도해야 할 소대장이 본받을 만한 리더의 유형임을 보장해줄 수 있는 것은 아무것도 없었다. 모든 리더가 부하를 지도해주는 것은 아니다. 더군다나 최고의 리더일지라도 소수의 사람에게만 시간과 지식을 실제로 투자해줄 수 있다. 평시에도 해야 할 행정 업무가 산적해 있다. 그러다 보면 리더십 코칭이나 멘토링 일정은 뒤로 밀리게 된다.

선임 대원은 하급자에게 신경 써야 할 의무가 있다. 그러나 그러지 못할 때가 아주 많다. 간혹 자신이 언제까지 신참이 아니라는 사실을 받아들이지 못하는 선임 대원도 있다. 언젠가 그도 소대장이 될 것이

네이비씰 승리의 리더십

다. 따라서 그는 할 수 있는 한 모든 것을 배워 그때를 준비해야 한다.

　나는 운이 좋았다. 나는 내게 시간과 지식을 투자해준 진짜 훌륭한 리더들을 만났다. 그들은 시간을 들여 내게 설명해주었다. 그들은 전략과 전술을 가르쳐주었다. 베트남에 파병되었던 대원은 중요한 전술적 리더십 교훈이 담긴 이야기를 들려주었다. 나는 경청했다. 그 이야기들은 서서히 내게 스며들었다. 결국 나는 최종 테스트인 전투에서 내가 배운 리더십 이론을 적용할 수 있었다. 이후 그 교훈들을 문서화시켜서 그 자리에 들어온 젊은 대원들에게 전달했다. 나는 그들에게 리더로서 어떻게 행동할지를 가르치려고 노력했다.

　리더십의 목표는 간단하다. 사람들이 임무와 팀을 지원하기 위해 필요한 일들을 하도록 만드는 것이다. 그러나 리더십을 발휘하는 방식은 사람마다 다르다. 사람마다 리더십의 색깔이 다르다. 리더가 다르고, 따르는 사람이 다르고, 동료가 다르다. 사람마다 자기만의 성격, 개성, 관점이 다르다.

　나는 리더들에게 리더십을 발휘하는 게 힘든 이유는, 사람을 대하는 일이고 내 마음과 정말 다를 때가 많기 때문이라는 이야기를 종종 한다. 리더가 상대해야 하는 사람 중에서 가장 말이 안 통하는 사람은 바로 자기 자신이다. 말이 안 통하는 사람도 유형이 있다. 인간의 행동 유형을 인지한다면 앞으로 어떤 상황이 전개될지 예측해서 그들에게 접근할 수 있다.

　나는 퇴역 후 민간의 리더들에게 전투 리더십과 동일한 원칙을 전수하기 시작했다. 결과적으로 나는 예전 팀 동료였던 레이프 바빈(Leif

Babin)과 협력해 에셜론 프런트(Echelon Front)라는 리더십 컨설팅 회사를 세웠다. 전장에서 나온 원칙은 어떤 리더십 현장에든 다 적용할 수 있었다. 우리는 전투에서 배운 교훈을 가지고 2권의 책을 썼다.

이 책들에는 전투 리더로서 우리의 경험과 전투 리더십의 원칙을 사업과 생활에 어떻게 적용할지 등의 내용이 담겨 있다. 『네이비씰 승리의 기술(Extreme Ownership)』과 『이분법적 리더십(The Dichotomy of Leadership)』은 원칙을 명료하게 설명하고 전투와 사업 현장의 일화들로 원리를 설명한다. 전 세계 리더들이 책에 나온 원칙을 자신들의 현장에 적용했을 때 믿을 수 없을 정도로 강력한 힘을 발휘했다는 피드백을 보냈다.

원칙을 적용하는 것은 보기보다 어렵다. 개념을 이해하는 것은 꽤 간단하다. 물론 시간이 걸릴 때도 있기는 하지만. 리더는 이 원칙들을 실제로 실행하는 데 필요한 전략과 전술, 즉 원칙을 실용적으로 적용하는 법을 이해해야 한다. 원칙이 만들어진 전략적 기반과 그 원칙을 구성하는 핵심 내용이 무엇인지 알아야 한다. 그런 다음 리더십 원칙을 활용하는 데 필요한 전술적 기술, 전략적 기동력 그리고 의사소통 기법 등을 배워야 한다. 이것이 바로 이 책에서 말하고자 하는 바다.

다른 책에서 썼듯이 나는 완벽하지 않은 내 기억을 바탕으로 경험을 묘사했다. 인용된 글 역시 완벽하게 똑같지 않고 말의 의미를 대략적으로 전달하는 데 주안점을 두었다. 일부 내용은 관련자의 신원이나 민감한 정보를 보호하기 위해 바꾸었다.

이 책은 처음부터 끝까지 순서에 따라 읽을 필요는 없다. 참고자료

용으로 작성하고 편집했기 때문에 리더라면 누구든 자신이 처한 상황에 따라 관련된 전략과 전술을 신속히 이해하고 실천할 수 있다. 이 책은 리더가 리더로서 해야 하는 일, 즉 이끄는 일을 잘 해내도록 돕기 위한 길라잡이 같은 역할을 한다.

내가 뭐라고 리더십을 가르치는 것일까? 나는 어디서 리더십을 배웠을까? 내 리더십 교육의 8할은 운이었다. 내가 운이 좋았다고 말할 수 있는 것은 내게 행운과도 같은 몇 번의 우연이 있었기 때문이다. 우연한 만남이 내게 바른 마음의 틀, 좋은 교사 그리고 배울 수 있는 기회를 가져다주었다.

내가 운이 좋았던 것 외에 리더십에 집중하게 된 또 다른 이유는, 내가 특별히 어떤 것에 타고난 재능이 없었다는 것이다. 어렸을 때 나는 달리기가 가장 빠르지도, 가장 힘이 세지도, 가장 똑똑하지도 않았다. 농구나 축구 그리고 야구를 썩 잘하지도 못했다. 어떤 경주에서 이겨본 적이 없고 스포츠 경기에서 트로피나 리본을 받은 적도 없었다. 공부도 마찬가지였다. 흥미가 있었다면 공부를 잘했을지 모르지만 그렇지 못했다. 성적이 이를 증명했다. 나는 전반적으로 평균이었다.

그렇지만 나는 잘하고 싶었다. 좋은 인상을 남기고 싶었다. 내 족적을 남기고 싶었다. 그런 마음이 내 마음 깊은 곳에 있었다. 그렇지만 운동 능력과 인지 능력은 그걸 허락하지 않았다. 그래서 어렸을 때부터 나는 내가 필요한 일을 하기 위해 나보다 더 재능이 뛰어나고 기술이 좋은 사람들이 필요했다. 그들을 이끌어야 했다.

물론 그게 리더십이라고는 생각하지 않았다. 그저 같은 임무를 향해 나아가면서 함께 일하고 서로 도와줌으로써 일을 성사시키고 기여하는 것이라고 생각했다. 어쩌면 그 임무는 숲에 요새를 짓거나 다른 동료 그룹에 총구를 겨누는 모의 군사공격을 계획하는 일일 수도 있다. 어떤 일이든 간에 나는 나보다 힘이 좋고 빠르며 더 능력 있는 사람들에게 지시를 내리는 내 모습을 발견할 때가 많았다. 내가 가장 큰 기여를 할 수 있는 부분이고 더 잘할 수 있는 부분으로 보였다.

나는 항상 반항적인 구석이 있었다. 어쩌면 그런 식으로 내 족적을 남기고 싶었는지도 모른다. 다른 아이들이 행동하는 방식을 따르지 않았다. 다르게 행동하고 하드코어나 헤비메탈 음악을 듣고 강경한 입장을 취했다. 그런 태도 때문에 무리와 어울리지 못했다. 일단 아웃사이더가 되었고 '정상적인' 아이들에게서 거리를 두게 됐다. 그래서 그들을 관찰했다. 밖에서 안을 들여다보니 내가 관찰한 사람들을 더 잘 이해하게 되었다. 나는 떨어져서 그들 사이에서 펼쳐지는 감정, 파벌 그리고 드라마 같은 상황을 지켜봤다. 거기서 나는 배웠다.

해군에 입대하기로 결심했을 때 내 반항심은 절정에 달했다. 뉴잉글랜드 작은 동네에 사는 다른 많은 아이는 마약을 하고 술을 마시며 히피 음악을 들었다. 고등학교를 졸업하자 많은 아이가 대학에 가거나 일을 시작했다. 동네 분위기상 군에 입대하는 것은 내 또래 아이가 할 수 있는 가장 급진적인 선택이었다. 나는 거기서 한 발 더 나아갔다. 바로 네이비씰에 지원한 것이다.

1980년대 후반에서 90년대 초반에는 네이비씰에 대해 아는 사람이 아무도 없었다. 「특별한 사람(Be Someone Special)」이라는 제목의 수준 낮은 네이비씰 홍보 비디오가 한 편 있었을 뿐이다. 지금 기준으로 본다면 유치하기 짝이 없지만 그 당시에는 기관총, 저격수, 폭발물, 고속 작전 등을 이해할 수 있는 유일한 창구였다. 마치 꿈이 실현되는 것 같았다. 그래서 나는 입대했다.

내가 아버지께 해군에 입대할 거라고 말씀드리니 아버지는 이렇게 말씀하셨다.

"너하고는 안 맞다."

"왜요?"

"넌 권위적인 걸 싫어하고 사람들이 너에게 이래라 저래라 하는 걸 싫어하잖니."

"하지만 아빠."

나는 자신 있게 대답했다.

"이건 네이비씰이잖아요. 우리는 명령을 받지 않아요. 함께 일하는 거죠."

얼마나 순진했는지, 사실 난 그냥 멍청한 거였다. 나는 네이비씰이 그저 함께 일하는, 실제로 책임지는 사람은 아무도 없는 평등한 조직이라고 생각했다. 네이비씰의 사상률이 50퍼센트이고 대원 대부분이 부상당하거나 죽었기 때문에 20년 동안 아무도 퇴역한 사람이 없었다는 이야기를 들었다.

이때가 1989년이었다. 전투 작전이 한 달 반 동안 지속된 파나마 침공을 제외하면 전시 상황이 없었다. 50퍼센트라는 수치가 어디서 나왔을까 생각해보니, 노르망디 상륙 작전 D-데이에 네이비씰의 전신격인

해군전투파괴부대(NCDU)에서 사상률 50퍼센트가 나왔다는 결론이 나왔다.

그때는 몰랐다. 모든 대원이 부상률 50퍼센트라고 생각했고 그걸 그대로 믿었다. 그 때문에 나는 네이비씰의 일원이 되고자 하는 열망이 더욱 간절해졌다. 나는 멍청하고 단순무식했다.

그럼에도 해군 입대는 내가 할 수 있는 최선의 선택이었다. 해군에서는 새로운 출발점과 명확한 방향을 제시해주었다. 아무도 내가 고등학교 때 성적이 좋지 않았다는 사실을 신경 쓰지 않았다. 내가 최고의 운동선수가 아니어도 상관없었다. 아무도 내가 어디에서 왔고, 부모님이 무슨 일을 하는지, 예전에 어떤 일이 있었는지 상관하지 않았다.

그들은 내 머리를 깎고 군복을 주었으며 내가 성공하기 위해 해야 할 일들을 알려주었다. 침대는 이렇게 정리하고 속옷은 이렇게 접으며 전투화는 거울처럼 광이 날 때까지 반질반질하게 닦아라. 규칙을 따르고 시키는 대로 할 수 있다면 리더 자리에 오르게 될 것이다. 나는 규칙을 따랐고 시키는 일을 다 해서 결국 성과를 거두었다. 나는 신병훈련소에서 분대장이 됐다.

나는 BUD/S에서도 마찬가지였다. 어느 특기에서도 탁월한 성과를 보이지 못했다. 달리기나 수영을 가장 잘하는 사람이 아니었다. 장애물 코스에서도 뛰어나지 못했다. 하지만 시키는 대로 할 수 있었다. 둥글게 대응할 수 있었다. 중도에 그만두려고 하지 않았다. BUD/S 기간 동안 그만둘 생각을 한다고 말하는 사람들도 있다. 하지만 나는 그런 적이 없다. 단 한순간도 그러지 않았다. 그런 생각을 떠올린 적이 한 번도 없다.

5일 동안 잠을 거의 잘 수 없을 정도로 체력 훈련이 계속되는 지옥 주간(Hell Week)에도 나는 편안했다. 왜냐하면 지옥 주간에는 제한시간이 없었기 때문이다. BUD/S의 다른 훈련에서는 끊임없이 기록을 측정한다. 달리기, 수영 그리고 장애물 코스의 제한시간을 매일 단축한다. 시간 내에 들어오지 못하면 '순위가 낮아진다.' 한 번 더 시간 내에 들어오지 못하면 탈락이다. 엄청난 스트레스였다. 하지만 지옥 주간에는 제한시간이 없었다. 그저 계속 하기만 하면 됐다. 중도에 그만두지만 않으면 됐다. 나는 이게 제일 쉬웠다.

BUD/S를 통과한 나는 네이비씰 1팀에 배정됐다. 전쟁 영웅과 전설의 성지를 둘러보던 다른 사람들과 마찬가지로 나 역시 고무되었다. 우리는 BUD/S를 수료했다는 사실에 자부심을 느꼈다. 우리는 네이비씰 대원으로 평생 살 준비가 끝났다. 그러나 한 가지 문제가 있었다. 우리는 아직 네이비씰 대원이 되지 않았다. 금세 알게 되었는데 자랑스러워할 이유가 없었다.

병사 계급에서 가장 높은 원사가 우리를 환영해주었다.

"너희가 BUD/S를 통과한 것에 신경 쓰는 사람은 아무도 없다. 우리 모두가 그랬으니까. 삼지창을 달려면 자신을 증명해야 한다. 그러니 입은 다물고 귀는 열어라. 아무것도 놓치지 말고 정시에 모여라. 질문 있나?"

삼지창은 제복에 착용하는 금색 휘장으로 네이비씰 대원임을 나타낸다. 삼지창을 받으려면 6개월간의 수습 기간을 거쳐야 한다. 그 다음에 팀 선임들과 함께 지내며 서면이나 구두 평가를 받는다. 우리는 모두 불안해했지만 원사는 전혀 위안을 주지 않았다.

우리 중 아무도 원사에게 질문을 하지 못했다. 아주 초라한 순간이었다. BUD/S를 통과했는데도 그 훈련이 '뛰어나고 특별하다.'는 평가를 받음에도 우리는 그렇지 않다는 사실을 바로 깨달았다. 우리는 아직 많은 것을 증명해야 했다. 왜 그런지 모르겠지만 나는 항상 그래야 한다는 걸 알았다. 이는 네이비씰 문화에 담긴 기본 주제 중 하나다. 즉 절대로 과거의 성과에 안주해서는 안 된다. 늘 성장해야 한다.

내가 네이비씰 1팀에 들어갔던 1990년대 초반 훈련 과정은 지금과 달랐다. 그때에는 일단 팀에 들어간 다음 소대에 배치됐다. 여기서 진짜 네이비씰이 되는 법을 배우게 된다. 그때까지 훈련은 전술적이지 않다. BUD/S에서는 네이비씰 대원으로 맡게 될 실제 특기에 대해 전혀 배우지 않는다. 춥고 젖고 피곤하고 비참하지만 불평하지 않는 법에 대해 배운다. 전문적인 작전을 짤 수 있는 기술은 전혀 배우지 않는다.

그 기술들은 일단 네이비씰 소대에 들어가면 배우게 된다. 나도 소대에서 수많은 업무를 처리해가며 배웠다. 발전시켜야 할 기술, 배워야 할 많은 전술 등 필요한 지식이 많았는데 그것들을 다 배우지 못할 것처럼 느껴졌다. 그러나 다른 신참들처럼 나도 듣고 배웠다. 하루도 빠짐없이.

세 번째 소대를 거치는 동안 나는 군대 생활 내내 유용했던 몇 가지 핵심 개념을 배웠다. 이는 내가 다른 팀원에게, 그리고 전 세계의 회사, 비즈니스, 조직에게 가르친 대부분의 원칙을 정립할 때 그 개념들이 밑바탕이 되었다. 이는 내가 앞서 언급한 운이 좋은 순간들 덕분이다. 나는 무엇이든 제대로 배우겠다는 올바른 마음가짐을 가지고 적시에 그 자리에 있었다. 이후 운 좋게도 내가 배운 것을 다른 것에 덧입힐 수 있었다. 의도한 바는 아니었지만 리더십 체계를 조금씩 정리해가기 시작했다.

그렇게 정립한 리더십 원칙을 운 좋게도 세계에서 가장 어려운 전쟁 중 하나였던 2006년 여름 라마디 전투에서 적용할 수 있었다. 파병에서 돌아온 나는 웨스트코스트 네이비씰 팀 훈련을 맡게 되었다. 거기서 지금까지 배운 내용을 체계화하고 글로 정리해 문서화시켰다. 그렇지만 내가 정리한 모든 내용은 결국 비전통적이지만 고도로 효과적인 학습 환경이었던 네이비씰 소대에 뿌리를 두고 있다.

차례

2부 네이비씰 승리의 리더십 전술

1장 능력 있는 리더 되기

2장 효과적인 리더십 기술

3장 리더십 활용 전략

4장 리더의 의사소통 기법

1부

네이비씰 승리의 리더십 전략

1장 반드시 이기는
승리의 리더십 기초

문제가 생기면 거리를 두고 바라본다

나는 첫 번째 소대에서 혼란한 상황일 때는 한 걸음 물러서서 거리를 둠으로써 현재 상황을 객관적으로 파악하는 방법을 배웠다. 그런 일이 있었던 것은 정말 행운이었다.

우리는 연안 원유 플랫폼을 공격하는 훈련을 하고 있었다. 여러 가지 이유로 걸프만 원유 플랫폼이 적군의 손에 넘어갈 수 있었기에 이를 다시 탈환할 수 있어야 했다. 1980년대 네이비씰은 걸프 지역에서 이란이 통제하는 원유 시추기에 대한 작전에 참여했는데, 그런 상황이 재연될 수 있다는 판단이 들었기 때문이다. 그래서 우리는 아주 구체적인 임무를 수행할 수 있도록 준비하고 또 훈련했다.

여러 곳에 있는 상업적 용도의 플랫폼에서 훈련과 모의 작전을 수행하며 하루하루를 보냈다. 원유 플랫폼은 엄청나게 복잡하고 위험한 구조였기 때문에 그곳에서 진행되는 훈련은 매우 어려웠다. 원유 플랫폼은 인화성이 강한 물질과 고압 시설이 많아 그곳에서 임무를 수행하려면 어떤 점을 주의해야 할지 배워야 했다. 실탄을 가지고 실제 임무를 수행할 때나 문을 열기 위해 폭발물을 사용할 때 어떤 위험이 도사리고 있는지 확실히 이해해야 했다.

원유 플랫폼 임무가 어려운 이유는 바로 플랫폼 구조 자체가 매우 복잡하기 때문이다. 수많은 계단과 복도, 방 그리고 트인 공간이 미로처럼 얽혀 있고 곳곳에 장비들이 쌓여 있었다. 게다가 지금까지 네이비씰이 맞닥뜨린 다른 목표물과 달리 플랫폼에는 정말로 3차원적 문제가 있었다. 바로 곳곳에 무거운 철제 계단이 있어서 어디든 훤히 보인다는 점이었다. 적들이 저 멀리서 우리를 포착할 수 있기 때문에 움직임을 은폐하기 어려워 매우 위험했다. 그들은 바닥을 통해서도 우리의 위치를 파악할 수 있었다.

당시 신참이었던 나는 적절한 시기에 결정을 내리고 지도부에서 보내는 전술 호출 신호를 받아 지원에 나서는 등 최선의 노력을 기울였다. 배치 전에 특기 분석을 하는 과정에서 우리 부대는 많은 일을 함께 겪었다. 지상전 훈련 전 과정과 대규모 근접 전투 훈련, 도시 훈련, 정찰 훈련 등 각종 공중 및 해상 훈련을 수행했다. 그 결과 신참이었음에도 나를 비롯한 대부분의 동기는 우리가 배웠던 전술을 확실히 이해하기 시작했다.

늘 그렇듯 나는 내세울 만한 특기가 없었다. 사격술이 뛰어나지도 않았고, 무기를 가장 빨리 재장전하지도 못했으며, 전투 수중 다이버 훈련에서 눈에 띄는 기록을 세우지도 못했다. 하지만 우리가 보여주었던 전술이 무엇이고, 어떤 효과가 있으며, 어떻게 적용되는지에 큰 흥미가 있었다. 나는 우리 부대 지휘관에게 관심을 가졌고, 그들이 어떤 전술적 결정을 내리는지 지켜보았으며, 왜 그런 선택을 했는지 이해하려고 노력했다. 그렇지만 아직 신참이라 전술 명령을 보내거나 사람들에게 지시를 내릴 위치에 있지는 않았다.

그 후 원유 시추설비 확보 작전을 수행할 때 지금까지 겪어보지 못한 상황이 펼쳐졌다. 구조물을 통과해 전 소대가 시추설비 안으로 진입했을 때 우리는 눈앞의 장면을 보자마자 순간 얼어붙고 말았다. 기계장치와 장비들로 뒤덮인 거대한 플랫폼이 있었는데, 적군이 은신할 만한 엄폐물이 도처에 널려 전술적으로 문제가 복잡해졌다. 과거의 산병선[散兵線: 산개(散開)로 이루어진 전투 대형의 선-옮긴이]처럼 전 소대가 나란히 서서 가늠자를 통해 잠재적 적군의 위협이 있을 곳을 내려다보았다.

나 역시 다른 소대원들과 마찬가지로 나란히 서서 목표물을 살피고 위험한 고압시설물이나 인화성이 강한 지점이 어디인지 확인하려고 애쓰면서 이동에 대한 지시가 내려오길 기다렸다. 나는 누군가로부터 지시가 내려와야 다음에 어떻게 해야 할지 알 수 있다고 생각하면서 계속 목표물을 살피며 좀 더 기다렸다. 계속 기다렸다. 그러나 여전히 아무런 연락도 오지 않았다. 내 좌우에 나처럼 사격준비 자세로 총을 들고 목표물을 살피며 지시를 기다리는 소대원들이 눈에 들어왔다. 그러나 여전히 아무런 명령도 내려오지 않았다. 나는 조금 더 기다렸다. 기다릴 만큼 충분히 기다렸다.

나는 총구를 하늘로 향하게 했다. 이는 무기를 안전하게 공중으로 향하게 만들어 위협하지 않겠다는 뜻이다. 사격선에서 반걸음 물러서서 내 좌우를 둘러보았다. 소대장, 부소대장, 부사관을 포함해 전 소대원이 목표물을 살피며 적을 향해 무기를 겨누고 있었다. 다른 곳을 보는 사람은 아무도 없었다. 그들은 오로지 가늠자를 통해 전방만 주시할 뿐이었다. 아무도 다른 어떤 일이 벌어지고 있는지 상황 인식을 하지 못했다.

그러나 하찮은 신참이었던 나는 전체 상황을 완벽하게 파악할 수 있었다. 내가 총을 들고 내려다보았을 때는 사격 범위만 보였는데 뒤로 물러서서 주위를 둘러보자 갑판 전체, 모든 장애물 그리고 문제를 해결할 가장 간단한 방법이 보였다. 한 걸음 물러서는 식으로 정신적, 육체적으로 당면한 문제로부터 거리를 두자 해결책이 바로 보였고, 내가 속한 부대에서 지금까지 경험한 것보다 훨씬 더 명확히 볼 수 있었다.

나는 숨을 한 번 내쉰 다음, 움직이거나 주위를 둘러보거나 명령을 내리는 사람이 하나도 없음을 확인하기 위해 잠시 더 기다렸다. 아무도 움직이지 않았다. 전 소대가 얼어붙은 듯 가만히 있었다. 무언가 조처를 취해야 했다.

"좌측은 정지하고, 우측은 이동!"

나는 내가 낼 수 있는 가장 권위 있는 목소리로 외쳤다. 이 말을 내뱉을 때도 누군가 고개를 돌려 나인 것을 확인하고, 신참이 명령을 내린다며 입 닥치라고 말해주기를 내심 바랐다. 내 바람과 달리, 전 소대원은 모두 구두 명령을 들을 때 훈련했던 것처럼 그 말을 그대로 옮겼다.

"좌측은 정지하고, 우측은 이동!"

"좌측은 정지하고, 우측은 이동!"

말이 그대로 전달되었다. 말을 전하는 동시에 행동을 취했다. 갑판

네이비씰 승리의 리더십

좌측 부대원들은 자기 위치를 지키며 목표물을 주시하면서 우측에서 갑판을 뚫고 통과해 안전을 확보하며 이동 중인 우측 부대원을 엄호했다. 이는 전술적으로 어려운 지시가 아니었다. 우리가 수없이 연습하고 리허설했던 엄호와 이동의 기본 절차였다. 대원들은 지시가 떨어지자마자 그대로 해냈다.

소대원들이 그대로 이행하자 나는 매우 강력한 무언가를 깨달았다. 내 총구를 하늘로 향하게 두고 사격선에서 뒤로 물러나 주위를 돌아봄으로써, 다시 말해 고작 몇 인치이지만 물리적 거리를 두었을 때, 무엇보다 당면한 문제에서 정신적 거리를 두었을 때 내가 우리 소대에서 그 누구보다 더 많은 것을 볼 수 있었다는 사실을 확실히 깨달았다.

모든 것을 볼 수 있었기 때문에 좋은 결정을 내릴 수 있었다. 그 결과 소대에서 신참이자 계급이 가장 낮았던 내가 소대를 이끌 수 있었다. 지하 갑판을 바로 확보하고 남은 층수를 확보하며 계속 시추설비를 통과했다. 아무도 내 결정에 불평하거나 반대하지 않았고, 전투가 끝나고 실제로 여러 선참 중 한 명은 내게 좋은 지시를 내렸다고 말하기도 했다.

나는 우리 소대의 반응을 보고 거리 두기를 더욱 중요하게 여기게 되었고, 할 수 있는 한 자주 거리 두기를 시행했다. 쉬운 일은 아니었다. 때때로 나는 눈앞의 일들에 집중하느라 바빴다. 그러나 적어도 의식적으로는 계속 거리 두기를 염두에 두었다. 이후 문제에 직면했을 때 극히 미미한 전술적 측면에 휩쓸리지 않고 더 넓게 보기 위해 정신적, 물리적으로 더 높은 단계에 서는 것을 목표로 삼게 되었다.

원유 시추설비 작전에서 효과가 있었던 것처럼 거리 두기는 지상전, 근접 전투, 도시 훈련 지역에서도 효과가 있었다. 우리가 투입되었던 모든 모의 전투 환경에서 효과를 보았다. 거리를 두면 둘수록 전술적 그림을 보고 이해하기가 쉬워졌고 더 잘하게 되었다.

나중에 승진해서 지휘관이 되었을 때 거리 두기는 내 리더십 스타일의 기본이 되었다. 결과적으로 거리 두기는 전술 상황뿐만 아니라 삶에서도 효과를 발휘한다는 사실을 깨달았다. 누군가와 대화를 나눌 때 거리를 두고 들으면 그들의 감정이나 반응을 더 잘 읽을 수 있음을 깨달았다. 자기 자신과도 거리를 둘 수만 있다면 자신의 감정과 반응 역시 더 객관적으로 평가하고 관리할 수 있음을 깨달았다. 내가 부소대장, 소대장, 기동대 지휘관이 되었을 때 나는 임무 기획 과정에서 거리 두기를 배웠기 때문에 세부적인 것에 얽매이지 않고 더 큰 그림을 볼 수 있어서 모든 해답을 가진 전술 천재로 떠오를 수 있었다.

거리 두기는 지도자가 지닐 수 있는 가장 강력한 무기 중 하나다. 문제는 현실적으로 그것을 어떻게 해내느냐는 사실이다.

1단계는 의식하는 것이다. 자기 자신에게, 그리고 자기 주변에서 일어나는 일에 주의를 기울이는 것이다. 어떤 상황이 전개되었을 때 세세한 부분에 완전히 몰입하지 않는 것을 목표로 삼아야 한다. 계속 의식하면서 자기 자신을 확인한다면 시야가 좁아지는 것을 피할 수 있다.

숨소리나 목소리를 들어보라. 숨쉬기 힘든가? 목소리가 커졌는가? 몸을 살펴보라. 이를 악물고 있는가? 주먹을 꽉 쥐고 있는가?

이런 반응들은 상황에 감정적으로 대응하고 있다는 신호다. 그런 반

네이비씰 승리의 리더십

응이 나타났을 때 혹은 상황이 점점 혼란스러워질 때는 뒤로 물러서라. 물리적으로 거리를 두어라. 턱을 들고 시야를 들어 올려 억지로라도 주위를 둘러보라. 일단 상황에 대한 물리적 거리 두기가 이루어지면 정신적으로도 마찬가지로 거리 두기를 하도록 신호를 보내라. 숨을 깊이 들이마시고 내뱉어라. 의식적으로 왼쪽에서 오른쪽으로, 다시 반대로 둘러보라. 이는 당신의 몸에서 마음으로 보내는 또 다른 신호로, 긴장을 풀고 주위를 둘러보며 당신의 눈에 담기는 것을 받아들이고 마음을 비우면서 상황을 객관적이고 정확하게 판단해 좋은 결정을 내릴 수 있도록 한다.

이 단계를 따르면서 거리 두기를 시작하면 거리 두기는 지도자가 지닐 수 있는 가장 강력한 무기 중 하나임을 알게 될 것이다.

물론 거리 두기를 할 때도 어느 정도 균형이 필요하다. 거리를 너무 멀리 둘 수 있다. 이 경우 너무 멀어져서 지금 발생하고 있는 일에 대한 연결이 끊어질 수 있다. 이런 일은 흔치 않지만, 만약 그렇게 된다 하더라도 상황에 개입할 끈이 끊어졌다고 초조해하지 마라. 한 발짝 뒤로 물러서서 문제에 좀 더 가까이 다가가 다시 시작하면 된다.

계급을 과시하지 않는다

첫 번째 소대 생활을 마치면 이제 더 이상 신참이 아니다. 두 번째 소대에 배치되면 이제 '신참' 딱지를 떼고 '원 크루즈 원더(one-cruise wonder)'가 된다. 그 말은 더 이상 신참은 아니지만 아직도 모든 것을 다 알지 못한다는 뜻이다. 당신은 다 안다고 생각할 수 있음에도 말이다.

나의 두 번째 소대는 원 크루즈 원더로 구성된 견실한 파견 부대였다. 그 팀은 이전 소대에서 나를 비롯해 몇 명을 차출했고, 또 다른 소대에서도 원 크루즈 원더 몇 명을 추가로 차출했다. 우리 상사는 소대에서 LPO(leading petty officer)를 맡았고 매우 똑똑하고 경험이 많았다. 부소대장은 재능이 매우 뛰어난 사람으로, 해군사관 생도 쿼터백에서 경이로운 기록을 세운 앨튼 리 그리자드(Alton Lee Grizzard)였다. 그는 리더십을 타고났을 뿐만 아니라 소말리아에 파병되어 실제 작전에 참여한 경험도 있었다.

따라서 우리 소대는 리더십이 매우 강력했다. 실제로 소대장을 제외하고 다 그랬다. 소대장은 네이비씰에 합류하기 위해 해군 내 다른 병과에서 전속해왔다. 이 말은 그가 선임 중위였음에도 네이비씰에서 경험이 많지 않다는 뜻이다. 네이비씰에서 특기 분석을 아직 하지 않았고 파병 경험이 없었다. 그는 다른 소대장은 대개 겪은 것들을 경험하지 못했다. 그런데도 그가 소대장을 맡았다.

사실 그 자체만으로는 큰 문제가 되지 않는다. 군대는 그런 식으로 일하게 되어 있다. 경험이 없는 장교 주변에는 전술 지도를 해주고 일이 잘 진행되도록 돕는 든든한 고참 병사가 많이 있다. 적어도 그렇게 업무를 지원해줄 수 있다. 그러나 우리 소대에서는 그런 방법이 전혀 통하지 않았다.

이 특별한 상황에서 소대장은 고참 병사뿐 아니라 우리 중 누구에게서도 조언을 들으려 하지 않았다. 소대에서 신참을 제외하고는 경험이

네이비씰 승리의 리더십

가장 적었는데도 모든 결정을 직접 내리려고 했다. 스스로 모든 계획을 세우고 스스로 모든 결정을 내렸다. 누구의 말도 듣지 않았다.

순조롭게 일이 진행되지 않은 것은 당연지사였다. 고참 병사의 리더십에 상처를 주었을 뿐만 아니라, 부대 내 다른 사람들도 소대장이 고참 병사의 조언을 받아들이지 않는 것을 보며 불안감을 느꼈다. 우리는 그가 소대 내에서 가장 경험이 많은 소대원의 조언을 받아들이지 않는다면 계획이 신뢰를 얻기 어려울 수 있다고 생각했다. 우리가 옳았다. 소대장이 세워 하달한 계획은 별로였고 결과적으로도 그랬다. 현장에서 몇 가지 문제가 발생했다. 우리가 충분히 수행할 수 있는 것이었는데도 훈련 임무를 제대로 완수하지 못했다.

훈련 결과가 수준 이하였지만 소대장의 태도는 달라지지 않았다. 훈련 임무를 제대로 완수하지 못하고 실패하자 그는 다른 사람을 비난했다. 그의 계획이 최상이 아니었다는 것을, 아니면 그가 현장에서 내린 결정이 좋은 조치가 아니었다는 것을 절대 인정하지 않았다.

소대장은 경험이 부족했는데도 자만심으로 가득 찬 사람이었다. 그 당시 나는 이 사실을 분명하게 인지하지 못했다. 그때 무슨 일이 있었는지 알아차릴 수 있을 만큼 경험이 충분하지 못했다. 지금 와서 돌아보니 그 소대장은 확실히 겸손이 결여된 사람이었다.

나는 상사와 LPO를 신뢰해야 했다. 신참 병사들은 고참 병사들이 최선을 다해 소대장을 달래가며 조언을 하고 영향을 주면서 멘토링하는 것을 지켜보았다. 그들은 일이 어떻게 돌아가는지 설명하느라 별도의 시간을 투자했고, 소대장이 자존심을 꺾고 그들이 몇몇 전술적 결정을 내리는 것을 허락하도록 하려고 애썼다.

　불행히도 그들은 소대장을 바꾸는 데 실패했다. 몇 달이 지나도 소대장의 행동은 전혀 달라지지 않았다. 결국 사막에서 고된 훈련 임무를 수행하기 전 어느 날 밤, 소대 사병 중에서 두 번째로 계급이 높았던 LPO가 그동안 참을 만큼 참다가 폭발하고 말았다. 그는 소대장의 계획에 동의하지 못하겠다고 말했다. 의견 대립은 논쟁으로 번졌고 이어 둘 다 격앙되어 고래고래 소리를 지르며 싸웠다. 결국 소대장은 LPO에게 주먹을 날렸다. 우리가 모두 뛰어들어 그 둘 사이를 갈라놓았지만 보기 민망한 광경이었다.

　건강한 네이비씰 소대라면 친근한 관계 속에서 소대원끼리 서로 투덕거릴 수 있다. 물론 말다툼이 소소한 주먹다짐이나 가벼운 싸움으로 이어질 때도 있다. 하지만 이런 식의 싸움은 완전히 다른 문제였다. 이런 상황은 장난과 전혀 달랐다. 게다가 장교가 사병에게 주먹을 휘두른 것이었다.

　그 후 며칠 동안 소대에 어두운 분위기가 감돌았다. 우리는 문제가 심각함을 깨달았다. 우리 소대장은 오만해서 누구의 말도 들으려 하지 않았다. 그것도 힘든데, 이제 LPO를 치려고 했다. 이것은 용납할 수 없는 일이었다. 우리는 받아들일 수 없었다. 상황에 대해 투덜거리던 목소리가 이제는 한껏 격앙되어 고함치는 소리로 바뀌었고, 각자 불평을 늘어놓다가 체계적으로 불평을 제기하기에 이르렀다. 우리는 소대장에게 맞서기로 했다.

　사병들끼리 비공개회의를 몇 차례 가졌다. 상사와 LPO에게 이 문

　　　　　　　　　　　　　　　　　　　　　　　네이비씰 승리의 리더십

제를 상의했고, 결국 지휘관을 찾아가 소대장 밑에서 일하고 싶지 않다고 말하기로 결정했다. 소대장이 떠나기를 바랐다. 이는 항명이었다.

내가 이야기를 실제보다 더 과장해서 말하는 것이 아니다. 군인이 반드시 준수해야 할 법조항인 통일군사재판법(the Uniform Code of Military Justice)을 보면 다음과 같이 명시되어 있다.

"항명을 시도하거나, 항명했거나, 폭동을 선동했거나, 항명이나 선동을 보고하지 않아 유죄판결을 받은 자는 사형에 처한다."

그런데 우리가 지휘관에게 반기를 드는 그런 일을 하려고 했다. 물론 평시였기 때문에 군법회의에 회부되어 항명죄로 판결 받을 가능성은 전혀 없었지만, 사병들이 소대장을 해고해달라고 요청하는 것은 심각한 상황이었다.

며칠 후 우리는 사막 훈련을 마치고 복귀했다. 상사는 네이비씰 1팀의 부사관인 원사에게 상황을 설명했다. 원사는 우리와 1팀 지휘관과의 회의를 주선했다.

우리 지휘관은 아주 존경받는 지도자였다. 현실적이었고 카리스마가 넘쳤으며 전술 작전관으로 명성이 자자했는데, 고위 장교들 중에는 이런 명성을 가진 사람이 없었다.

일정이 잡히자 우리 소대의 사병들은 지휘관실에 보고했다. 지휘관은 우리를 불러 개별적으로 상황을 설명해달라고 요청했다. 우리는 한 명씩 차례대로 소대장이 LPO를 치르려고 했던 그날 밤에 있었던 일을 각자의 시각에서 지휘관에게 전했고, 소대의 분위기를 상세히 설명했다.

나는 이렇게 말했다.

"소대장은 누구의 말도 전혀 들으려 하지 않습니다. 그의 방식이 싫으면 떠나라는 식입니다."

지휘관은 우리가 하는 말에 귀를 기울였다. 나는 그가 우리 이야기에 동의했다고 생각했지만 그는 마지막 사람의 발언이 끝나자 우리를 훑어보며 말했다.

"제군들, 잘 들어라. 지금 상황이 이상적이지 않음을 이해한다. 성격상의 갈등이 있는 것으로 보이는군. 하지만 항명처럼 들리기도 하지. 해군 내에서 항명은 절대 허용하지 않는다. 그러니 여기까지. 소대로 돌아가. 업무를 시작해. 그리고 방법을 알아내. 알았나?"

"네, 알겠습니다."

우리는 대답했다.

일리가 있었다. 우리는 마음을 털어놨고 다시 자리로 복귀하라는 말을 들었다. 우리는 그 말을 따랐다. 지휘관을 존경했기 때문에 그의 말에 이의를 제기하지 않았다. 그가 자리로 복귀하라고 말하자 우리는 소대로 돌아가 업무에 복귀했다.

지휘관은 우리의 반란을 제압했다. 그의 말이 옳았다. 해군에서 항명은 허용되지 않았고 그는 자신이 이끄는 네이비씰에서 그런 사례가 나오는 것을 용납할 수 없었다.

하지만 나중에 알고 보니 그는 못된 소대장 역시 용납하지 않았다. 그 후 며칠 동안 지휘관은 원사와 이 문제를 상의했고, 소대 상사와 오랫동안 대화했으며, 소대장의 지도력 부족을 철저히 검증했다. 그런 다음에 평가 결과를 가지고 소대장을 지휘관실로 불러 소대장으로서의 직무를 해제시켰다. 이는 부대 내 항명이 아니라 지휘관의 결정이었다. 소대장은 직위 해제되어 네이비씰 1팀에서 제명되었다.

이 일로 네이비씰에 합류한 지 얼마 안 되었던 나는 좋은 리더십이 무엇인지에 대해 큰 교훈을 얻을 수 있었다. 오만함과 계급 과시는 아무런 효과가 없다는 사실을 말이다. 하지만 다음 일이 없었더라면 내가 그 교훈을 제대로 이해했을 것이라고 자신할 수 없다.

전임 소대장이 해고되고 나서 소대장이 새로 부임했는데, 그는 전임 소대장과 정반대였다. 팀 전원이 신임 소대장에 대해 들어본 적이 있었다. 그는 이니셜로 통했는데, 음성기호로 하면 델타 찰리(Delta Charlie)였다.

델타 찰리는 장교로서, 그리고 사병으로서 명성이 자자했다. 그는 사병에서 시작해 해군 내 사병 계급에서 두 번째로 높은, 원사 바로 아래인 상사까지 쭉 승진을 거듭했다. 그 후 전쟁에서 장교 임무를 수행하고 장교가 되었다. 그의 경력을 보면 그는 네이비씰에서 할 수 있는 보직은 모두 맡았다. 초기에는 나중에 해체되어 네이비씰로 바뀐 UDT(Underwater Demolition Team)에서 근무했다. 리차드 마친코(Richard Marcinko) 씰 팀에서 계속 함선을 탔다. 네이비씰 정규 팀인 특수주정대(Special Boat Team)에서 근무했으며, BUD/S에서 강사로 근무했고, 해군 특수전사령부(Naval special Warfare Command)의 소형 잠수정 부대인 SVD팀(SEAL Delivery Vehicle Team)에서도 근무했다.

무엇보다 그는 전투 경험이 있었다. 그레나다 침공 당시 주요 송신탑 점령 임무를 맡은 팀의 일원으로 참여했다. 우리는 그 작전에 대해 아는 바가 많지 않았지만 한 가지 사실은 분명히 알고 있었다. 그것은 진짜 전투였고 지금까지 우리 중 누구도 진짜 전투에 참여한 적이 없다는 것이었다.

델타 찰리가 부임한다는 소식을 듣자 나는 흥분되면서도 한편으로는 겁이 났다. 원 크루즈 원더로서 지식을 어느 정도 갖고 있다고 생각했지만, 델타 찰리 같은 사람에게 비할 바가 아님을 잘 알았다. 그는 나를 포함해 우리 소대 내 누구보다도 훨씬 많이 알고 있었다. 나는 델타 찰리가 우리 소대에 부임하면 상황을 바로잡고 항명했던 우리 풋내기들을 확실히 제 위치로 돌려보낼 것이라 상상했다. 반란을 벌였던 우리가 단호한 리더십과 엄격한 통제 아래 놓이게 될 것이라 예상하고, 그때 받을 충격에 대비했다.

마침내 델타 찰리와 첫 만남을 가졌다. 그는 내가 상상했던 것과 전혀 달랐다. 키는 5피트 7인치(약 174센티미터)로 생각보다 작았고 몸무게는 165파운드(약 75킬로그램)로 상당히 호리호리한 체격의 소유자였다.

그는 상당히 느긋해 보였다. 매우 침착한 태도로 얼굴에 언제나 엷은 미소를 띠었다. 우리를 처음 만난 자리에서 이렇게 말했다.

"나는 여러분 모두와 함께 일하기를 고대했다."

델타 찰리가 어떤 리더십의 소유자인지 보여주는 첫 번째 지표였다. 미묘했지만 나는 바로 알아차렸다. 그는 이렇게 말하지 않았다.

"여러분을 이끌기를 고대했다."

"이 소대를 맡게 되어 기쁘다."

"확실히 이끌겠다."

네이비씰 승리의 리더십

"여러분의 소대장직을 맡게 되어 영광스럽게 생각하다." 등등.

대신 그는 우리 모두와 함께 일하길 고대했다고 말했다. '함께'라는 표현을 쓰는 그는 발언할 때마다 자신과 우리를 구별했던 전임 소대장과 극명한 대조를 이루었다. 델타 찰리는 확실히 달랐다. 그의 말은 우리 위에 있다거나 우리와 다르다가 아니라 우리 중 하나임을 시사했다.

델타 찰리와 전임 소대장 간의 차이점은 그뿐만이 아니었다. 두 사람은 모든 면에서 정반대의 면모를 보여주었고 이 점에서 나는 운이 좋았다. 두 리더의 차이점이 너무나 극명했기 때문에 나에게 깊은 인상을 남겼고, 이후 내 인생에서 리더로서의 내 행동에 큰 영향을 주었다.

델타 찰리와 전임자 간의 가장 큰 차이점은 델타 찰리는 경험이 정말 많았지만 전임 소대장은 다른 신참과 마찬가지로 전무했다는 것이다. 델타 찰리는 모든 것을 했지만 전임자는 아무것도 하지 않았다. 델타 찰리는 경험이 많았기 때문에 나는 그가 우리에게 모든 것을 어떻게 해야 하는지 정확하게 얘기해줄 것을 기대했다. 전임 소대장은 경험과 지식이 부족했는데도 그렇게 했다. 언제나 자신이 계획을 세우고 우리가 어떻게 수행하기를 원하는지 말했고 구체적인 명령에 따라 그 계획을 실행하기를 기대했다.

그런데 델타 찰리는 우리에게 이래라 저래라 명령하지 않았다. 이는 우리 사병들에게 상당히 충격적이었다. 그는 모든 일에 스스로 계획을 세우지 않았다. 우리가 어떻게 하기를 원한다고 말하지 않았다. 그는 고전적인 탈중앙화된 지휘방식을 구사했다. 다시 말해 그는 우리에게 해야 할 일을 말하고 나서 우리가 어떻게 하고 싶은지 알아보라고 말했다. 여기서 말하는 '우리'에는 고참만 들어가는 것이 아니라 신참티를 갓 벗은 사병까지 포함되었다. 그는 나를 비롯해 갓 신참티를 벗은 병사들에게 이렇게 말했다.

"자, 오늘밤 임무는 이것이다. 우리가 어떻게 해야 할지 생각해보고 나에게 알려줘."

우리는 긴장했지만 전율을 느꼈다. 일을 잘 해내고 싶었고 전술적으로 괜찮은 계획을 세우기 위해 최선을 다했다. 일단 하나의 계획을 완성해서 델타 찰리에게 제출했다. 예상대로 그는 몇 가지 실수를 집어내 지적했다.

우리가 추정 가능한 작전을 세세히 살피고 지도를 보며 우리 생각에 어떤 구멍이 있는지 토론하고 찾아낸 다음, 최종 계획을 델타 찰리에게 제출하기까지는 4~5시간이 걸렸다. 그런데 그는 순식간에 계획을 평가해서 몇 가지 문제점을 지적했다. 그때마다 나는 경탄을 금치 못했다. 정말 굉장했다. 그는 전술 천재처럼 보였다. 그가 계획 과정에서 거리를 두었기 때문에 위에서 내려다보면 계획에 어떤 허점이 있는지 쉽게 볼 수 있었다는 사실은 나중에야 깨달을 수 있었다.

이는 전임 소대장이 스스로 계획을 세워 우리에게 강제적으로 하달했을 때 발생했던 상황들과 정반대였다. 전임 소대장 식으로 일을 추진하면 우리는 그가 세운 계획의 구멍을 보는 입장이어서, 그가 왜 그렇게 끔찍한 계획을 세웠는지 도무지 이해할 수가 없었다.

무엇보다 이제는 델타 찰리가 우리에게 계획을 세워보라고 허락을 하자 온전한 주인의식이 생겼다. 그것은 우리의 계획이었고, 우리는 당

네이비씰 승리의 리더십

연히 그 일을 해냈다. 그는 우리에게 그 계획을 믿으라고 강요할 필요가 없었다. 우리는 이미 확신했다. 현장에서 그 계획을 추진할 때 우리의 계획이었기 때문에 그것을 성공시키기 위해 온몸을 던졌다. 난관에 부딪쳤을 때는 돌아가는 방법을 택하거나, 어려움을 극복하고 장애물을 뚫고 나가곤 했다. 계획을 수행하고 임무를 완수하기 위해 어떤 것에도 굴하지 않았다.

우리의 이러한 태도는 전임 소대장의 계획을 대할 때 느꼈던 감정과 완전히 상반되었다. 이전에는 소대장이 세운 계획이었지 우리가 세운 것이 아니었기에 주인의식을 느끼지 못했고, 소대장은 우리가 그 계획을 지원하도록 우리를 압박해야 했다. 인간은 각자 자신만의 생각이 있고, 자아가 살아 있기 때문에 자기 생각이 최고라고 생각할 때가 많다.

전임 소대장이 우리에게 자신의 계획을 강요하면 우리는 자연스럽게 우리 자신의 계획이 훨씬 낫다고 생각했다. 특히 현장에 투입되었을 때 늘 그런 생각이 들었다. 난관에 부딪치면 어떻게 그 문제를 극복할지 고민하는 대신에 '소대장은 이런 생각을 하지 않았겠지? 최악이군! 내 계획이 훨씬 더 낫네.'라고 생각했다. 모두가 소대장의 계획을 신뢰하지 않았기에 주인의식을 갖고 계획을 시행하면서 임무를 완수하기 위해 할 수 있는 것은 다 해보는 노력을 기울이지 않았다. 따라서 그 작전은 실패할 소지가 다분했다.

델타 찰리가 인상 깊었던 또 다른 점은 그가 직접 쓰레기를 치웠다는 사실이다. 사실 이는 별것도 아닌 일이다. 전임 소대장이 이렇게 하는 것을 본 적이 한 번도 없다는 점을 제외하고 나는 이 문제에 대해 생각해본 적도 없었다. 알다시피 소대 내무반(팀에서는 소대 막사라고 부른다.)은 매일 청소를 해야 한다. 이 임무는 주로 신참들의 몫이다. 매일 취침 전에 신참들이 막사를 청소하고 먼지를 털며 쓰레기를 버린다. 청소는 하찮은 일이긴 해도 꼭 필요한 일이고 신참들은 이 일을 함으로써 겸손해진다. 원 크루즈 원더가 된 나는 더 이상 청소를 할 필요가 없었으니, 내가 청소하는 사람들보다 높은 위치에 있다고 느꼈다. 지휘계통에서 더 높이 올라갈수록 나는 청소라는 하찮은 일에서 점점 더 멀어지는 것 같았다.

그런데 델타 찰리는 달랐다. 매일 밤 그는 빗자루를 타고 우주까지 날아갈 기세로 쓰레기를 치웠다. 빗자루로 바닥을 쓸고 막사 안에 2~3개 있는 쓰레기통에 담긴 쓰레기를 모아 밖으로 가지고 가 쓰레기장에 버리기까지는 2분도 채 걸리지 않았다. 그렇지만 그 2분은 내게 큰 인상을 남겼다. 진정한 겸손이 무엇인지 보여주는 실제적이고 물리적인 행동이었다. 델타 찰리는 계급이 가장 높았고 경험도 가장 많았다. 그런 그가 쓰레기를 치우는데 내가 안 할 수 있었을까?

이후 나를 비롯해 계급이 낮은 다른 병사들이 먼저 쓰레기를 치우고 청소를 해놓는 바람에 델타 찰리는 청소할 필요가 없었다. 우리는 존경심에서 그 일을 했다. 델타 찰리는 우리에게 자신을 존경하라고 요구하지 않았지만 우리의 존경을 받았다.

반면에 전임 소대장은 하찮은 일이라면 뭐가 됐든 절대로 하지 않았다. 그런 노동은 그의 수준과 맞지 않았다. 그는 전능한 소대장이자 책임 장교였기에 쓰레기를 버리러 가지 않았다. 음, 그가 그런 식으로 행

네이비씰 승리의 리더십

동했다 해도 우리는 그의 쓰레기를 버려주지 않았을 것이다. 이제 신참 딱지를 뗀 병사 중 누구도 그를 도와 어떤 일을 하려고 하지 않았다. 그는 혼자였다.

델타 찰리는 뛰어난 전술가이자 대단한 계획의 설계자였고 타고난 작전가였다. 하지만 소대원이 그를 위해 잘 해내고 싶었던 까닭은 무엇보다 그가 겸손한 사람이었기 때문이다. 우리는 어떤 식으로든 그를 실망시키고 싶지 않았다. 절대로 지휘관에게 우리 소대장이 완벽하지 못하다는 인상을 남기고 싶지 않았다. 그래서 우리가 할 수 있는 최선을 다해 일했다. 모든 것에서 말이다. 이러한 헌신은 우리 소대의 작전 수행에서 고스란히 드러났다. 지금까지 내가 배치되었던 소대 중에서 최고였다.

이 소대는 내 인생을 바꾸었고 델타 찰리는 나에게 엄청난 영향을 주었다. 네이비씰 소대에 들어온 지 얼마 안 된 대원에게 소대는 세상의 전부이다. 두 번째 소대의 전임 소대장 밑에서는 우리가 사는 세상이 비참했다. 하지만 델타 찰리가 부임하자 바로 그 세상이 좋아졌다. 지금까지 보았던 리더십 중에서 가장 강력했다. 그 당시 나는 델타 찰리가 전 소대원을 위해 좋은 세상을 만들었다고 생각했다. 언젠가 내가 할 수 있다면 나도 16명의 소대원을 위해 좋은 세상을 만들어주려고 노력해야지. 이 다짐이 나를 장교의 길로 이끌었다.

델타 찰리는 내게 겸손의 중요성을 가르쳐주었다. 그는 모든 경험과 모든 지식을 가졌고 높은 계급과 지위에 올랐다. 우리 앞에서 자신을 높일 이유가 충분했고, 우리를 내려다볼 이유가 충분했으며, 자신이 그 누구보다 뛰어난 것처럼 행동할 이유가 충분히 있었다. 그렇지만 그는 결코 우리를 내려다보지 않았다. 그가 그렇게 하지 않았다는 사실 때문에 우리는 그를 존경하게 되었고 그를 따르고 싶었다. 진심으로. 나는 지금까지도 그의 본을 따르고자 노력하고 있다.

오지랖 부리지 않는다

핵심 소대원들은 세 번째 소대에서 다시 한 번 한데 뭉쳤다. 우리는 서로를 잘 알았고 서로를 신뢰했으며 하나로 똘똘 뭉쳐 작전을 수행했다. 이후 델타 찰리가 임지로 돌아가고 신임 소대장을 맞이하게 되었다. 그는 평판이 좋은 착실한 남자였고 우리는 그를 많이 좋아했다. 델타 찰리의 후임으로 온 까닭에 책임이 막중했고 신임 소대장 역시 그 사실을 알고 있었지만, 그는 전혀 개의치 않았다.

그는 델타 찰리가 되려고 하지 않았다. 대신 그는 자신만의 길을 찾고 자신의 장점을 발휘해 소대를 이끌었고 모든 일이 순조롭게 진행되었다. 델타 찰리와 달리 경험이 많지 않았지만, 그 당시 우리 사병들은 델타 찰리에게서 많은 것을 배웠기 때문에 스스로 많은 일을 해낼 수 있었다. 신임 소대장은 그 사실을 알았고 잘 받아들였다.

우리는 배치 전 훈련을 잘 소화해낸 다음 미 해군 함정에 승선해 해외로 파견되었다. 전시가 아니었기에 주둔국 군대를 훈련시키거나 우리 스스로 할 수 있는 훈련을 찾으며 외국에서 일했다.

한 번은 단독 훈련을 위해 상륙해 걸프 지역 사막으로 들어간 적이 있다. 그 말은 외국 병력이나 다른 미군 없이 우리만 있었다는 뜻이다. 우리는 사막 한가운데에서 지상전 즉각 조치 훈련(IAD) 재교육을 위해 지상전 훈련을 준비했다. 즉각 조치 훈련이란 네이비씰 소대가 적과 접촉했을 때 수행하는 기계획 이동으로, 축구팀이 사전에 계획된 플레이를 하는 것과 거의 흡사하다. 적의 측면 공격, 연락 차단, 각자 위치로, 혹은 전진, 후진, 좌로 이동, 우로 이동 중에서 어떤 작전 행동을 실행할지 소대원들에게 지시할 때 사용하도록 사전에 신호를 몇 가지 정해둔다. 이런 신호는 주로 소대장이나 원사가 적군의 위치에 따라 보낸다.

이번 특별 대피 훈련에서 적의 '공격'을 받았을 때 우리는 정찰 중이었다. 실제로 어떤 남자 모양의 실루엣 타깃이 세워져 있는 것을 발견했고 그 목표물을 향해 총을 쏘기 시작했다. 무전병이었던 나는 선두에 있는 척후병 뒤를 따르는 소대장 바로 뒤에 있었다. 총격이 시작되자 우리는 모두 전에 수없이 훈련했던 것처럼 사계(射界, Field of Fire: 하나의 화기 또는 수개의 화기집단이 주어진 진지로부터 효과적으로 엄호할 수 있는 지역-옮긴이)로 뛰어들었다.

나는 재빨리 사계를 훑어본 다음 정신적으로 거리를 두고 상황을 판단하기 위해 고개를 돌려 주위를 둘러보았다. 우리는 작은 모래 둔덕 바로 뒤에 위치해 대원 대부분이 안전하게 몸을 엄폐할 수 있었다. 안전한 지점이었기에 앞을 확인하고자 고개를 살짝 들어 살펴보았다. 모래 둔덕이 확실히 좋은 탈출 경로가 되어 한 번에 한 사람씩 빠져나갈 수 있을 것으로 판단됐다.

나는 부대장이 지시를 내리길 기다렸지만 지시가 내려오지 않았다.

조금 더 기다렸다. 그러나 여전히 지시는 내려오지 않았다. 나는 거리를 두었고 둔덕 뒤에서 '안전하게' 있었기 때문에 무슨 상황인지 확실히 알 수 있었다. 지시를 내려야 했지만 아무런 신호도 없었다. 1~2초가 흐르고 나는 마침내 "우측으로 필(Peel: 위협 요소를 제거하여 코너에 몰린 팀원을 보호하는 과정-옮긴이)!" 하고 외쳤다. 우리는 훈련했던 것처럼 모두 그 말을 듣자마자 오른쪽을 엄호하는 작전을 수행했다.

작전은 순조롭게 진행되었다. 이는 우리가 훈련해온 가장 기본적인 신호이자 가장 간단한 작전이었다. 몇 분 후 우리와 '적군 접촉' 사이에 거리가 몇 백 미터쯤 벌어지자 긴급 경계 지역(hasty perimeter)을 설치하고 360도 경계 태세로 돌입해 탄약을 재배포하고 인원을 파악한 다음 사격 중지와 ENDEX, 즉 연습 종료를 뜻하는 신호를 보냈다.

우리는 간단하게 경과를 보고했다. 소대장은 불만스러워 보였다.

"왜 지시를 내렸지?"

그가 물었다.

"명령이 내려오지 않아 제가 지시를 내렸습니다. '명령 부재 시 지휘하라!'"

나는 오래된 군대 리더십 격언을 인용하며 이렇게 말했다.

"명령의 부재는 없었다. 나는 평가 중이었다. 적을 공격할 생각이었다. 너는 너무 일찍 말했다."

소대장이 말했다. 그는 그 일을 키우지는 않았지만, 내가 한 일에 만족스러워하지 않음이 분명했다.

이럴 때는 방어적인 태도로 소대장을 공격하는 태도를 취하기 쉽다.

그런 생각이 앞섰다면 나도 이렇게 말했을 수 있다.

"소대장님이 지시를 내리지 않으셨으니 누군가는 해야 했습니다!"

그러나 그것은 잘못된 것이다. 그렇게 말하는 대신 나는 내가 실수했음을 깨달았다. 엄청난 잘못은 아니었지만 내가 오지랖을 부린 결과 상황에 부정적인 영향을 미쳤다. 왜냐하면 우리는 소대장이 의도한 대로 움직이지 못했기 때문이다. 하지만 나는 이 일로 인해 교훈을 얻었다. 그때부터 내가 항상 이끌 필요가 없다는 사실을 깨달았다. 내가 의사 결정의 중심이 될 필요가 없었다. 내 일은 팀과 임무를 지원하는 것이며, 이는 지휘관을 지원한다는 뜻임을 깨달았다.

나는 상대적으로 큰 고통 없이 이 교훈을 배웠지만 씰 팀에 계속 있으면서 같은 식의 실수가 끔찍한 방식으로 나타나는 것을 보았다. 누가 책임지고, 누가 지시를 내리며, 누가 이끌고, 누가 따르는지를 두고 자존심 싸움이 발생했기 때문이다. 나는 군대에서 경력을 쌓는 내내 그런 사람들을 보았다. 이는 기업에서도 마찬가지다. 기업에서는 적을 대상으로 책략을 쓰는 대신 상대보다 더 높은 지위로 올라가기 위해 서로 책략을 펼친다.

그날 나는 이끌 준비를 해야 하지만, 따라가야 할 때도 알아야 함을 배웠다. 좋은 리더가 되기 위해서 잘 따르는 법도 알아야 했다. 임무 수행과 지휘관을 위해 자존심을 꺾는 법을 배웠다. 그렇다고 내가 약하다는 뜻일까? 그렇지 않다. 이는 내가 승리를 위해 팀과 임무를 나보다 더 중시한다는 뜻이다. 이 간단한 교훈은 내가 군대에서 복무하는 내내 수천 번도 넘게 효력을 발했다.

전투의 법칙과 리더십 원칙은 서로 통한다

이후 수년 동안 배치를 받을 때마다 수없이 많은 교훈을 배울 수 있었다. 나의 마지막 부임지로 내가 이끌었던 네이비씰 3팀의 브루저 기동대(Task Unit Bruiser)가 참전한 라마디 전투에서 그 교훈의 실효성을 테스트했다. 레이프 바빈과 내가 『네이비씰 승리의 기술』과 『이분법적 리더십』에서 쓴 전투 사례 대부분은 여기에서 나왔다.

그러나 웨스트코스트 씰 팀에서 전술 훈련을 가르치기 전까지 그 원칙들은 완전히 구체화하지 않았다. 그곳에서의 훈련은 팀원 각자가 저격이나 전투 외상 치료 같은 개인 특기를 배우는 개인 훈련이 아니라, 팀원이 소대나 기동대로서 논의 끝에 작전예규(SOP)를 정하고 임무를 수행하기 위해 하나로 통합되는 법을 배우는 등 함께하는 집단 훈련이다. 이는 네이비씰 팀이 사격·이동·교신하는 법을 배우고, 적과 교전하고 격파시키는 법을 배우며, 전투 리더십을 배우는 훈련이다.

나는 훈련 과정에 모든 전술적 환경을 망라해 포함시켰다. 사막이나 숲 그리고 산 같은 자연 지형에서의 훈련이 있다. 도시나 마을과 같은 인구가 많은 환경에서의 훈련과, 모든 종류의 크기와 형태의 건물 내부에서 치러지는 백병전 훈련도 있다. 훈련 과정에서 팀원은 바다에서 작은 보트로 먼 거리를 이동하거나 수중재호흡기를 사용해 잠수하는 법 등을 배운다. 비행기 낙하, 헬기 레펠 등을 훈련하며 차량이 대형을 지어 전투하는 전술을 배우고 훈련한다. 이 모든 것을 한 팀이 되어 함께 훈련한다.

모든 훈련의 끝에는 FTX 단계가 들어간다. FTX는 야외 훈련 연습(field training exercise)이라는 뜻으로 모든 임무를 다 수행하는 것을 말한다. 즉 씰 기동대가 작전 계획에서부터 리허설, 침투, 목표물 대상에 대한 행동, 적진 탈출, 기지 귀환 등 모의 작전의 전 과정을 수행한다. 일단 기지로 복귀하면 훈련원들은 수집한 정보들을 분석하고 그 정보를 이용해 후속 훈련 작전을 계획하고 준비하는 훈련을 한다.

FTX는 보통 5~7일 동안 연속적으로 작전을 수행하게 된다. 수면시간이 제한되고 스트레스를 많이 받는다. 계획 주기가 짧아지고 선견지명과 조직력이 요구된다. 일단 소대가 현장에 나가면 스트레스는 극대화된다.

훈련 사관은 모의 전투 훈련에서 최선을 다한다. 소대는 시뮤니션(Simunition) 훈련탄이나 네이비씰이 실제 사용하는 무기에 수백만 달러짜리 레이저 태그 시스템을 부착해 휴대한다. 레이저 태그 시스템을 운용하기 위해 팀원은 총에 맞았을 때 감지되는 센서를 입어야 한다. 센서 조끼에는 총에 '맞으면' 어떤 종류의 상처를 입었거나 사망 여부를 알려주는 작은 스피커가 달려 있다. 스피커에서는 총알이 머리 위에서 딸깍거리거나 휙 스쳐 지나가고, 그 지역에서 폭발이 일어나는 효과음까지 나온다.

시뮤니션탄과 레이저 시스템을 이용해 우리 팀원이 악역[우리는 대항군(opposing force)이라는 말을 줄여 OPFOR라고 부른다.]을 맡은 다른 씰 팀원에 맞서 실제로 싸우는 것처럼 할 수 있다. OPFOR는 네이비씰의 전술을 잘 아는 노련한 훈련 사관이 맡는다. 의심할 바 없이 그들은 네이비씰 소대와 기동대가 마주하게 될 가장 강력한 적군임이 틀림없다.

훈련 사관은 OPFOR에게 적군의 군복을 입히는 것 외에 훈련을 더욱 실감나게 하기 위해 다른 조치도 취한다. 세트 디자인 전문가를 불러 훈련 지역을 이라크, 아프가니스탄이나 네이비씰이 파견되는 다른 전투 지역처럼 보이게 만든다. 건물은 파사드 형태로 디자인해 특별 작업을 통해 건물이나 건축 자재가 외국처럼 보이게 한다. 거리 표지판과 외국어로 된 낙서도 있다. 심지어 현지 물품을 사고팔 수 있도록 시장까지 완벽하게 만든다.

이 세트장에는 OPFOR 외에 적대적인 반군세력이나 테러리스트가 아닌 무고한 민간인 역할을 하는 사람들도 들어간다. 훈련 사관은 외모와 복장은 물론 현지어까지 구사하는 그 지역 출신 배우를 고용해 민간인 역할을 맡겨 훈련을 통과해야 하는 네이비씰 팀에게 또 다른 난관을 만들어낸다.

팀원들에게 스트레스를 유발하는 마지막 요인은 특수효과와 신호탄을 사용하는 것이다. 폭발, 연기, 화염, 로켓, 수류탄 그리고 가짜 급조 폭발물(IED)을 활용해 시나리오에 현실성을 더한다.

이러한 요소들이 통합적으로 작용해 팀원들은 극도로 사실적인 환경에서 훈련을 받는다. 야간투시경을 통해 관찰하고 건물과 주변을 지나다니는 사람들을 자세히 살펴보고 폭발이 일어나는 것을 보다 보면, 훈련을 위한 세트장이 아니라 실제 전쟁 중이라는 생각이 자연스럽게 든다.

이는 내가 라마디 전투에서 돌아왔을 때 맡았던 훈련이다. 나는 전장에서 돌아와 훈련을 담당하게 된 지 며칠 만에 사막에 가서 지상전 FTX 단계를 밟는 네이비씰 기동대를 관찰했다. 완전히 재앙 수준이었다. 확실히 실패했다.

팀원들이 세운 계획을 보니 걱정되었다. 상황이 아주 복잡했다. 그들에게 작은 계곡에 있는 6개의 작은 건물에 둘러싸인 하나의 큰 건물이 포함된 타깃을 공격하는 임무가 주어졌다. 팀은 병력을 6조로 나누었고, 각 조는 각기 다른 방향에서 타깃을 향해 접근해갔다. 타깃을 고립시키고 누군가 탈출할 가능성을 낮추는 가장 좋은 방법처럼 보이지만, 그만큼 복잡한 작전이었다. 이렇게 하면 팀 내에서 서로 지원을 해주거나 소통하는 것이 극도로 어려워지기 때문이다. 팀이 뿔뿔이 흩어지면 혼란이 생기기 쉽다. 팀이 6조로 갈리면 혼란은 그 배수만큼 증가한다. 단순해지기는 고대 군사 격언으로 어떤 형태의 계획에도 모두 잘 들어맞는다. 그런데 기동대는 단순해지기에 실패했다.

일단 예상대로 일이 진행되지 않으면 상황은 더욱 악화된다. 공격이 시작됨과 거의 동시에 몇몇 조가 적의 총탄 세례에 발이 묶였다. 그러나 다른 조와 멀리 떨어져 있기 때문에 지원을 받을 수 없었다. 어느 조도 엄호 사격을 해줄 수 없었는데, 그 말은 고립된 조가 움직일 수 없다는 뜻이다. 고립조가 엄호 사격 없이 이동을 감행하자 사상자가 더 많이 발생했다.

엄호와 이동은 내가 베트남 네이비씰 팀에서 훈련받을 때 배운 것으로, 훈련받을 때마다 중요성이 더욱 커졌던 교훈이다. 이동하려면 반드시 누군가 당신을 엄호하고 보호해주어야 한다. 다시 말해 누군가 적이 머리를 숙이도록 실제로 적극적으로 사격을 하거나, 좋은 위치에 있는 누군가 당신이 이동할 때 나타날 수 있는 적의 인원을 적극적으로 확인한다는 뜻이다. 이는 네이비씰 팀이 행해야 하는 모든 작전의 기본 전술이다.

2명으로 구성된 사격조가 포로를 잡으려면, 팀원 한 명은 총구를 적으로 향하고 다른 한 명은 포로를 물리적으로 제압하기 위해 조용히 움직여야 한다. 만약 포로가 움직이면 팀원이 총으로 위협을 제거할 수 있다.

만약 소대가 '위험천만하게 가로질러' 가야 한다면, 즉 길이나 강을 건너야 한다면, 엄호 사격 병력을 추가해 도로를 막아 적의 접근을 막을 수 있어야 한다. 적이 접근한다면 엄호 사격에 투입된 팀원은 교전 태세를 갖추고 개활지(시야가 넓고 평사 탄도에 제한을 주지 않으며 장갑 차량과 병력의 이동이 용이한 평지-옮긴이)를 가로질러 이동하는 소대를 엄호한다.

복도를 따라 이동할 때에는 언제나 1~2명의 팀원이 무기를 들고 다른 소대원의 이동을 엄호하며 복도를 따라 내려간다.

농촌 지역에서 사격팀으로 작전 수행 중이라면 한 팀이 이동하는 동안 다른 사격팀은 제압 사격을 가하거나, 아니면 적어도 적이 있을 만한 지대를 확인한다. 목표물 공격 시에도 마찬가지다. 한 팀이 목표물 쪽으로 이동하는 동안 다른 팀은 기지 위치(base position)를 정하고 제압 사격을 가한다. 이동하면서 기지팀은 교대로 사격하며 기동팀보다 앞서 간다.

엄호와 이동은 더 큰 규모에서도 유용하게 활용된다. 소대나 기동대가 목표지점으로 이동할 때 보통 상공에 강력한 시각 센서가 달린 항공기가 아래를 감시하며 엄호하고 지역을 살피며 필요한 경우 사격 지원에 나선다.

그러나 이번 FTX의 경우, 여러 조로 갈린 팀은 서로를 전혀 엄호해주지 못했다.

무엇보다 인원이 많은 조가 주요 목표 건물 안에서 여러 변수로 인해 옴짝달싹하지 못하게 되었다. 그들은 사방에서 페인트볼 사격을 받고 있었고 그중 일부는 이미 부상을 입었다. 여러 무고한 민간인이 두려움에 찬 비명을 지르며 구조를 요청했지만, 리더는 부하들이 모두 어디에 있는지 몰랐다. 그는 부하들을 남기고 가는 게 두려워 밖으로 탈출할 생각을 하지 못했다.

나는 리더를 관찰했다. 그는 부상자를 도우려고 했다. 인원수를 파악하려고 했다. 민간인을 통제하려고 했다. 어디서 총탄이 날아오는지 알아내려고 애를 썼다. 하지만 그는 적이 총 쏘는 것을 막지 못한다면(총격전에서 이기지 못하거나, 적어도 적의 포화를 제압하지 못한다면) 팀원 모두가 전사하기 때문에 지금 고민하는 문제는 어느 것도 중요하지 않다는 사실을 깨닫지 못했다.

그는 동시다발적으로 너무나 많은 일을 하려고 계속 노력했고, 모든 것을 하려고 애썼기 때문에 결국 아무것도 해낼 수 없었다. 다음 문제로 넘어가기에 앞서 우선 자신의 가장 큰 문제가 무엇인지 알아내고 그 문제를 해결하기 위한 계획을 수행할 필요가 있었다. 우선순위를 정하고 그에 따라 행동해야 했다.

그는 자신이 생각한 방향으로 병력을 이끌 때 부하들에게 장황하고 난해하며 복잡한 지시를 내렸다. 이렇게 복잡한 지시를 하달하면 혼돈과 혼란이 생겨 그가 원하는 바를 제대로 이해한 사람이 아무도 없게 된다. 그의 말은 너무 난해했다. 그가 원하는 바를 이해하지 못한다면 병사들은 결코 작전을 제대로 수행하지 못한다. 다시 말해 그는 단순해질 필요가 있었다. 그의 경우 단순화의 대상은 바로 언어였다.

나는 복잡한 지시 때문에 나타난 궁극적인 문제점이 무엇인지 알아차렸다. 팀원 모두가 무엇을 할지 지시가 내려오길 기다리고 있었던 것이다. 소대장은 기동대 지휘관의 지시를 기다렸다. 분대장은 소대장의 지시를 기다렸고, 사격팀은 분대장의 지시를 기다렸고, 기총수·돌격병·위생병·통신병 등 각 팀원 모두 무엇을 할지 지시가 내려오길 기다리고 있었다. 최고 지휘권자만이 모든 지시사항을 내릴 수 있었고, 모든 명령은 한 사람에게 집중되었다. 명령을 기다리는 동안 팀원들은 모두 얼어붙었고 아무것도 하지 않았다.

하지만 주도적으로 행동할 수 있어야 했다. 스스로 일을 벌일 수 있어야 했다. 상사의 큰 그림을 이해할 수 있어야 했고, 이어서 행동할 수 있어야 했다. 그들에게 필요한 것은 분권화된 명령체계였다.

이 기동대는 전투에서 완전히 무력하게 패배했음이 곧 드러났다. 나는 OPFOR에게 뒤로 물러서서 더 이상 공격하지 말라고 말했다. 기동대는 처참히 깨졌고 팀원들은 사상자를 전장에서 탈출지점으로 후송하는 계획을 함께 세우고 실행하면서 엄청나게 힘든 시간을 보냈다. 기동대의 절반 이상이 '사상자'였으니 이 계획을 수행하는 것 자체가 정말 험

난하고 잔혹한 일이었다. 4~5시간 동안 200~300파운드(약 90~136킬로그램)나 되는 동료를 끌고 가파르고 험한 지형을 오르내리면서 팀원들은 무엇을 잘못했는지 생각해볼 충분한 시간을 가졌다.

나에게도 생각할 수 있는 충분한 시간이 주어졌다. 무엇보다 내가 주목했던 점은, 이 기동대가 이토록 처참하게 실패한 이유는 오직 한 가지인데 바로 리더십 때문이라는 것이다.

이제 이번 팀에게 내가 무엇을 책임지고 가르쳐야 할지 분명해졌다. 그들이 가장 배워야 할 것은 리더십이었다. 내가 그동안 일하며 직접 배운 교훈을 전수할 필요가 있었다. 그 유래를 찾는다면 베트남 네이비씰 선배들이 전장에서 배운 교훈으로 거슬러 올라갈 수 있다. 나는 이라크 파병 당시 계속되는 전투 현장에서 호된 시련을 겪으면서 이 교훈을 내 것으로 만들었다. 이제 이 교훈의 핵심만을 모아 소대와 기동대에서 이해하고 적용하기 쉽게 만들어 젊은 네이비씰 리더에게 전수해주어야 했다.

그날 밤 막사로 돌아온 나는 식당 테이블에 앉아 내 생각에 가장 중요하고 기본적인 전투 리더십의 원칙을 적었다. 나는 그것을 전투의 법칙이라 부른다.

- 엄호와 이동
- 단순화
- 우선순위 정해 행동하기
- 분권화된 명령체계

엄호와 이동은 모든 전술의 기본이자 팀워크를 보여주는 것이다. 현장에 나간 분대와 그들을 지원해주는 다른 분대는 그 자체로 하나를 이룬다. 두 팀이 함께 일하고 서로 엄호하며 이동할 때 그 효과는 배가 되는 것이 아니라, 그들의 영향력과 능력은 기하급수적으로 향상된다. 개인 간에, 팀 분대 간에, 그리고 팀 간에 조율과 협력이 없다면 모든 게 말짱 도루묵이다.

내가 네이비씰의 사격팀, 분대, 소대 그리고 기동대에게 자주 말하는 가장 강력한 경고 중 하나는 서로 간의 지원 거리를 유지하라는 것이다. 소규모 분대에 대한 작전 교리 용어인 '지원 거리 유지'는 2개의 분대가 서로 효과적으로 엄호 사격을 할 수 있도록 일정 거리를 유지하라는 뜻이다.

나는 이 거리 두기에 덧붙여 물리적 거리가 1차적, 적어도 2차적 통신으로 엄호할 수 있을 만큼 떨어져 있어야 한다고 말한다. 이렇게 하면 각 분대는 필요할 때 도움을 받을 수 있다. 지원 거리에서 벗어난 분대는 바로 전멸할 수 있다. 따라서 엄호와 이동, 즉 팀워크는 전투 법칙에서 가장 중요한 우선순위가 된다.

다음은 단순화다. 일단 엄호와 이동(한 팀으로 함께 작전 수행)하는 능력을 갖추게 되면, 그다음에 필요한 것은 단순하고 명확한 목표다. 모든 팀원이 그 목표를 이해할 수 있어야 한다. 목표는 분명해야 한다. 단순하고 분명한 목표 외에, 지휘계통에서 모두가 이해할 수 있을 만큼 간단명료한 방식으로 계획과 지시가 위아래로 전달되어야 한다. 팀원이 목표나 목표 달성을 위한 계획을 이해하지 못하면 작전을 제대로 수행할 수 없기 때문에 단순화가 핵심이다.

다음 법칙은 우선순위 정해 행동하기다. 수행해야 할 임무가 여러 개이거나 해결해야 할 문제가 산더미일 수 있다. 리더나 팀원이 한 번에 너무 많은 일을 하려고 하면 아무것도 해내지 못할 수 있다. 가장 영향력 있는 임무나 가장 큰 문제를 먼저 다루고, 그다음 문제, 그다음 문제 식으로 처리해나가야 한다.

마지막 법칙은 분권화된 명령체계다. 한 팀이 분권화된 명령체계를 활용하려면 다른 법칙을 적용해야 분권화된 명령체계가 현실화될 수 있다. 즉 모든 팀원이 나서서 이끌어야 한다.

하나의 기동대에는 8개의 사격팀이 있고, 한 팀은 4~5명으로 구성된다. 사격팀마다 리더가 있다. 나는 기동대 지휘관에게 매번 이렇게 질문한다.

"각 사격팀 리더가 너의 의도가 무엇이며 기동대가 어떤 작전을 수행하기 바라는지 명확하게 인지하고, 그 의도대로 결과가 나오도록 주도적으로 움직인다면 어떨까?"

분대장이 이미 답을 알고 있으니, 이는 수사적 질문이다. 사격팀 리더가 소대장의 광범위한 목표를 위해 주도적으로 팀을 이끌어 나간다면 기동대 지휘관으로서는 일이 상당히 쉬워질 수 있다.

그러나 이 모든 것은 기동대 지휘관이 자신의 의도를 얼마나 단순하고 명확하게 전달하는지에 달려 있다. 사격팀 리더가 그 의도를 이해해야만 어떤 작전이든 수행할 수 있게 된다. 작전 수행 역시 결정을 내릴 수 있는 자신감이 있는지, 어느 정도 권한이 있다고 생각하는지에 따라

달라진다. 사격팀 리더가 어떤 일을 추진할 수 있는 권한이 있다고 생각하면 자발적으로 나서서 팀을 이끌어갈 것이다. 최고 지휘관이 아닌 리더 역시 이런 권한을 행사하는 것이 몸에 밸 정도로 체화되어야 하고, 팀 분위기에 자연스럽게 스며들어야 한다.

엄호와 이동, 단순화, 우선순위 정해 행동하기, 분권화된 명령체계, 이 4가지 개념은 전투의 4가지 법칙으로 작용한다. 나는 몇 번이고 그 점을 확인할 수 있었다. 네이비씰 소대와 기동대가 다양한 방식의 훈련을 통해 이 법칙을 이행할 수 있는 능력이 향상되었을 때, 임무 수행 능력과 문제해결 능력이 향상되었고 결과적으로 잘 발전한 분대는 OPFOR가 무엇을 하든지 OPFOR와의 전투에서 승리할 수 있었다.

반대로 기동대가 이 법칙을 활용하는 법을 배우는 데 실패하면 임무 수행도 실패한다. 분대는 하나 혹은 그 이상의 법칙을 따르고 실행하는 것도 실패한다. 법칙은 분명하지만 숙달되기 어렵다.

이에 숙달되기 위해서 훈련을 해야 하고 실패를 경험해야 한다. 하지만 일단 그 법칙이 뿌리를 내리면 효과적으로 작용한다.

그 외에 내가 훈련파견대 소대장으로 있는 동안 만든 원칙 2가지가 더 있는데, 이는 극한의 책임의식과 이분법적 리더십이다.

극한의 책임의식이란 문제가 생겼을 때 변명하지 않고 다른 사람이나 다른 것을 탓하지 않는 마음가짐을 말한다. 좋은 리더와 좋은 팀은 책임을 전가하거나 변명을 늘어놓는 대신에 문제에 대해 극한의 책임의식을 가지고 해결책을 찾고 그 해결책을 시행한다. 발생한 문제에 책임의식이 없다면 절대로 문제를 해결하지 못하고 그 팀은 결코 성장할 수 없다.

이분법적 리더십은 리더를 동시에 다른 방향으로 끌고 가는 양면성을 묘사한다. 어떤 특성이나 기술, 태도는 한쪽으로 치우치기 쉽다. 팀을 제대로 이끌기 위해서 리더는 균형을 잡을 수 있어야 한다.

예를 들어 리더는 말을 해야 하지만 말이 지나치게 많으면 부하보다 더 많은 정보를 쏟아낼 수 있다. 반면에 말이 너무 없으면 팀원은 충분한 정보를 얻지 못하게 된다. 따라서 리더는 말이 너무 많은 것과 말이 너무 없는 것 사이에서 균형을 잡을 수 있어야 한다.

리더는 공격 지향적이어야 하지만 지나치게 공격 지향적이면 불필요한 위험에 노출될 수 있다. 반대로 지나치게 안정 지향적이면 결코 진보할 수 없다. 따라서 리더는 균형을 잡을 수 있어야 한다. 이런 이분법적 상황이 끝없이 반복적으로 나타나는데, 그때마다 리더는 균형을 유지해야 한다.

소대 훈련을 지켜보다 보니 극한의 책임의식과 이분법적 리더십이 얼마나 중요한지 새삼 깨닫게 되었다. 소대가 고된 훈련과 전투 상황에 대처할 때 이 원칙들은 시멘트와 같은 역할을 해서 전투의 법칙이 한데 어우러져 작용할 수 있도록 한다.

이 법칙과 원칙은 전술적 리더십이 필요한 전장에만 적용할 수 있는 것이 아니다. 전투의 법칙을 이해하면 할수록 일상의 모든 영역에 적용할 수 있음을 알게 되었다. 주짓수 매트 위에서도 적용할 수 있고, 가정생활에도 적용할 수 있다.

전투의 법칙은 복잡한 관계를 다루고 연합을 형성하며 계획이나 아이디어를 사도록 사람들을 유치하는 등 모든 리더십에 적용할 수 있다. 각기 다른 자아와 성격을 다루고, 사람과 팀을 이해하고 그들에게 영향을 주는 것에도 동일한 법칙이 적용된다.

이 법칙이 전장의 전술적 측면에서 숙달되는 것이 어려운 것처럼 비전투적인 리더십 상황에서 숙달되는 것 역시 마찬가지로 어렵다. 하지만 리더가 전투의 법칙을 고심하면 할수록 더 다양한 각도에서 바라볼 수 있게 되고, 리더는 전투의 법칙과 극한의 책임의식 및 이분법적 리더십의 원칙을 더 잘 이해해서 적용할 수 있게 된다.

지휘계통 상하로 굳건한 관계를 맺는다

특별한 팀을 이끄는 데 필요한 또 다른 핵심 요소는 바로 관계다. 리더십을 발휘하려면 우선 관계를 맺어야 한다. 강력한 팀이 되려면 지휘계통 내에서 상관이나 부하 그리고 동료와 좋은 관계를 맺는 것이 중요하다. 끈끈한 관계일수록 원활하고 효과적인 의사소통이 가능하다. 의사소통이 잘될수록 강력한 팀이 될 수 있다.

예를 들어 상관이 그다지 이상적이지 않은 길로 이끌어 방향 재조정이 필요한 상황이 전개되었다고 하자. 상관과 관계가 좋다면 그 방법과 생각에 어떤 문제가 있는지 요령껏 설명할 수 있다. 항상 그렇듯이 이 문제를 논의하기 위해 어떤 방식으로 접근할지가 중요하다. 그 아이디어가 왜 말이 안 되는지에 대한 책임을 자신에게 돌려라. 예를 들면 이런 식으로 말이다.

"지휘관님, 저는 진심으로 제 능력껏 이 계획을 지원하고 싶지만 이 부분을 어떻게 수행해야 할지 이해하기 어렵습니다. 제가 제대로 해낼 수 있도록 왜 그렇게 해야 하는지 설명해주시겠습니까?"

이제 대화의 장이 열렸으니 상관이 왜 그런 생각을 했는지, 그리고 어떻게 해야 그의 생각을 바꿀 수 있는지 알아낼 수 있다.

그런데 그 지점에 도달하기에 앞서 자기 자신에게 간단한 질문을 던져보라. 먼저 상관을 설득해 그 계획을 변경해 얻는 것이 무엇인가? 차이가 미미하다면 그 일에 시간이나 노력을 투자할 가치가 없다.

그다음, 당신의 자존심 때문에 그렇게 하는 것은 아닌지 자문해보라. 어떤 일을 추진할 때 상관이 제안한 것보다 당신의 방법이 '더 훌륭하거나 더 효과적으로' 여겨질 수 있다. 그렇더라도 당신의 방법을 적용했을 때 얻을 수 있는 것이 많지 않다고 생각한다면 그냥 그대로 추진하도록 두어라. 당신의 자존심을 위해 드라마를 찍을 생각은 하지 마라.

마지막으로 문제를 제기했을 때 당신 상관과의 관계가 진전될지 아니면 악화될지 자문해보라. 관계 구축을 위해서는 계속 노력해야 하므로 이는 중요한 질문이다. 상관으로부터 환심을 사기 위해 관계를 구축해야 하는 것이 아니다. 상관이 당신을 신뢰하기 때문에 당신의 이야기를 들어 당신과 팀이 더 효과적으로 임무를 수행할 수 있도록 하기 위해서 관계를 구축해야 한다. 따라서 무엇이 중요한지 신중하게 선택할 필요가 있다.

상관과 신뢰 관계를 구축하는 것이 중요하다는 사실에는 반문의 여지가 없다. 그런데 어떻게 해야 할까? 가장 간단하고 분명한 방법이 있지만 사람들은 쉽게 간과한다. 그것은 바로 성과다. 상관은 당신이 임무를 잘 완수해내기를 기대한다. 그러면 잘 완수하면 된다. 제시간에, 예산에 맞추어, 최대한 문제를 일으키지 말고 임무를 완수하라.

여기에는 당신이 100퍼센트 동의하지 못하는 일도 포함된다. 나는 네이비씰에서 복무하는 동안 그렇게 했고 결과적으로 항상 나에게 도움이 되었다. 상관이 나에게 서류를 추가로 작성하라고 시킨다면? 난 그 일을 했다. 상관이 나에게 팀 내 다른 사람을 대신해 교대근무를 하라고 한다면? 나는 그렇게 했다. 상관이 엉망진창이 된 행정 업무를 정리할 사람을 필요로 한다면? 바로 내가 했다. 상관이 위험하지만 보상은 적은 임무를 수행할 사람을 찾는다면? 내가 그 일을 맡아 최선을 다했다.

어떤 문제가 있을 때마다 내가 해결사가 되었다. 문제를 해결함에 따라 나에 대한 상관의 신뢰도는 상승했다. 나는 계속 그 길을 걸었다. 다른 사람을 대신해 힘든 일을 맡을 때 불평하지 않았고, 그 일을 다른 사람에게 떠넘기려고 하지 않았으며, 남들의 찬사를 바라지 않았다. 나는 고개를 낮추고 그저 맡은 바 일을 다 했다. 시간이 흐르면서 상관은 내가 무슨 일이든 성사시킬 수 있는 사람이라고 생각하게 되었다. 그보다 중요한 것은 내가 상관에게 영향력 있는 사람이 되었다는 것이다.

반면에 어떤 하급자는 매사에 불평하거나 반대하고 언제나 자신의 방법이 더 낫다고 생각한다. 그런 사람은 입을 열 때마다 상관에 대한 영향력을 상실하게 된다. 하급자가 이의를 제기할 때마다 상관의 눈에는 모두 전형적인 핑곗거리로 보일 뿐이다. 말을 하면 할수록 사람들은

네이비씰 승리의 리더십

듣지 않게 된다.

내가 할 일을 착실히 해내면 상관은 나를 일을 맡길 만한 사람으로 신뢰하게 된다. 내가 이의를 제기하면 상관은 확실한 근거를 바탕으로 한 이야기이기 때문에 고려해야 한다고 생각한다. 내가 할 일을 다 하고 거의 반대의견을 내지 않았기 때문에 상관은 실제로 내 이야기에 귀를 기울인다. 나는 항상 이 전략을 상관에게 적용했고 효과는 좋았다. 내가 하고자 한 일을 성취할 수 있었다.

그런데 당신의 부하들은 이 상황을 어떻게 볼까? 예를 들어 내가 상관의 계획에 약간의 문제가 있음을 인지했다면 내 부하들 역시 마찬가지로 그 사실을 인지했을 것이다. 그러면 내가 뭐라고 얘기해야 할까? 부하들이 내가 상관의 실수를 보지 못한다고 생각하면 내가 계속 그들의 존경을 받을 수 있을까? 답은 간단하다. 사실대로 말하면 된다.

"작전을 수행하는 데 더 나은 방법이 있다는 것을 알고 있다. 하지만 지금 시점에서 계획을 바꾸는 데 드는 노력이나 그 일을 완수하는 데 드는 노력이나 같다고 본다. 따라서 우리는 지금 그대로 가겠다. 이 일을 완수함으로써 얻을 수 있는 것을 얘기하자면, 우리는 상관과 신뢰를 쌓을 수 있다. 상관이 지시한 작은 임무들을 하나씩 처리할 때마다 우리에 대한 신뢰는 더욱 공고해지고 상관은 우리의 말에 귀 기울이게 된다. 그러면 정말 말도 안 되는 일이 발생했을 때 우리 이야기를 들을 것이다. 그렇기 때문에 우리는 지금 우리 능력껏 최선을 다해 이 계획을 실행하고자 한다."

이게 사실이고 팀원들은 그 관점을 이해할 필요가 있다. 물론 이 문제에도 양면성이 존재한다. 전혀 말이 안 되는 일이 발생해 상황이 틀어지면 상관에게 이의를 제기해야 한다. 그러지 않는다면 팀원들은 당신이 의견을 제대로 밝히지 못했다는 사실을 알고 당신을 만만하게 볼 것이다.

당신이 상관의 모든 명령에 군말 없이 순종하는 리더가 되면 지휘계통에서 위로나 아래로나 모두 좋지 않다. 어떤 상황에서든지 예스맨이 되는 것은 좋은 일이 아니다. 좋은 상관이라면 계획에 대한 피드백이나 비판을 기꺼이 들을 줄 알아야 한다.

상관이 당신을 신뢰한다면 항상 그럴 수는 없지만 당신은 상관의 생각이나 계획에 반하는 안건을 제시할 수 있어야 하고, 상관은 들을 것이다. 다시 처음으로 돌아가 얘기하자면, 당신이 가진 가장 강력한 도구는 바로 상관과 좋은 관계를 맺는 것이다. 지휘계통 상하로 굳건한 관계를 맺는 것이 좋은 리더십의 가장 기초다.

둥글게 대응한다

둥글게 대응해야 한다. 좀 더 구체적으로 말하자면, 긴 시간을 둥글게 대응하며 지내야 한다. 사람들은 관계를 구축하는 것에 대해 듣고 싶어 하지 않는다.

사람들은 내가 이렇게 말하기를 바란다.

"누군가 당신이 가는 길에 방해가 된다면 그들을 이겨라. 정치적 상황이 당신이 원하는 방향으로 바뀌지 않는다면 무력으로 돌파하라!"

리더십과 관련해 사람들이 내게서 듣고 싶어 하는 조언은 확실히 단순하고 직설적인 것이다. 왜냐하면 너무 단순해서 실패하지 않을 것으로 보이기 때문이다. 이런 태도는 성공적일 때가 많다. 적어도 처음에는 말이다. 엄격하고 적대적인 접근 방식은 대개 잠깐은 효력을 발한다. 하루나 이틀, 어쩌면 일주일, 어쩌면 몇 달 정도는 사람들에게 강요해 당신이 원하는 것을 하도록 만들 수 있다. 무자비하고 공격적인 방식으로 프로젝트 몇 개를 완수하도록 강제할 수도 있다.

하지만 그러한 성공은 오래가지 못한다. 사람들과 관계를 끊고 원수가 된 결과 상처만 가득 남았다면, 당신이 이제 끝났음을 곧 깨닫게 될 것이다. 당신은 눈앞의 이익을 위해 모든 것을 파괴했다. 당신에게는 아무것도 남지 않는다.

그렇게 해서는 안 된다. 대신 둥글게 대응해야 한다. 나는 내 상관을 지원해주려고 노력하고 내 능력을 최대한 발휘하기 위해 노력한다. 둥글게 대응하면서 상관과 신뢰 관계를 구축해나간다. 상관과 좋은 관계를 구축하는 것이 왜 중요할까? 그러면 내가 승진할 수 있을까? 그러면 나에게 더 좋은 임무가 배정될까? 그렇지 않다. 사사로운 이득을 위해 관계를 구축하려고 애쓰는 것이 아니다. 상관과 관계를 구축하려고 애씀으로써 임무를 더 잘 수행할 수 있기 때문이다.

둥글게 대응하는 것은 지휘계통에서 하급자에게만 해당하는 것이 아니라 상관도 마찬가지다. 당신이 상관인데 하급자가 당신에게 와서 당신이 하는 말에 이의를 제기하면, 그 말을 들어주고 대안을 요구하라. 그의 이야기가 적절하다면 긍정적으로 반응하고 그 대안을 활용하

라. 그들이 제안한 대안이 당신의 방법만큼 효과적이거나 효율적이지 않다고 해도 그렇게 하도록 내버려두어라. 이렇게 하면 지휘계통에서 아랫사람들과 신뢰 관계를 구축할 수 있다. 가능한 한 많이 듣고 긍정적으로 반응하라.

팀의 하급자가 말도 안 되는 제안을 가지고 왔을 때는 아니라고 말하라. 그렇다 해도 부하들은 당신을 못마땅해하지 않을 것이다. 그들이 한 제안에 어떤 문제가 있는지, 그리고 왜 그렇게 진행할 수 없는지 설명해주기만 한다면 그들은 받아들일 것이다. 당신이 다른 사람의 말을 듣지 않는 것이 아님을 안다면, 팀원은 당신의 지시를 받아들여 임무를 완수하기 위해 투철한 사명감을 가지고 전진해나갈 것이다.

나는 항상 이렇게 했다. 항상 둥글게 대응했다. 나는 만나볼 수 있는 모든 유형의 리더를 다 경험해봤다. 어떤 상관은 놀랄 만한 전술적 기량으로 영감을 주는 방임형 리더였다. 어떤 상관은 세세한 것까지 다 신경 쓰는 극단적인, 전혀 상식적이지 않은 자기중심적 리더였다. 어떤 상관은 편집증 환자처럼 생각이 너무 많아 위험을 회피하는 리더였다.

어떤 유형의 리더와 일을 하든지 간에 나의 목표는 언제나 동일했다. 그들과 관계를 잘 구축해서 그들이 나를 신뢰하고, 내가 그 일을 잘 완수하기 위해 필요한 것을 공급해주며, 나를 방해하지 않고 내가 임무를 잘 수행할 수 있게 하는 것이다. 그런 관계를 구축하는 것은 결코 쉬운 일이 아니다. 최적의 선택이 아닐 수 있는 일도 해야 한다. 때로는 자존심을 굽혀야 한다.

둥글게 대응하는 것이 쉬운 일은 아니지만, 신뢰를 쌓고 관계를 구

네이비씰 승리의 리더십

축하면 팀이 하나로 똘똘 뭉쳐 임무 수행력이 향상될 수 있다. 당신의 자존심이나 팀의 자존심 때문에 소동이 일어나지 않도록 하라. 마음을 가다듬고 둥글게 대응하도록 하라.

어떤 사람들은 상관에게 둥글게 대응하거나 마지못해 따라가면, 또는 자신만의 목표를 추구하지 않는다면 그 사람을 약하고 위선적인 아첨꾼이라고 생각한다. 이것은 잘못된 것이다. 둥글게 대응한다고 해서 약한 사람은 아니다. 상관에게 아부를 떠는 것이 아니다. 그는 가능한 한 자원을 최대한 활용해서 자신과 자신의 팀이 임무를 최대한 잘 수행할 수 있도록 하려는 것이다. 관계를 구축하고 영향력을 키움으로써 일을 올바른 방향으로 추진해갈 수 있다. 이로써 사사로운 이익을 취하려는 것이 아니다. 승진을 위해 이러는 것이 아니다. 팀의 승리를 위해 둥글게 대응하는 것이다.

둥글게 대응할 때도 적정선을 지켜야 할까? 물론 그렇다. 지나쳐서는 안 된다. 상관의 생각이 모두 완벽하다고 말하며 굽실거리고 아첨해서는 안 된다. 전문적으로 대응하라. 공손한 태도를 취하라.

사람들이 놓치기 쉬운 또 다른 핵심은 상관을 지원하는 일에 진심으로 관심을 가지는 것이다.

"지휘관님, 제가 계획을 제대로 지원하기 위해서, 지휘관님이 왜 이런 방식을 원하시는지 확실히 이해하고 싶습니다."

내가 상관에게 이렇게 말하라고 설명하는 이유는 단순히 관계를 구축해 영향력을 키우기 위해서만은 아니다. 이 방식을 추천하는 것은 당신이 실제로 상관이 어떤 방식으로 하기를 원하는지 잘 이해하기 위해서다. 정말이다. 말만 그럴싸하게 하라는 것이 아니다. 목표는 상관을 실제로 지원하는 것이다. 그렇게 한 결과 좋은 관계를 구축하는 부수적 이익이 뒤따르고, 그 관계가 다른 어떤 것보다 더 중요해질 수 있다.

상관을 위해 어떤 작은 일을 하는데 그 방법이 최선이 아닌 것 같아도, 당신이 상관의 지시를 따른다고 해서 위선자인 것은 아니다. 당신은 중요한 때를 위해 잠시 리더십 역량을 비축해두고 있는 것뿐이다. 잘못된 것은 아무것도 없다. 당신은 위선자가 아니라 영리하게 처신한 것이다.

정말로 확신이 서지 않거나 결과적으로 임무나 팀에 대참사를 초래할 수 있다는 생각이 들면 그때에는 아니라고 말하는 것도 당신의 의무다. 하지만 이런 경우가 자주 있어서는 안 된다. 당신과 팀 그리고 임무에 큰 타격을 입히는 지시가 아니라면 둥글게 대응하며 관계를 구축해야 한다.

리더에게 불복종해야 할 때도 있다

관계를 형성하는 것이 중요하지만, 마찬가지로 상관의 명령에 불복종해야 할 때도 있다. 하지만 이는 절대적으로 최후의 수단이어야 한다. 불복종은 팀에 엄청난 혼란을 야기하고, 일의 진행을 늦추며, 임무 성공 여부가 불투명해지고, 궁극적으로 완벽한 임무 실패나 팀의 완전 해체로 이어질 수 있다.

하지만 리더가 팀에게 불법적이거나 부도덕하고 비윤리적인 일을

네이비씰 승리의 리더십

지시했다면 그 명령을 거부하는 것은 하급자의 임무다. 명령이 내려졌기에 그 일을 했다는 것은 전혀 변명이 되지 않는다. 부도덕한 행위에 대해서는 변명의 여지가 없다. 각자가 자신들의 행동이 부도덕했음을 알아차리지 못했거나 특정 순간에 그 행동을 피할 수 없다면 하급자는 더는 불법적 행위가 발생하지 않도록 가능한 한 빨리 상관에게 보고해야 한다.

또 다른 이유로 하급자가 리더에게 불복종해야 할 때도 있다. 리더가 치명타를 입을 수 있는 방향으로 팀을 잘못 이끈다면 리더에게 불복종하거나 하달된 명령 실행을 거부할 수 있다.

나폴레옹은 이렇게 말했다.

"하급 리더가 임무가 잘못되었다는 것을 알면서도 그 임무를 수행한다면 이는 하급자의 과실이다."

이것은 사실이다.

그런데 안타깝게도 과실여부를 명백하게 판단할 수 있는 상황은 많지 않다. 다시 말해 상관의 지시에 따르기를 거부하거나 불복종하는 것은 마지막 카드이기 때문에 절대적으로 최후의 수단이 되어야 한다. 일단 명령을 거부하면 돌이킬 방법이 거의 없다. 다행히도 그 지경까지 악화되기 전에 전면 거부나 불복종을 피할 기회가 많이 있다.

마지막 입장을 취하기 전에 하급자는 상관에게 그 임무의 목적을 다시 말해 달라고 요청하고 그다음에 그 임무 전술을 평가하고 그와 관련된 우려를 설명해야 한다. 상관의 위치에 있다 보면 세부사항을 놓칠 수 있고 그 계획이 최전선에서 어떻게 전개될지 이해하지 못할 수 있다. 상관에게 이런 정보와 지금 우려하는 바가 무엇인지 명확히 전달하는 것은 하급자의 책임이다.

그러면 상관은 최전방 리더에게 미처 보지 못했거나 알지 못했던 세부사항을 설명함으로써 왜 그런 결정을 내리게 되었는지 입증할 기회를 얻게 된다. 이는 긍정적인 면이다. 하급자는 이제 더 큰 그림을 보고 상관이 왜 특정한 행동 방침을 선택했는지 이해해서 지휘계통 아래 팀원들에게 그 사실을 설명할 수 있다.

하급자가 상관에게 우려하는 바를 설명할 때 상관은 지금까지 보지 못했거나 이해하지 못했던 세부사항을 보게 될 수도 있다. 하급자는 상급자에게 자신의 우려를 전달했을 뿐만 아니라 문제해결 방법, 즉 하급자의 우려를 경감시키는 다른 행동 방침도 제시한다면 더 이상적이다. 이 과정에서 상관은 계획을 재평가하고 하급자의 해결책을 통합하거나 문제를 해결할 수 있는 다른 방법을 생각해낸다.

하급자가 상관의 계획이 일리가 있음을 이해하고 그 계획에 동의하거나, 또는 상관이 하급자의 피드백을 바탕으로 계획을 수정한다. 이 2가지 결과 모두 긍정적이다. 어느 쪽이든 상관이나 하급자 리더 모두 그 계획을 실행할 수 있다고 여기고, 나머지 팀원 역시 지휘계통을 따라 설명을 듣고 실행할 수 있는 것으로 받아들이게 된다.

하지만 항상 이런 결과가 나오는 것은 아니다. 상관이 마음을 바꾸지 않을 때도 있다. 자존심이나 자만심 때문이든지, 아니면 다른 부분을 고려하지 못한 무능함 때문이든지 간에 상관이 계획 변경을 거부하고 계속 진행하라고 명령할 수도 있다. 이런 상황이 되었을 때 하급자는 상관에게 우려하는 바가 무엇인지를 설명하기 위해 배의 노력을 기울여야 한다.

처음으로 다시 돌아가 임무나 팀을 위험에 빠뜨리지 않고 상관의 계획을 효과적으로 수행할 수 있는 다른 방법이 있는지 살펴보라. 아마도 살짝만 수정하면 상관의 계획대로 계속 진행하면서 동시에 부하들의 우려를 불식시킬 방안이 있을 것이다. 이 과정이 잘 진행되어 리스크가 크지 않다면 부하는 지시받은 대로 계속 전진해나갈 수 있다. 하지만 리스크가 여전히 크다면 어떤 결과가 도출될 수 있는지 자세히 파악하고 어떻게 설명해야 상관을 이해시킬 수 있을지 정리하는 데 시간을 들여라. 그다음에 다시 그 문제를 논리적이고 냉정하게 설명하도록 한다.

그런데 어떤 경우에도 상관에게 공격적인 태도로 이의를 제기해서는 안 된다.

"이해가 안 된다."

"이 계획은 말도 안 된다."

"왜 우리가 이런 일까지 해야 하나?" 등등.

이런 식으로 우려를 표명해서는 안 된다. 이런 진술은 2가지 차원에서 잘못되었다.

첫째, 감정적 대응으로 비칠 수 있다. 사람들은 감정싸움을 하게 되면 문제를 심각하게 받아들이려고 하지 않는다. 둘째, 이러한 진술은 실제로 계획을 세운 사람, 즉 상관을 모욕하는 발언이다. 상관의 계획을 공격하는 것은 상관을 공격하는 것이고, 그렇게 함으로써 기존 입장을 더 고수하고 더 방어적으로 나서게 만들 수 있다.

간접적으로 접근하는 것이 훨씬 낫다. 하급자는 잘못을 자신에게 돌리며 질문을 하는 것이 좋다. 이렇게 접근해보라.

"스스로 사고하는 법을 배우기 위해 이 문제에 대한 지휘관님의 생각을 확실히 이해하고 싶습니다."

"지휘관님과 달리 경험이 없기 때문에 이 점이 분명하게 이해되지 않습니다."

이런 접근법은 모두 상관을 무장 해제시켜서 상관이 공격받고 있다는 느낌을 받지 않는다.

상관에게 쉬운 길을 보여주는 것도 좋은 전략이다. 당신의 제안을 유일한 선택지로 제시한다면, 리더는 다른 사람의 계획을 이용함으로써 자신의 리더십이 약화되는 기분을 느낄 수 있다. 물론 사실이 아니지만 많은 사람이 그렇게 생각한다. 따라서 상관의 계획인 것처럼 아이디어를 제시하는 방법이 좋다. 예전에 아주 간단하게 언급했던 행동 방침 중 하나를 제안할 수 있다.

"지휘관님께서 하셨던 말씀 중에 이런 게 있었는데, 우리가 이렇게 해볼 수 있겠다는 생각이 들었습니다."

이런 식으로 말을 하면서 리더에게서 나온 아이디어인 것처럼 공을 돌리면, 상관은 기분이 좋아지고 자존심도 지킬 수 있다. 이 외에도 여러 다른 방법이 있는데, 적어도 자신의 아이디어와 상관의 아이디어의 대결 구도를 만들어서는 안 된다. 그렇게 되면 상관의 자존심을 건드려 의사 결정에 부정적인 영향을 끼칠 수 있다. 대신 당신의 아이디어가 상관에게서 직접 나오게 만들어야 한다. 대부분의 사람이 다른 사람들

네이비씰 승리의 리더십

보다 자기 생각대로 하는 것을 좋아한다.

상관이 자신의 계획보다 훨씬 개선된 제안을 받았을 때, 그는 부하가 이해부족으로 우려했던 세부사항에 관해 설명해줄 수 있고, 자신의 계획에 결점이 있음을 인지하고 수정할 수도 있다. 어느 쪽이든 그 팀은 현재 계획 이전 단계에 있다.

그러나 상관이 주장을 굽히지 않고 처음 지시대로 계획을 수행하라고 명령을 내릴 수 있다. 그러면 부하들은 다시 돌아가 리스크를 줄일 수 있는 모든 가능한 방법을 연구하고 좀 더 세부적으로 결과를 분석하며 상관의 계획을 반박할 만한 근거를 탄탄히 마련하면서 그 명령을 평가하고 하나하나 더 세밀하게 계획을 세워야 한다. 이 과정이 끝나면 다시 상관에게로 가서 결과를 보고한다.

우려사항들을 훨씬 더 상세하게 문서로 잘 정리해 보고하면 리스크를 줄일 수 있는 조치를 실행했는데도 여전히 결과가 좋지 않을 것이라는 예상 때문에 바라던 대로 상관의 마음이 흔들릴 수 있다. 임무 실패 가능성이 크고 그 내용이 비공격적인 방법으로 전달되었기 때문에 상관이 다른 방법을 선택하기로 하면 다행이다.

하지만 항상 이렇게 작용하는 것은 아니다. 때때로 상관이 고집을 부리며 마음을 바꾸지 않을 수도 있다. 그러면 항명을 해야 할 시점인가? 한계 상황인가?

상관에게 이렇게 말할 수 있다.

"절대로 그렇지 않습니다. 저는 지휘관님께서 제시하신 방식을 따르지 않겠습니다."

그렇게 말할 때가 되긴 했다. 그렇지만 다른 방식으로 접근할 수도 있다. 평가해볼 여러 변수가 있다.

먼저 어떤 리스크가 있는지 관찰해보자. 아마도 효율성이 조금 떨어질 수 있다. 만약 그런 경우라면 싸울 가치가 없다. 효율성이 상당히 떨어질 수 있지만 큰 문제는 아니다. 다시 말하지만, 싸울 가치가 없다.

그러나 어쩌면 다른 더 중요한 리스크가 있을 수 있다. 그렇다면 다시 돌아가 그 리스크가 무엇이며 임무에 어떤 부정적인 영향을 주는지 정확하게 설명하려고 노력할 가치가 있다. 관련 리스크를 계속 따져보고 최종적으로 얼마나 큰 영향을 끼칠지에 대해 계속 고민하다 보면 상관의 지시에 따라 실행하면 팀과 임무에 치명타가 될 수 있어서 상관의 계획을 절대로 용납할 수 없다고 확신하는 상황에 이를 수 있다. 하지만 이 순간에도 하급자는 명령에 따르지 않겠다고 단호하게 말하는 것이 최선인지 심사숙고해야 한다. 하급자가 지시를 거부했을 때 이런 결과가 나올 수 있다.

1. 리더는 항명이라는 나쁜 수단을 쓸 정도로 하급자가 얼마나 이번 계획을 우려하고 있는지 인식한다. 왜냐하면 하급자는 경력이 위태로워질 수 있고 그로 인해 처벌을 받을 수 있는데도 그 위험을 무릅쓰고 항명했기 때문이다. 예상컨대 이것이 최상의 시나리오다. 계획 수행을 거부하는 하급자에게서 일깨움을 얻은 리더는 조건을 재고해서 다른 방식으로 계획을 수행하기로 한다. 이제 하급자는 다시 팀에 합류하여 새로운 계획을 지원하고 팀이 계획

을 잘 실행할 수 있도록 돕는다.

2. 리더가 계속 고집을 부리고 계획을 바꾸지 않는다. 하급자가 계획 참여를 거부했기 때문에 상관은 그 부하를 해고하고 절대적으로 복종하는 새로운 사람을 뽑아 그 자리에 앉힐 수 있다. 상관의 입장에서는 문제가 해결되었지만, 이제 이성적인 소리를 내던 사람 대신에 상관에게 절대복종하는 예스맨이 그 자리를 차지하면서 팀은 완전히 어려움을 겪게 된다. 상관이 자기 계획을 일방적으로 밀어붙이더라도 누구도 다른 선택이나 통제권을 가질 수 없다. 끔찍한 상황이다. 상관이 계획 수정 제안을 받아들이기 거부하면 자존심이 아주 센 상관이 저항 없이 자기 뜻을 밀어붙이기 위해 예스맨을 투입할 수 있다는 가정을 고려해야 한다. 이런 결과가 충분히 나올 수 있다면 신중하게 따져봐야 한다.

3. 하급자가 한계선을 긋고 계획 수행을 거부하거나 항의의 뜻으로 아예 직책을 내려놓는다면 어떤 식으로든 상관에 대한 영향력을 완전히 상실하게 된다. 이렇게 되면 이후 상황에서 하급자는 할 수 있는 것이 아무것도 없다.

4. 하급자가 계획에 문제가 있다고 상관을 설득하기 위해 백방의 노력을 다했어도 상관의 마음을 돌이킬 수 없으면, 하급자가 할 수 있는 가장 좋은 선택은 마지막으로 우려의 말을 전한 후 최대한의 역량을 발휘해 팀을 이끌어 그 계획을 수행하는 것이다. 이렇게 한다면 하급자는 적어도 부실한 계획의 허점을 메우기 위해 최선을 다하고, 부정적 결과에 주목함으로써 상관에게 명확하게

설명할 수 있고, 상관을 둥글게 대함으로써 좋은 관계를 형성해 갈 수 있다. 그 결과 계획을 수행해 앞으로 나아갈 때 더 좋은 방법이 있다고 상관을 설득할 수 있다. 이와 같은 행동 방침에 내재된 위험은 나폴레옹이 말했듯이 결과에 대한 책임이 여전히 하급자에게 있다는 것이다.

상관에게 강하게 반발할 때는 어떤 행동 방침이든 신중하게 생각해 선택해야 한다. 팀이나 임무 그리고 하급자 리더에게 치명적 결과를 가져오기 때문이다.

자신의 단점을 보완할 수 있는 사람을 활용한다

리더는 타고나는 것일까, 아니면 만들어지는 것일까? 둘 다 맞다.

먼저 사람들이 선천적으로 가지고 태어난 것을 살펴보자. 사람은 각기 다른 분야의 장단점을 가지고 태어난다. 신체적인 부분에서는 그 차이가 확연하다. 어떤 사람은 키가 크고, 어떤 사람은 키가 작으며, 어떤 사람은 날 때부터 힘이 세고, 어떤 사람은 더 유연하며, 어떤 사람은 폭발적인 속근(速筋: 순간적인 힘을 내는 근육–옮긴이)을 가지고 태어나고, 어떤 사람은 지구력이 좋은 지근(遲筋: 꾸준히 멀리 가게 하는 근력–옮긴이)을 가지고 태어난다.

사람들은 신체 단련을 통해 신체 능력을 확실히 향상시킬 수 있다. 웨이트 운동을 하면 강해지고, 달리기를 하면 체력이 향상되며, 스트레

네이비씰 승리의 리더십

칭을 하면 유연성이 강화된다. 하지만 날 때부터 가지고 태어난 유전자 구성의 한계를 벗어나지 못한다. 이러한 특성과 한계는 스포츠 경기나 승패를 겨루는 신체활동에서 뚜렷하게 드러난다. 유전적 잠재력에 도달하기 위해 노력할 수 있고 그보다 조금 더 활성화시킬 수 있겠지만 종국에는 DNA의 한계를 벗어나지 못한다.

사람마다 인지 능력도 각기 다르다. 물론 훈련을 통해 지적 능력을 극대화시킬 수 있지만 한계가 있다. 아무리 공부해도 지능이 평균인 사람이 아인슈타인이 될 수는 없다. 하지만 배우고 공부하며 연습한다면 사고력을 기를 수 있다. 글을 많이 읽을수록 세상일의 맥락을 파악할 수 있는 능력이 향상된다. 언어를 많이 배울수록 어휘력이 좋아진다. 질문을 많이 할수록 답을 찾는 훈련을 많이 하게 되고, 생각하는 훈련을 많이 할수록 실제로 사고력이 좋아진다. 따라서 신체 능력을 강화할 수 있는 것처럼 유전적 한계에 도달할 때까지 공부하면 지적 능력을 향상시킬 수 있다.

리더십 특성에도 똑같은 원리가 적용된다. 인간이 날 때부터 선천적으로 가진 특성 중에 리더십에 도움이 되는 것이 있다.

그중 하나가 말을 조리 있게 잘하는 것이다. 자기 생각을 간단명료하게 잘 전달할수록 더 효율적인 리더가 될 수 있다. 어떤 사람은 선천적으로 다른 사람들보다 말을 잘한다.

복잡한 문제를 분석해서 간단하고 이해하기 쉬운 개념으로 분류할 수 있는 능력 역시 선천적으로 타고난다. 이런 능력을 가진 사람은 리더가 되기에 좋은 자질을 갖추었다. 리더가 어떤 종류의 과업을 추진해야 하는데 그 과업을 쉬운 말로 이해시킬 수 있는 중요한 능력을 갖췄다면, 과업의 본질을 놓고 팀과 소통할 수 있을 뿐만 아니라 저 깊은 곳에 감추어진 간단한 해결책을 발견해낼 수 있다.

리더로서 자신감과 카리스마가 넘친다면 그 사람은 더 좋은 리더가 될 수 있다. 카리스마는 양적으로 표현하기 힘들지만 식별할 수 있는 인간의 특성으로 사람마다 다르다. 어떤 사람은 놀랍게도 선천적으로 자석처럼 사람을 끌어당긴다. 반면에 어떤 사람은 극히 적은 관심이라도 끌어내기 위해 고군분투해야 할 수 있다.

심지어 목소리가 큰 것도 좋은 리더십 자질이다. 사람들을 이끌려면 사람들이 당신의 목소리를 들어야 하는데, 목소리가 작다면 팀은 지시를 들을 수 없어 계획을 제대로 수행할 수 없다.

사람들의 마음을 읽을 수 있는 능력도 매우 중요하다. 하지만 마찬가지로 모든 사람이 이 능력을 타고나는 것은 아니다. 실제로 다른 사람과 소통하는 데 형편없는 사람도 있다. 그런 사람은 사회성이 부족하고 다른 사람의 감정이나 반응을 잘 파악하지 못한다.

리더마다 장단점이 각기 다르다. 다행히 개선이 가능하다. 어떤 방법이 있을까?

먼저 리더는 말을 조리 있게 잘할 수 있어야 한다. 말하기를 연습하고 어휘를 늘리기 위해 공부하며, 생각을 정리하는 연습을 하기 위해 많이 읽고 글을 쓰며 다른 사람과 소통해야 한다. 이렇게 연습하다 보면 시간이 흐를수록 말을 잘하게 된다.

리더는 단순화에 능해야 한다. 문제에서 거리를 두고 좀 더 추상적으로 생각하고 목표를 단순화시키고 실제로 중요하지 않은 부분을 제거하거나 우선순위를 계속 재조정해나간다. 이렇게 계속 연습하다 보면, 좀 더 간단한 해결책을 찾아내는 능력을 키울 수 있다.

카리스마는 후천적으로 개발하기 어렵지만 어느 정도는 키울 수 있다. 자세나 표정에 좀 더 신경을 써야 한다. 경험치가 커지면 자신감이 커져 카리스마도 생기게 된다. 다른 사람과 이야기할 때 상대의 눈을 바라보고 상대의 이야기를 경청하며 겸손하지만 권위 있는 태도로 명확하게 표현하는 데 신경을 쓰는 것도 좋은 방법이다. 리더는 귀에 쏙쏙 들어오는 목소리를 내는 연습을 하는 것도 좋다. 이렇게 소소한 것들이 카리스마를 키우는 데 도움이 된다.

상대의 감정을 잘 읽어내는 능력을 키우기 위해서 리더는 먼저 몸짓이나 얼굴 표정 그리고 목소리 톤에 주의를 기울여야 한다. 일단 관심을 기울이기 시작하면 이상 행동의 징후가 보이고 어떨 때 평정심이 흐트러지는지 알게 되어 상대의 감정이나 분위기를 인지할 수 있다.

이처럼 리더가 리더십 역량을 키울 수 있는 정량적 방법이 있긴 하지만, 그렇다고 역량이 형편없던 사람이 탁월한 리더십의 소유자가 되는 것은 불가능하다. 마라톤 세계 챔피언이 역도 올림픽 금메달리스트가 되는 것이 비현실적인 것과 마찬가지다. 그는 그런 유전자를 타고나지 못했다.

사람들을 이끄는 데 필요한 리더십 역량을 타고나지 않았다면 어떻게 해야 좋은 리더가 될 수 있을까? 답은 간단하다. 좋은 리더는 서로의 단점을 보완할 수 있는 팀을 만든다.

나는 네이비씰 팀에서 전술 훈련을 맡아 진행할 때 이 사실을 깨달았다. 두 소대를 맡은 기동대 지휘관이 있었는데, 그는 목소리가 크지 않았다. 그는 똑똑했고 전술적으로 재능이 뛰어났으며 소대에서 존경받는 지휘관으로 보였지만 개미만 한 목소리가 단점이었다. 귀에 쏙쏙 들어오는 목소리를 가진 리더가 확실히 유리하다. 대원들은 전투 지휘관의 목소리를 들을 수 있어야 한다. 그 이유는 간단하다. 기관총이 발사되면 정말로 시끄럽기 때문이다. 그런 상황에서는 쩌렁쩌렁한 목소리로 지시를 내려 모든 팀원이 명령을 듣고 전달할 수 있어야 한다.

안타깝게도 이 지휘관에게 쩌렁쩌렁한 목소리는 능력 밖의 일이었다. 나는 바로 이 점을 조언했다.

"팀원들이 너의 목소리를 듣지 못한다. 더 큰 목소리로 말하라."

"잘 안 됩니다."

그가 대답했다.

"음, 그래도 더 노력하는 게 좋겠다. 지금 목소리가 작아 리더로서 능력을 제대로 발휘하지 못하고 있다."

나는 그가 상황을 개선할 수 있도록 최대한 직설적으로 말했다.

다음 훈련 때 그를 지켜보면서 그의 목소리를 들었다. 그는 전혀 나아지지 않았다. 팀은 그의 명령을 듣지 못해 뒤처졌다.

훈련 임무 수행이 끝나자 나는 지휘관에게 그 점을 다시 지적했다. 다음 임무를 수행할 때도 전혀 나아지지 않았다.

나는 이 사람이 네이비씰 리더로서 진짜 자격이 있는지 의문이 들기 시작했고, 내 생각은 부정적인 쪽으로 기울었다. 나는 큰 목소리를 타

네이비씰 승리의 리더십

고났고, 네이비씰 리더로서 플러스 요인이었다. 내 목소리가 얼마나 쩌렁쩌렁했는지 시끄러운 총성과 폭발 소리를 뚫고 팀원들에게 전달되었던 때가 떠올랐다. 목소리는 아주 중요한 능력이다. 사람들은 최첨단 무전 설비나 소음방지 헤드셋을 사용하면 이 문제를 해결할 수 있다고 생각할 수 있지만, 실상은 그렇지 않다. 총성이 빗발치는 혼돈 속에서 사람들은 무전 송신을 듣지 못하고, 심지어 들을 수 있다 해도 계속 무전에 주의를 기울일 수 없다. 아수라장에서 지휘가 제대로 이루어지지 않는다.

그렇지만 구두 명령은 다르다. 모든 네이비씰 대원은 기초 훈련을 받은 첫날부터 명령을 외치는 소리가 들리면 사격을 중단하고 명령을 외치는 사람을 보고 다시 명령을 반복해 말한다. 그다음에 반대방향으로 옆 사람을 보고 그 말을 전달한 후 옆 사람이 다시 외치기를 기다리며 말이 제대로 전달되었는지 확인한다. 무선 명령에서는 이렇게 되지 않는다. 그 때문에 무선으로는 명령이나 지시가 제대로 전달되지 않을 때가 많다.

나는 목소리가 작은 장교의 잠재력에 대해 진짜로 의문을 품기 시작했고 그에게 그 사실을 좀 더 자세히 얘기했다.

"음, 내가 보니 자네는 전술을 잘 이해한다. 계획도 잘 짜고. 심지어 전술적 결정도 잘 내리지. 그런데 팀원들이 네 목소리를 듣지 못하면 아무 소용이 없다. 너는 목소리를 더 크게 내야 한다. 그렇지 않으면 팀을 이끌지 못해."

내 말을 들은 그는 실망했지만 분노하지 않았다. 내 생각에 그는 진짜로 단점을 깨달았고 그 단점이 기동대에 얼마나 나쁜 영향을 주는지 알게 되었다.

바로 다음 훈련 임무를 수행할 때가 되었다. 나는 다시 한 번 조용하고 젊은 기동대 지휘관에게 시선을 고정했다. 임무가 시작되자 혼돈, 아수라장, 소음이 펼쳐졌다. 탄띠가 달린 자동 화기에서 수천 발의 총알이 난사되었다. 가짜 포탄이 휙 날아가 펑 하고 터졌다. 시끄러워 아무 소리도 들리지 않았지만 필요한 지시를 내려야 했다. 팀은 우리가 거점이라고 부르는 건물에 진입해 확보하고 보안을 설정해야 했다. 이는 당연한 결정이었다.

나는 기동대 지휘관을 쳐다봤다. 그는 무엇을 해야 할지 아는 것 같았지만 모든 사람이 그의 말을 듣고 지시를 따를 수 있을 만큼 크게 소리를 지르며 말할 수 있을까? 내가 궁금해할 때 그가 빌이라는 부하에게 말하는 게 보였다.

"모두에게 바로 오른쪽 건물을 거점으로 보안을 설정하라고 말해!"

기동대 지휘관이 얼마나 총명한지 바로 확인할 수 있었다. 빌은 전 기동대에서 목청이 가장 좋은 팀원이었다. 그는 상관의 지시를 듣자마자 우레와 같은 소리로 외쳤다.

"네. 모두 바로 오른쪽 건물을 거점으로 보안을 설정하라!"

그들은 훈련받은 대로 지시를 듣자마자 다음 팀원에게 그 말을 전했고, 이어 또 그다음 사람에게 전했다. 곧 모든 기동대원은 지시를 들었을 뿐만 아니라 실제로 행동에 옮겨 건물을 장악하고 보안을 설정했다. 정말 끝내주었다. 구두 명령이 제대로 발휘했음을 보여주었다. 한편 내

　　　　　　　　　　　　　네이비씰 승리의 리더십

가 틀렸음이 증명되었다.

이 장교는 확실히 전투 지휘 능력이 탁월했다. 다만 팀원들이 어떻게 자신의 약점을 보완해줄 수 있을지 알아내는 데 시간이 필요했을 뿐이다.

이것이 바로 좋은 리더가 해야 할 일이다. 단점을 보완해줄 사람을 찾아 팀으로 데려와야 한다. 이렇게 함으로써 리더십 자질에서 가장 큰 단점을 극복할 수 있다. 자신의 약한 부분을 개선하기 위해 열심히 노력한다면 어떤 사람이든 단시간 내에 지도력을 획기적으로 향상시킬 수 있다.

하지만 절대로 좋은 리더가 될 수 없는 유형의 사람이 있다. 바로 겸손하지 않은 사람이다. 이런 사람은 자신의 약점을 인정하지 않기 때문에 발전할 수 없다. 발전하기 위해 노력하지도 않고 자신의 단점을 보완하기 위해 다른 사람을 팀으로 데려오지도 않는다. 이런 사람은 절대로 향상되지 않는다.

그렇지만 누구든 더 나아질 수 있다. 최악의 리더에서 탁월한 리더로 변모할 수는 없겠지만, 선천적 능력이 무엇이든 간에 확실히 형편없는 리더는 더 나은 리더로, 좋은 리더는 뛰어난 리더로 발전할 수 있다.

내가 원하는 것을 다른 사람이 하게 만든다

리더십과 조종은 밀접한 관련이 있지만 하나는 나쁘고 하나는 좋은 것으로 여겨진다. 둘은 같은 일을 하는 것이기에 밀접한 관련이 있다.

리더십과 조종의 목표는 다른 사람이 내가 원하는 것을 하게 만드는 것이다. 리더십과 조종의 최고 경지는 그들도 그것을 하고 싶기 때문에 다른 사람이 내가 원하는 것을 하게 만드는 것이다.

리더십과 조종 둘 다 동일한 기법을 사용한다. 둘 다 관계를 쌓고 영향력을 행사하며 원하는 결과를 얻기 위해 정치적으로 움직인다. 리더와 조종자 모두 자신이 선호하는 결과를 얻기 위해 다른 사람의 자존심, 개인적 문제, 개인의 장단점을 이용한다.

리더와 조종자 사이에는 유사한 점이 많이 있지만 한 가지 확연한 차이점이 있다. 조종자는 자신에게 이득이 될 일을 사람들에게 시키는 한편, 리더는 팀이나 사람들에게 이득이 되는 일을 시키려고 한다.

조종자는 자신이 승진하거나 더 좋은 위치에 가려고 노력하고, 상관에게 잘 보이려고 애써 자신을 포장하며, 모든 일을 할 때 궁극적으로 자기 자신에게 우선순위를 둔다. 그렇지만 리더는 자신을 우선순위의 맨 마지막에 둔다. 진정한 리더에게는 임무와 팀을 위하는 것이 사사로운 관심사보다 더 중요하다.

이러한 태도 모두 결과적으로 그들 자신을 드러내고 빛나게 한다. 조종자는 때때로 몇몇 사람을 속일 수 있지만 언제나 모든 사람을 속일 수는 없다. 진정한 리더도 마찬가지다. 그들은 칭찬을 다른 팀원에게 돌리기 때문에 마땅히 받아야 할 인정을 받지 못할 때가 있다. 하지만 시간이 흐르면서 팀원들은 그의 리더십을 절대적으로 인정하고 존경하며 승진할 수도 있다.

그렇다고 리더가 눈앞의 상황에서 언제나 조종자를 이긴다는 뜻은

네이비씰 승리의 리더십

아니다. 때때로 조종자가 수를 잘 써서 사람들의 주목을 받아 승리를 거머쥐기도 한다. 그러나 그 승리는 단기적이다. 절대로 자신을 위해 다른 사람을 장기적으로 희생시킬 수는 없기 때문이다. 결국 사람들은 그가 팀을 위하지 않고 자신을 위해 일한다는 것을 알아차리고 정황을 살펴본다. 사람들이 그 사실을 알아차리면 더 이상 그 사람을 따르지 않게 된다.

같은 상황이 리더에게 일어날 수 있다. 결국 리더의 진짜 목적이 드러나는 것이다. 좋은 리더는 먼저 희생하고 다른 사람과 팀의 임무를 그 무엇보다 우선시하는데, 결국 사람들이 그 사실을 알아차리고 리더를 따르고 싶어 한다. 좋은 리더는 합리적인 이유로 합리적인 일을 한다. 그들은 열심히 일하면서 팀을 지원하고 계획을 안정적으로 수행하면서 팀을 이끈다. 장기적으로 진정한 지도자는 영광을 추구하는 조종자보다 훨씬 큰 명성을 얻고, 종국에는 임무와 팀을 위하는 좋은 리더가 승리하게 된다.

자존심을 굽혀도 승리할 수 있다

리더십 컨설팅 회사인 에셜론 프론트에서 레이프와 나는 급속히 성장해 많은 돈을 벌어들인 한 회사와 일을 시작하게 되었다. 그들은 성장에 앞서 중간급 임원들을 더 발전시켜 더 큰 책임을 질 수 있도록 교육해야 할 필요성을 인지하게 되었다.

첫 단계는 평가로 시작한다. 레이프와 나는 각기 다른 위치에서 리더십을 발휘하는 사람들을 인터뷰하고 그들의 사업에 대해 더 많이 배우면서 중간급 임원에 대한 훈련 계획을 구상하기 시작했다.

첫날 우리는 회사의 고위 임원을 만났다. 나는 그들에게서 깊은 인상을 받았다. COO는 똑똑했고 능력 있는 사람이었다. CFO는 전형적인 스타일이 아니었고 빈틈이 없이 꼼꼼했다. CTO, 인사부 총괄책임자, 기타 고위 임원들 모두 안정적이었다.

그다음에 CEO를 만났다. 사전에 조사했는데, 서류상으로 그는 최고 중에 최고였다. NCAA 대학 운동선수 출신으로 아이비리그 대학에서 MBA를 했다. 30대 중반도 되지 않은 나이인데도 벌써 1억 달러 회사를 경영하고 있었다.

그는 신체 조건도 상당히 좋았다. 키는 6피트 5인치(약 198센티미터)였고 몸무게는 250파운드(약 113킬로그램)로 단단한 근육의 소유자였다.

하지만 그는 체격만 거대한 것이 아니었다. 그와 악수를 하자마자 그가 자존심이 매우 강한 사람임을 알아차렸다. '내가 너보다 낫다!'는 생각을 온 얼굴로 표현하며 가슴을 쭉 펴고 있는 그를 보니 마치 일부러 거칠게 행동하는 10대 소년처럼 보였다.

그가 코끝으로 나를 내려다보았을 때 나는 그가 긴장과 우쭐함의 경계에 있음을 바로 느낄 수 있었다.

나는 그런 태도가 대수롭지 않았다. 군대와 기업에서 일하면서 자존심이 센 사람을 수도 없이 경험했기 때문이다.

하지만 나는 이번 프로젝트가 특히나 어려울 것을 바로 깨달았다. 그의 말 한마디 한마디가 모두 오만하고 거만했다. 내가 무슨 말을 할

네이비씰 승리의 리더십

때마다 '이미 다 알고 있다.'는 우월감에 찬 표정으로 반응했다. 시간이 흐르면 그가 내 아이디어에 마음을 열 거라고 생각했지만 오산이었다. 그가 거만하고 거들먹거리는 태도로 말을 할 때마다 마치 야구방망이로 얻어맞는 기분이 들었다.

고위 간부들과의 하루를 마감한 다음 날, 우리는 중간 관리자와 일선 간부들을 만났다. 나는 그들과 대화하면서 자신감이 넘치다 못해 지나친 CEO의 태도에 대해 그들이 어떻게 생각하는지 알아보고자 했다. 그런데 아무도 그에 대해 부정적인 평가를 하지 않았다. 오히려 대부분이 그를 좋아하고 존경한다고 말했다. 나는 그가 모두를 속이고 있다고 생각했다.

일단 우리는 마무리하고 회사를 떠나 다음 단계의 계획을 짜기 시작했다. CEO의 태도와 그에 대한 팀의 평가 간에 모순이 있다는 생각이 들자, 나는 우리가 만난 그날 그의 기분이 안 좋았나 하는 생각이 들었다. 마감을 놓쳤거나 프로젝트에 실패했거나 여하튼 무슨 일로 인해 화가 났을 것이고 나를 대하는 그의 태도에 그 분노가 담겼을 것이다. 나는 틀림없이 그랬을 것이라는 생각이 들었다. 특히 나는 누구와도 잘 지낼 수 있다는 것에 자부심을 느끼는 편이고, 그가 그렇게 잘난 척하며 날 대할 합리적 이유가 전혀 없었기 때문이다. 나는 다음번에 그를 만나면 그가 거만한 태도를 접고 나를 정중하게 대할 것으로 생각했다.

그런데 그것은 나의 오판이었다. 우리가 팀을 위한 리더십 훈련을 시작하려고 나타났을 때 다른 고위 임원들과는 모든 것이 순조로웠다. 그들은 우리를 보고 반가워했으며 신나게 프로그램에 참여했다. CEO

를 제외하고 말이다.

악수할 때조차 그의 우쭐거리는 자만심이 느껴졌다. 빌어먹을, 도대체 이 사람 뭐가 문제지? 나는 궁금했다. 내가 첫 번째 훈련 강의를 시작했을 때에도 그의 태도는 조금도 변하지 않았다. 내가 리더십 원리를 설명하자 그는 귀를 기울이는 동시에 관심이 없는 척했다. 그는 핸드폰을 보았고 옆 사람들과 속닥거렸다. 심지어 일어나 밖으로 나갔다가 몇 분 뒤에 들어오기까지 했다. 마치 자신이 하는 모든 일이 내가 가르치는 리더십 강의보다 백배 천배 더 중요한 것처럼 말이다.

내가 첫 번째 강의를 마치고 레이프가 이어 두 번째 강의를 진행했다. 나는 병적으로 자기중심적인 녀석이 어쩌다 이 지경이 되었는지, 왜 자신이 얼마나 잘난 척하는지를 스스로 보지 못하는지 궁금해하며 자리에 앉아 그를 지켜보았다. 나는 그의 문제를 어떻게 다룰지 고민했다. 그는 왜 이렇게 이기적인 사람이 되었을까? 왜 자신의 오만함을 깨닫지 못하는 것일까?

생각을 계속 하다 보니 이런 의문이 들었다. 어떻게 그의 동료 임원들은 그가 자만을 떠는데도 신경 쓰지 않는 것처럼 보일까? 내 눈에는 그가 거들먹거리고 자만하는 태도가 보이는데, 어떻게 간부들 눈에는 그것이 보이지 않는 것일까?

잠깐, 내가 문제인 걸까? 그 생각이 번개처럼 스쳐 지나갔다.

내 자존심 때문에 생긴 문제인 걸까? 신체적으로 크기, 힘, 운동 능력이 뛰어날 뿐만 아니라 매우 똑똑하고 대담한 리더로서 고작 서른둘의 나이에 1억 달러 규모의 회사를 경영하는 이 야수 같은 한 인간에게 나의 유리 같은 자아상이 위협을 느낀 것은 아닐까? 이 모든 것이 내 자존심을 건드려 내가 바보같이 행동한 것은 아닐까?

그제야 지금 무슨 일이 일어나고 있는지 분명히 보였다. 자존심이 강한 두 사람이 서로 부딪쳐 갈등을 일으켰던 것이다.

다음 쉬는 시간에 나는 그에게 다가가 이렇게 말했다.

"잠깐 밖에서 얘기 좀 할까요?"

그는 피식 웃고 빈정거리듯 말했다.

"물론이죠. 나를 코칭해 주시려나?"

그는 완전히 경멸하는 듯한 말투로 코칭이라는 단어를 내뱉었다.

나는 밖으로 나가자고 고갯짓을 하고 강의실 문 쪽으로 걸어갔다. 그는 나를 따라왔다. 우리는 다른 사람들의 목소리가 들리지 않을 정도로 복도를 따라 멀리 걸어갔다. 나는 걸음을 멈추고 몸을 돌려 그의 얼굴을 살펴보았다. 그는 마치 내가 밖에 가서 싸우자고 제안한 것처럼 반응했다.

"이제 어떡할까요?"

그가 마침내 입을 열었다.

나는 미소 지었다.

"자."

내가 대답했다.

"나는 그저 지금까지 보았던 것을 간략하게 평가해주고 싶었을 뿐입니다. 임원진은 탄탄합니다. 직원들은 의욕이 충만하고 회사의 사명을 잘 이해하고 있습니다."

그의 얼굴이 살짝 바뀌었다. 그는 약간 무장해제된 것처럼 보였다. 그가 예상했던 상황이 아니었다.

"지금까지 봤던 것 중에서 가장 인상적인 점은 바로 당신입니다."

나는 계속 말을 이었다.

"당신은 똑똑하고 존재감이 아주 큽니다. 여기 있는 사람들 모두 당신의 비전을 잘 이해하고 있습니다. 내가 이 회사에서 느꼈던 대단한 점들은 모두 당신의 탁월한 리더십 덕분입니다. 놀랄 만한 일도 아니죠. 대학에서 운동을 했고 아이비리그에서 교육을 받았으며 멋진 몸매를 유지하고 있으며 이렇게 대단한 회사를 설립했습니다. 인상적이었다고 말하는 것은 전혀 과장이 아닙니다. 나는 당신이 이룬 일, 해나가고 있는 일을 존경하지 않을 수 없습니다."

마지막 말을 마치자 그의 얼굴이 완전히 바뀌었다. 오만함은 사라지고 부끄러움에 가까운 겸손한 표정을 띠었다.

"말도 안 됩니다!"

그가 불쑥 말을 던졌다.

"난 그저 장사꾼일 뿐입니다. 당신이야말로 존경받을 만한 자격이 있는 사람입니다! 네이비씰에서 평생을 보냈습니다! 사병에서 장교가 되셨죠! 말도 안 되는 힘든 환경에서 치러진 전투에서 대원들을 이끌었죠. 그것이야말로 정말 존경받을 일입니다!"

서로 간의 자존심 싸움이 사라지자 우리 둘 다 웃음이 터져나왔다. 우리 관계는 몇 초 만에 180도 달라졌다. 우리는 다시 강의실로 돌아왔고 그는 내가 사업, 리더십 그리고 삶에 대해 하는 모든 말에 온전히 집

네이비씰 승리의 리더십

중했다. 그는 맞장구를 치며 자신의 경험을 나누고 내가 중요하게 내세우는 원칙들을 지지했다.

문제가 해결되었다. 어떻게 해결했을까? 간단하다. 거리 두기를 했더니 자존심 싸움인 것을 알게 되었다. 이때 내가 한 것이라고는 잠시나 자신을 낮추는 것뿐이었다. 긴장을 깨려면 내 자존심을 꺾어야 한다. 일단 내가 그렇게 하면 문제가 해결된다.

자존심은 반응을 보이는 갑옷과도 같다. 세게 누를수록 세게 튕겨낸다. 내가 CEO의 태도에 반발하여 그에게 자존심이 세다고 말했다면, 그는 아마 훨씬 더 완강한 태도를 취했을 것이다. 그래서 나는 반대 방법을 썼다. 내 자존심을 누름으로써 그의 자존심을 세워주었다.

자존심을 꺾으면 상대에게 무시당하지 않을까 하는 걱정이 들 수 있다. 하지만 보통 그런 일은 일어나지 않는다. 왜냐하면 결국 자신감이 있는 사람만이 자존심을 꺾을 수 있기 때문이다. 그 정도 자신감이 있는 사람은 존경을 받는다. 그래서 처음에는 당신이 뒤로 물러났다는 생각이나 감정이 들 수 있지만, 실제로는 당신이 강하고 자신감 있는 사람임을 보여준 것이다. 사람들은 그런 당신을 신뢰하며 의식적으로나 무의식적으로 그런 자신감을 인정하고 존경하게 된다.

그것은 사실이다. 자존심을 누르고 꺾기 위해서는 확고한 자신감이 있어야 한다. 약해 보일까 두려워 자존심을 누를 수 없는 자신을 발견한다면 당신은 약한 사람이라는 것이다. 약하게 굴어서는 안 된다. 자존심을 굽히고 관계를 형성해 긴 경기에서 승리하라.

어떤 상황에서든 사실대로 말한다

리더십 자질 중에서 가장 핵심은 진실과 정직이다. 사람들에게 사실대로 이야기하라. 상관에게 사실대로 이야기하라. 동료들에게 사실대로 말하라. 물론 자신에게도 사실대로 말하라.

이는 쉬운 일이 아니다. 사실대로 말할 때 리더나 부하 혹은 동료들에게 당신을 멍청이 취급하거나 공격할 권한을 주라는 것이 아니다. 재치와 기지를 발휘해 사실을 말해야 한다.

물론 어떤 사실은 말하기 쉽다.

"우리가 이겼다!"

"정말 끝내주게 잘했어."

"우리 적은 이제 끝났어."

이런 사실을 말하고 싶지 않을 사람이 누가 있겠는가?

그렇지만 말하기 힘든 사실도 있다.

"우리가 지고 있다."

"수행 능력이 평균 이하야."

"적이 우리 땅을 점령했어."

이러한 사실은 듣는 사람만큼이나 말하는 사람에게도 상처가 된다. 그렇기 때문에 많은 사람, 특히 리더는 힘든 사실을 전달하지 못한다.

그렇지만 리더는 반드시 사실대로 말해야 한다. 그렇게 하기 위해 리더는 먼저 자신에게 속한 사람들을 알아야 하고 그들과 자주 소통해야 한다. 이런 경우 리더가 팀원에게 나쁜 소식을 전한다면 이는 처음

네이비씰 승리의 리더십

있는 일이 아닐 것이다. 지난 몇 개월 동안 아무 말 없다가 갑자기 리더가 최전방에 내려와 부대원에게 하는 말이 나쁜 소식이어서는 안 된다.

부대와 끈끈한 관계를 지속해서 맺어옴으로써 부대원이 리더를 알고 이해하며 리더가 부대원을 알고 이해해야 한다. 부하들과 소통을 더 많이 할수록 소통하기가 쉬워진다. 설사 소통해야 할 내용이 부정적일지라도 말이다. 더불어 관계를 잘 맺었다면 부하들이 지휘계통에서 나쁜 소식을 전하는 것, 즉 사실대로 말하는 것이 가능해진다.

당신이 회의, 전화, 이메일, 문자, 영상통화 그리고 가능한 모든 통신수단을 통해 자주 소통한다면 나쁜 소식이 주는 타격이 줄어들 것이다.

예를 들어 한 기업의 시장점유율이 한 달 사이에 5퍼센트 감소했는데, CEO가 시장점유율을 회복하기 바라는 마음에서 그 사실을 아무에게도 공유하지 않았다고 가정해보자.

만약 시장점유율이 회복되었다면 다행이다. 하지만 또 시장점유율이 5퍼센트 떨어져서 모두 10퍼센트나 줄었다면 이제 정말 설명하기 어려운 상황이 된다. 사실 너무나 어려워서 어떤 사장은 그 사실을 공유하기 싫을 수 있다. 대신 그들은 다음 달에 회복하기를 간절히 바라고 바랄 뿐이다. 다시 말하지만, 그 회사가 시장점유율을 회복해 긍정적인 궤도에 들어서면 모든 것이 잘 풀릴 것이다.

하지만 그렇지 않다면 CEO는 3개월이나 6개월 혹은 1년 뒤에 시장점유율 50퍼센트가 사라지는 상황에 놓일 수 있다. 그러면 어떻게 해야 할까? 이제 사실대로 말하기는 더 힘들다. 회사는 시장점유율이 50퍼센트나 줄어 살아남기 위해 마케팅, 교육, 직원을 감축해야 하는 게 사실이기 때문이다.

그런데 만약 CEO가 일찍 그 사실을 밝히고 긍정적인 방법으로 행동을 취했다면 상황은 달라질 수 있다. 그가 직원들에게 시장점유율이 5퍼센트 줄었다고 말했다면 직원들은 더 열심히 일해야 할 때임을 깨달을 것이다. 일선 직원이나 리더는 일을 성사시키기 위해 배의 노력을 기울여 더 많은 일을 했을 것이다. 그들은 시장점유율을 회복시켜 회사를 새로운 성공의 길로 이끌 수도 있었다. 그런데 일찍, 그리고 자주 사실을 밝히지 않음으로써 회복이 불가능하게 되었다.

게다가 직원들은 진실을 듣지 못했다는 사실을 알게 되고, 이제 인원을 감축해야 하는 상황이 된다. 회계팀 직원이 운영팀이나 영업팀 직원에게 매출 감소에 관해 이야기할 것이다. 정확한 정보를 받지 못한 일선으로 약간의 진실이 흘러 들어가면서 임박한 재앙에 대한 루머가 돌게 된다.

이런 루머가 복합적으로 작용해 결국 실제가 되어 파국으로 치닫게 된다. 이렇게 소문이 만들어지고 집단사고가 이루어진다. 일선 직원들이 어떤 일이 왜 일어났는지 제대로 알지 못한다면 스스로 이유를 만들어낼 것이고, 그들은 실제보다 더 최악인 이유를 생각해낼 수 있다. 총체적 재앙이 닥칠 때까지 사장은 왜 사실을 숨기려 한 것일까?

이 악순환의 고리를 어떻게 끊을 수 있을까? 사실대로 말해 루머를 없애라.

리더가 팀원들에게 사실대로 말하지 않아 나타나게 될 최악의 결과는 아마도 팀원들이 더 이상 리더를 신뢰하지 않게 된다는 사실이다.

그들은 리더가 무슨 말을 해도 믿지 않을 것이고, 리더의 계획을 믿지 않을 것이며, 리더의 비전을 믿지 않을 것이다. 팀원이 리더의 말과 계획 혹은 비전을 믿지 않는다면 팀과 리더는 실패할 수밖에 없다.

그런데도 여전히 사실대로 말하지 않을 때가 많다. 때때로 사람들은 정당한 이유가 있으니 사실대로 말하지 않아도 된다고 생각한다. 군대에서는 일부 정보가 기밀 자료로 분류되기 때문일 것이고, 민간 영역에서는 법적 조치에 의해 특정 정보 공유가 금지되기 때문일 것이다.

이런 상황일 때도 답은 간단하다. 사실을 밝혀라. 기밀로 분류된 사실을 불법적으로 공개하라는 말이 아니라 사실을 왜 말할 수 없는지를 사실대로 밝히는 것이다.

"유감스럽게도 기밀사항이라 제한 정보로 분류되었기 때문에 논의할 수 없다."

"주목, 나는 여러분과 정보를 공유하고 싶지만, 법적으로 지금 당장 그것을 공유할 수 없다."

리더는 실수했을 때도 사실을 밝혀야 하는데, 극한의 책임의식을 가져야 한다. 사장은 무슨 일이 일어났고, 무엇이 잘못되었으며, 어떤 실수를 저질렀는지, 그리고 어떻게 해결할지를 사실대로 말해야 한다.

리더가 지나치게 비판적이나 공격적인 태도를 취할 때 '이게 사실이다.'라는 변명을 내세울 수 있다. 이러한 문제는 팀원들과 관계를 맺고 그들에게 관심을 쏟음으로써 쉽게 해결될 수 있다. 팀원이 어떤 사람인지 알아야 한다. 그들이 무엇을 지지하는지 알아야 한다. 무엇이 그들을 움직이는지 알아야 한다. 이런 지식이 없다면 리더는 팀원들과 효과적으로 소통할 수 없다. 특히 어떤 점을 지적하거나 가혹한 사실을 전달하기가 어려워진다.

팀에게 가혹한 사실을 전달해야 한다면 그대로 전달하는 것이 최선이다. 물론 그렇게 된 상황을 설명해야 하지만, 어떤 변명도 하지 말고 아무것도 숨기지 말고 사실대로 말해야 한다. 사실을 말하고 그 이유를 설명하라. 몇몇을 해고해야 한다면 팀을 위해 그 일이 왜 필요한지 설명하라. 아무도 원하지 않지만 추가 근무가 필요하다면 그게 왜 중요한지 설명하라. 특히 상황이 안 좋을 때 솔선수범하라. 먼저 자기 월급을 감봉하라. 먼저 추가 근무를 하라. 리더로서 어려운 일을 하라. 다른 직원들에게 그 일을 떠넘기지 마라.

개개인과의 소통에서도 마찬가지다. 힘든 대화를 해야 할 때까지 기다리지 마라. 대화가 더 힘들어질 뿐이다. 부하든, 상관이든, 동료든 아니면 클라이언트든 간에 어려운 문제를 논의하는 시점까지 기다린다고 해서 그 문제가 더 쉬워지지 않는다. 부딪쳐라.

그러나 기억하라. 비판이라는 어려운 진실을 전해야 할 때 눈치 없이 사실대로 말해도 된다는 뜻이 아니다. 오히려 말하기 어려운 사실일수록 더 재치 있게 전달해야 한다. 만약 부하직원과 관계가 좋다면 그들은 당신이 그들을 신경 쓰고 있음을 안다. 말하기 어려운 사실일수록 평상시 하던 대화와 비슷하게 전달해야 한다.

고려해볼 만한 방법은 칭찬 사이에 지적을 한 번씩 넣는 것이다.

"당신 팀은 3개월 연속 목표치를 달성했군요. 아주 보기 좋습니다. 그런데 직원들의 이직률이 높습니다. 너무 많은 직원을 놓치고 있어요.

물론 그들이 이곳에 있는 동안 성과가 확실히 좋아서 그 점이 상쇄되고 있기는 합니다."

이 방법은 직속 부하직원과 실제 관계를 맺는 데 지름길을 열려는 시도다. 나쁜 점을 포장하기 위해 인위적으로 좋은 점을 만들어낼 필요는 없다. 리더가 부하직원과의 관계가 좋다면 군이 그렇게 할 필요가 없다.

부하직원과 관계가 좋다고 해서 부하직원이 상관의 냉혹한 비난을 열린 마음으로 쉽게 받아들이는 것은 아니다. 그런 식으로 되지 않는다. 사람들은 대부분 누구한테든 지적받는 것을 좋아하지 않는다. 따라서 대부분의 경우 부정적인 반응을 최소화하고 바라는 변화를 끌어내기 위해 간접적으로 비판하는 것이 최선이다(309쪽 '비판할 때는 진심을 담아 말한다' 참조).

리더십 렌즈를 통해 본다

리더의 길은 끝이 없다. 리더가 어느 위치에 있든지 예상치 못한 어려움이 새로 계속 나타난다. 한 사람이 계속 리더의 자리에 있다 보면 팀의 인원이 증가하고 프로젝트 수와 규모가 늘어나며 임무 수행을 위한 전체의 전략적 영향이 확대되기 때문에 리더는 계속 발전하고 학습해야 한다.

어느 직업군을 선택하든 리더십은 일 그 자체일 뿐이다. 리더가 되는 것은 당신의 삶이다. 그 직업에서 리더가 되려면 그 분야와 관련된 모든 것을 알아야 한다. 그러기 위해서는 자신의 능력 범주 내에서 모든 것을 해야 한다. 더 나은 리더가 되기 위해 매일 공부하고 노력하라.

사람을 이끄는 법을 배우는 데는 여러 가지 방법이 있다. 가장 중요한 것 중 하나는 리더십의 렌즈를 통해 모든 것을 보려고 노력하는 것이다. 어느 집단이든 리더십이 행해지고 있다. 주의를 기울여보라. 어떤 것이 효과가 있고 어떤 것이 효과가 없는지 관찰하라. 리더가 말하는 방식, 사용하는 단어, 수행하는 상호 작용 등의 방법 중 어느 것이 성공적인지, 성공적이지 않은지 주목하라. 이런 방법들을 어떻게 적용할지 생각해보라.

무엇을 읽든 리더십 렌즈를 적용해보라. 거의 모든 이야기에는 리더십의 요소가 포함되어 있다. 책이나 기사가 반드시 리더십에 관한 내용일 필요는 없다. 다음 질문에 관심을 기울여보라. 리더는 어떻게 행동하는가? 리더는 어떤 말을 하는가? 리더의 상사와 부하직원이 어떻게 반응하는가?

책을 통해 역사를 공부하는 것도 그 시대를 살아보지 않고 경험을 얻을 수 있는 좋은 방법이다. 이는 단어들 속에 담겨 있는 행동과 감정 그리고 인간의 본성을 이해하기 위해서 적절한 수준으로 감정이입을 한 글 읽기가 가능했을 때 비로소 효과를 발휘한다.

또한 작은 부분에 주의를 기울이는 법을 배워라. 우리는 상황의 미묘한 변화를 읽어내지 못하고 일이 왜 계획했던 대로 흘러가지 않는지 의문을 품을 때가 종종 있다. 주의를 기울여라. 작은 부분이 중요하다. 사소한 것이 중요하고, 덜 중요한 것도 중요하다.

리더십의 기본 원칙을 생각하고 당신의 사고를 확장시키기 위해 모든 것에 그 원칙을 적용하라. 엄호와 이동, 단순화, 우선순위 정해 행동하기, 분권화된 명령체계, 극한의 책임의식, 이분법적 리더십. 이 원칙들을 찾으면 보일 것이다. 보이게 되면 더 잘 이해하게 된다. 더 잘 이해하게 되면 더 잘 적용하게 된다. 더 잘 적용하게 되면 더 찾게 된다. 이런 식의 순환이 계속된다.

겸손하지 않다면 이런 일은 일어나지 않는다. 리더가 리더십 전문가로서 모든 것을 안다고 생각하면 이미 잘못된 방향으로 나아가고 있다. 이들은 재능을 더 발전시키지 않으며, 무엇보다 최악인 점은 무심결에 오만함의 냄새를 펄펄 내뿜게 된다. 이런 일이 일어나지 않도록 하라. 겸손한 태도로 계속 학습하라.

2장 반드시 이기는
승리의 리더십 핵심 교리

능력을 키우고 필요할 때는 도움을 요청한다

　리더는 지휘계통에서 아랫사람들이 하는 일이나 기술, 장비를 숙지해야 한다. 리더가 모든 일에 전문가가 되어야 한다는 말은 아니다. 그것은 불가능하다.

　소대장이 소대 저격수만큼 사격에 대해 잘 알지는 못한다. 통신병만큼 다양한 주파수를 꿰고 있는 것은 아니다. 선두 척후병이 하는 것처럼 목표물까지 오가는 경로를 세세히 다 알지는 못한다. 공사현장에서 현장감독이 전문적으로 장비를 조작하는 사람들만큼 장비를 잘 다룰 수 있지는 않다. 미장공처럼 벽돌을 잘 쌓거나 철공원처럼 철근을 잘 묶을 수 있는 건 아니다. 제조업체 공장장이 모든 기계를 가동시키거나 라인의 모든 업무를 처리할 수 있지는 않다.

　하지만 이 모든 경우에 리더는 지휘계통에서 적어도 자기 밑에서 일어나는 일이 무엇인지는 잘 파악하고 있어야 한다. 리더가 임무를 완수하는 데 필요한 기술이나 일을 알지 못하거나 이해하지 못할 때는 어떻게 해야 할까? 간단하다. 물어보라. 단순히 설명만 듣지 말고 배우고 직접 해보게 해달라고 요청하라. 저격총을 조준해보라. 주파수를 조절해보라. 벽돌을 쌓아보라. 잠깐 장비를 가동해보라. 익숙해진 다음 실제 업무를 해보라.

안타깝게도 대부분의 사람이 이 과정을 밟고 싶어 하지 않는다. 바보처럼 보일까 두렵기 때문이다. 사람들은 부하가 자신에 대한 존경심을 잃으리라 생각한다. 하지만 사실은 오히려 그 반대다. 이는 자존심이 성공의 걸림돌이 될 수 있음을 보여주는 또 다른 부분이다. 어떤 리더는 약한 사람이나 도움을 요청한다고 생각한다. 이런 생각은 사실과 거리가 멀다. 부하는 리더가 와서 업무를 배우고 잘 수행하려고 노력할 때 그를 더 존경한다. 부하가 존경하지 않는 리더는 모든 것을 다 아는 척하는 사람이다.

나는 경험을 통해 이 사실을 알게 되었다. 내가 네이비씰의 하급 병사였을 때, 상관이 찾아와 우리가 전방에서 하는 일에 진심으로 관심을 보이는 모습이 아주 인상적이었다. 더 인상적인 것은 상관이 질문하며 내 관점에서 이해하려고 했던 모습이다. 무엇보다 인상적인 것은 리더가 주파수 조절, 첨단 무기 사격, 기폭장치 제작 등 내가 하는 일을 직접 몸으로 해보려고 했던 모습이다.

어떤 일에 도움이 필요하다면 도움을 요청하라. 부하들도 리더가 모든 것을 다 알지 못한다는 것을 이해한다. 자존심을 내려놓고 도움을 요청하라. 그러면 더 잘하게 되고 팀으로부터 존경받게 될 것이다. 몸을 낮추어 전방에서 필요한 기술을 배우는 모습은 당신이 얼마나 겸손한 사람인지 보여준다. 당신이 전방에서 일하는 부대원들 위에 있는 사람이 아니라는 것을 보여주고, 당신이 그들이 하는 일이 얼마나 어려운지 알고 있음을 말해준다.

리더가 되어 전방에 하달된 임무를 수행할 필요가 없다고 해서 그 일에 무지하거나 준비가 되지 않은 것에 대한 핑계가 될 수는 없다. 이 사실을 기억하라. 전방에 갔다면 적어도 전방에서 어떤 일을 하는지 정도는 잘 알고 있어야 한다. 설명서를 보면 대원들이 사용하는 장비들을 이해할 수 있다. 완전히 길을 잃은 것처럼 보이지 않도록 공부하라. 이는 모든 위치의 리더에게 다 적용되는 말이다.

리더가 기어나 장비를 어떻게 작동하는지 정확히 모를 수는 있다. 하지만 그것이 무엇인지, 적어도 어디에 쓰이는지조차 모른다면 변명의 여지가 없다. 전방에서 어떤 일이 일어나고 있는지 전혀 모른다면 전방을 전혀 이해하지 못하는 리더로 비칠 수 있다. 그러면 부대원은 당신에 대한 존경심을 잃게 된다. 이런 일이 일어났고 준비가 아직 덜 되었음이 드러났다면, 뒤로 물러나 당신이 무엇을 할 수 있는지 집중해서 배워라. 그러니 더 큰 것을 위해 처음으로 돌아가라.

더 큰 것을 위해 처음으로 돌아가라고 말한 것은 당신이 한 번 어떤 일을 했다고 해서 이제 그만해도 된다는 뜻이 아니기 때문이다. 항상 더 큰 것을 위해 다시 처음으로 돌아가야 한다. 계속 배우고 더 발전해야 한다. 나는 한 장비 제조업체의 CEO에게 적어도 한 달에 한 번 공장에 가서 제품을 처음부터 끝까지 다 만들어봐야 한다고 말했고, 그는 항상 그 과정을 직접 해보았다. 그렇게 하자 일선 작업자들이 직접 겪는 어려움이 무엇인지 이해하게 되었다. 이는 공장 직원이 자신을 속이려고 하면 누구를 불러내야 할지 알게 되었다는 뜻도 된다.

마지막으로 최전방 부대와 함께 진흙탕에서 구르면 그들과 친해질 수 있다. 관계를 맺은 것이다. 최전방 부대원과 관계를 형성하게 되면 실제로 어떤 일이 일어나고 있는지 말해준다. 그들이 당신에게 정보를 준다. 무엇이 효과가 있고 무엇이 효과가 없는지 알려준다. 정말 강력한 지식이다. 물론 모든 시간을 최전방 부대에 다 쏟을 수는 없다. 균형을 잡아야 한다.

하지만 그들과 충분한 시간을 보내고 그들이 어떤 일을 하는지 확실히 알아야 한다. 최전방 부대로 내려가 그들로부터 배울 수 있는 것을 배우고 그들에게 내려진 임무가 무엇인지 알고 이해하며 리더로서, 그리고 한 개인으로서 그들에게 존경을 받아라.

신뢰를 쌓고 관계를 형성한다

지휘계통에서 상하 관계는 팀의 기본이다. 두 사람이 서로 신뢰하면 관계가 형성된 것이다. 서로 신뢰하지 않는다면 관계가 형성되지 않는다. 이처럼 관계는 신뢰를 기본으로 한다. 팀은 관계를 바탕으로 구성된다. 사람들 간에 관계가 형성되지 않았다면 팀이 아니고 불특정 다수의 모임일 뿐이다.

우리는 팀을 조직하기 위해 관계를 형성해야 하고, 관계를 형성하기 위해 신뢰를 쌓아야 한다. 여기서 이런 질문이 들 수 있다. 어떻게 해야 신뢰와 관계를 구축해 궁극적으로 팀을 구성할 수 있을까?

네이비씰 승리의 리더십

신뢰를 쌓아 그 결과 관계를 구축할 수 있는 가장 확실한 방법은 정직이다(92쪽 '어떤 상황에서든 사실대로 말한다' 참조). 사실대로 말하는 것이 기본이지만 신뢰를 쌓는 데 도움이 되는 다른 방법들도 있다. 여기서 상하 간에 신뢰를 쌓을 수 있는 몇 가지 전략적 방법을 소개해보겠다.

아랫사람과의 관계

지휘계통을 따라 신뢰를 쌓고 관계를 형성하려면 당신이 신뢰를 주어야 한다. 부하가 나를 신뢰하기 원한다면 그들에게 신뢰를 줄 필요가 있다. 예를 들어 나는 그들이 임무를 수행하는 것을 허락할(신뢰할) 것이다. 그들이 결정을 내리는 것을 허락할(신뢰할) 것이다. 내가 관여하지 않고 그들이 문제를 해결하는 것을 허락할(신뢰할) 것이다.

물론 부하가 임무를 수행하고 결정을 내리며 문제를 해결하는 것을 허락할 때는 리스크가 따르기 마련이다. 잘못된 결정을 내리거나 문제 해결에 실패하고 임무에 실패하는 등의 리스크를 말한다. 그러므로 리더로서 작은 단계부터 부하와 점차 신뢰를 쌓아가야 한다.

내가 부하에게 믿고 맡긴 첫 번째 임무는 전략적으로 엄청난 결과를 초래할 수 있는 중대한 실제 작전이 아니었다. 대신 실패할 경우 자존심이나 자부심에 상처를 입는 것 외에 중요한 성패와는 상관없는 간단한 훈련 작전이었다.

나는 심각한 부정적 영향을 줄 수 있는 결정을 부하가 내리도록 하지는 않는다. 대신 결정을 잘못 내렸을 때 소소한 문제가 일어날 수 있는 결정을 골라 부하에게 맡긴다. 부하가 문제를 해결하도록 허락할 때도 마찬가지다. 부하에게 문제해결에 실패하면 더 큰 재앙을 일으킬 수 있는 문제는 내주지 않는다. 대신 시기적절하게 해결하지 못해도 쉽게 회복시킬 수 있는 문제를 준다.

부하가 성공한다면 내 신뢰도 커진다. 내가 부하에게 결정을 내릴 수 있는 재량을 주었기 때문에 나에 대한 그들의 신뢰도 커진다. 그들은 내가 지도를 잘했다고 신뢰하고, 사사건건 참견하지 않고 재량껏 일할 수 있도록 해주는 것을 신뢰하며, 그들 스스로 문제해결책을 생각해낼 수 있도록 해주리라는 걸 신뢰하게 된다. 부하 중 한 명이 이 임무에 성공하면 나는 그들이 수행할 좀 더 큰 임무, 좀 더 큰 결정, 해결해야 할 좀 더 큰 문제를 찾는다. 이 과정이 계속 반복되다 보면 서로 간의 신뢰가 점차 커진다.

만약 부하가 임무 수행에 실패하거나 잘못된 결정을 내리고 문제를 해결하지 못했어도 나는 그들을 처벌하지 않는다. 그들을 질책하거나 얕보지 않는다. 대신 그들의 실수를 기회 삼아 가르치고 조언해주고 멘토가 되어준다. 만약 그들이 이해했다는 생각이 들면 그들에게 해결해야 할 다른 임무나 결정 혹은 문제를 준다. 그리고 이번에는 잘할 수 있도록 살짝 방향을 제시하고 관여를 한다. 그들이 성공하면 앞서 말한 단계를 똑같이 밟아가며 임무, 결정이나 문제의 규모와 중요도를 점차 키워가면서 서로 간에 신뢰를 계속 키워간다.

시간이 흘러 임무, 결정, 문제가 더 어려워지면 부하가 실수할 수 있다. 그러면 이때를 부하가 더 발전할 수 있도록 배움의 기회로 삼으면 된다. 이 상황에서 리스크가 커질 때도 그들이 직접 이끌 수 있도록 해

네이비씰 승리의 리더십

줄 수 있다. 하지만 용납할 수 없는 손실을 일으킬 실수를 하지 않도록 좀 더 관여하고 조금은 간섭해야 한다. 그들이 약간 궤도를 벗어났을 때 대실패로 이어지지 않도록 당신이 살짝 궤도 수정을 해준다면 그들은 작은 변화를 통해 배울 수 있다.

리더는 소소한 부분에서 시작해 점점 더 손을 뗀다. 신뢰가 쌓일수록 더 많이 손을 떼게 된다. 결국 부하는 중요한 임무, 결정, 문제를 성공적으로 해결하게 되고 완전히 신뢰하는 관계가 되어가는 과정에서 많은 것을 배우게 된다.

윗사람과의 관계

윗사람과도 신뢰를 쌓고 관계를 형성해야 한다. 다시 말하지만, 그 과정은 사실대로 말하는 것에서 시작한다. 여기서 하급자가 종종 저지르기 쉬운 실수는 자신의 판단으로 상관이 듣고 싶어 하는 말을 상관에게 하길 좋아한다는 것이다. 사실이 아닌데도 상관에게 이렇게 말한다.

"부대는 사기충천합니다."

"우리는 올바른 방향으로 가고 있고 판매 목표량을 확실히 달성할 수 있을 것입니다."

심지어 이렇게도 말한다.

"필요한 지원을 모두 받았습니다."

이러한 주장이 사실이 아닌 경우에는 문제를 일으킬 수 있다. 이런 진술을 하게 되면 상관이 단기적으로는 기분 좋을 수 있지만, 장기적으로는 부메랑처럼 돌아와 임무와 팀 그리고 궁극적으로 상관을 망치게 된다. 이런 일이 반복되어 상관에게 해가 되면 상관은 당신이 잘못된 정보를 주었음을 기억하고 당신에 대한 신뢰를 완전히 잃게 될 것이다.

따라서 당신은 사실대로 말해야 한다. 그렇다고 당신에게 불평할 권한이 생겼다는 말은 아니다. 사실상 팀이 열심히 일했고 휴식을 취하면 좋을 것 같다고 하자. 그런 말을 들을 필요가 없다고 생각하는 상관에게는 이런 사실을 말할 가치가 없다. 하지만 팀원이 극도로 피곤한 상태로 큰 실수를 저지르기 전에 어느 정도 휴식이 필요하다면, 이것은 상관에게 말할 가치가 있다. 상관이 알아야 할 필요가 있어서 사실대로 말해야 할 것과 사소한 일에 대한 불평을 확실히 구분해야 한다.

앞에서 언급했듯이 신뢰를 쌓는 데 중요한 전략은 우선 좋은 성과를 내고, 상관에게 반박해야 할 때 재치 있게 행동하는 것이다. 신뢰를 쌓기 위해서는 모든 전략을 이용해야 한다. 신뢰가 없다면 리더십은 무너진다.

분권화된 명령체계를 만든다

신뢰에서 가장 중요한 요건 중 하나는 분권화된 명령체계를 세우는 것이다. 신뢰는 지휘계통 상하를 하나로 묶을 수 있는 유일한 수단일 수 있으니 신뢰를 잘 쌓아야 한다. 리더가 그 일을 왜 해야 하는지 설명해줄 겨를도 없이 급박한 상황이 생길 수 있다. 그때 리더는 아랫사람이 그 일을 즉시 실행해주기만을 원한다.

이는 분권화된 명령뿐만 아니라 일반적인 리더십에 대해 내가 가르쳤던 모든 것과 정반대되는 상황이다. 나는 부하에게 호통 치듯 명령을 내리거나 계획을 강요해서는 안 되며, 왜 그 일을 하기를 원하며 무엇보다 왜 그 일을 해야만 하는지 모든 사람을 이해시켜야 한다고 몇 번이나 반복해서 말한다. 일단 왜 그 일을 해야 하는지 이해하면 부하는 책임 의식과 때에 따라 작전을 조정할 수 있는 지식을 갖고 명확하게 업무를 수행할 수 있다.

나는 항상 하급자에게 질문하라고 독려한다. 왜 그 일을 해야 하는지 이해하지 못한다면 물어야 한다. 부하는 계획이나 아이디어에 동의할 수 없다면 상관에게 우려를 제기해야 한다. 상관에 대한 이런 식의 저항과 반대는 결국 더 좋은 결과를 만들어낸다. 리더는 상황을 보는 관점이 다르기 때문에 부하들이 보는 것을 보지 못할 수 있다. 시야가 좁으면 리더가 잘못된 결정을 내리기 쉽다. 따라서 하급자와 리더가 터놓고 대화해서 상황을 잘 이해하고 서로 다른 관점에서 상황을 볼 수 있어야 한다. 열린 대화를 통해 최상의 계획을 수립할 수 있다.

그러나 빨리 결정을 내려야 하는 촌각을 다투는 상황이라면 어떨까? 도시 전투 상황에서 내가 소대장이고 소대가 길을 건너다가 기관총 세례를 받았다고 가정해보자. 소대원 중 몇 명이 길에 있는 자동차 뒤에 갇혀 있다. 나는 상황을 판단한 후 갇힌 소대원이 길 밖으로 나올 수 있도록 높은 위치에서 제압 사격을 가하기로 신속하게 결정을 내린다. 소대 전열을 보니 2분대가 그 일을 수행하기에 최적의 위치에 있다. 그래서 나는 2분대장(프레드)을 보고 외친다.

"프레드, 분대를 이끌고 모퉁이 건물 지붕으로 올라가 제압 사격을 가한다!"

이때 프레드는 이렇게 말하지 않을 것이다.

"음, 그러니까, 소대장님. 왜 그렇게 하기를 원하시는지 이유를 설명해주실 수 있습니까? 제 생각에 이 난관을 해결할 수 있는 다른 방법이 있을 것 같습니다."

이는 말도 안 되는 소리다. 그는 상황이 심각함을 알고 있다. 토론할 시간이 없음을 알고 있다. 가장 중요한 것은 그가 나를 신뢰한다는 것이다. 우리는 수개월 동안 함께 일해왔다. 나는 수많은 결정을 내렸고 그는 그것에 의문을 제기했다. 그가 질문했을 때 나는 그의 질문에 열린 자세로 반응했고 우리 둘 다 동의하는 결론을 찾았다. 프레드는 내가 자신이 왜 그 일을 해야 하는지 알고 싶어 한다는 것을 알고 있다. 나는 할 수만 있다면 기꺼이 왜 그런지 아주 자세히 설명하고 또 토론할 의향이 있다.

하지만 프레드는 지금은 토론, 설명이나 질의응답을 할 때가 아니라는 것을 알고 있다. 지금은 행동을 취해야 할 때이다. 지금은 신뢰의 시간이다. 따라서 프레드는 "수신!"이라고 대답한 후 행동에 옮겨 계획을 수행한다.

바로 이런 식이다.

하지만 항상 그렇게 되지만은 않는다. 내가 프레드에게 명령을 내렸을 때 그가 나를 돌아보고 "거부!"라고 외칠 수 있다.

그렇다. 나를 알고 나를 믿으며 우리가 심각한 상황에 부닥쳤음을 아는 내 부하가 나를 돌아보며 "거부!"라고 외친다. 내가 시키는 일을 하지 않는다. 왜 그럴까? 나에 대한 신뢰나 자신감을 잃었기 때문일까?

네이비씰 승리의 리더십

명령을 따르지 않아도 된다고 생각해서일까? 그렇지 않다. 답은 간단하다. 프레드는 내가 보지 못한 것을 보았기 때문이다. 그가 건물 밖에 적이 설치한 급조 폭발물이 있는 것을 보았을 수도 있고, 내가 보지 못한 적군을 보았을 수도 있다. 그런 일이 일어날 수 있고, 어쨌든 프레드는 몇 가지 이유로 내 명령을 수행할 수 없다고 판단한 것이다.

이를 통해 효율적인 팀 내에서 신뢰가 얼마나 큰 역할을 하는지 다시 한 번 확인할 수 있다. 내가 처음 건물로 가라는 명령을 내렸을 때 그는 나를 신뢰했고, 그가 "거부!"라고 말했을 때 나는 그를 신뢰했다. 그는 내가 보지 못한 것을 본 것이다. 할 수 있다면 모든 것을 다해 내 명령을 수행했겠지만 할 수 없는 상황인 것이다.

이제 조정이 필요하다. 그에게 무엇을 하라고 말하는 대신 실제로 한 발 물러서서 내가 왜 그가 그 일을 하기를 원하는지 말한다.

"높은 위치에서 엄호 사격을 해야 한다. 그래야 기동할 수 있다!"

이때 프레드는 그 작전이 왜 필요한지 깨닫고 그 작전을 수행할 방법을 고안해낸다. 그는 내가 그에게 가라고 했던 건물에 인접한 건물을 보고 가리킨 다음 소리친다.

"알았다. 오버! 우리 분대는 저기 있는 저 건물로 이동해 지붕으로 올라가 엄호 사격을 하겠다!"

"가라!"

나는 대답한다.

그 말과 함께 그는 작전을 수행한다.

분권화된 명령체계와 그가 왜 그렇게 해야 하는지 이해했기 때문에,

그리고 지휘계통 상하 관계에서 신뢰를 쌓으며 관계를 구축했기 때문에 우리는 작전을 수행할 수 있다. 이것이 리더십이다.

상대를 존중하고 영향력을 허용한다

리더가 지휘계통 상하 관계 속에서 신뢰를 쌓고 관계를 구축해야 하는 것처럼 리더는 영향력 있고 존경받는 사람이 되어야 한다. 자신의 위치나 경험 때문에 존경받을 만한 자격이 충분하다고 생각하는 리더가 많다. 그들은 자신의 위치가 주는 권위를 영향력과 동일시한다. 그들의 생각이 어느 정도는 맞다. 리더가 높은 지위에 오르면 그 위치가 주는 영향력과 존경이 있다. 일반적으로 하급자는 상관이 그동안 받은 훈련과 경험을 통해 좋은 결정을 내리고 팀을 바른 방향을 잘 이끌 능력이 있을 것으로 기대한다. 지위와 위치에 따라 어느 정도 존경을 받고 영향력을 갖게 된다.

그러나 이러한 존경과 영향력은 극히 제한적이다. 리더는 초기 플랫폼을 기반으로 부대에서 가능한 한 많이 존경받고 영향력을 키워야 한다. 어떻게 해야 할까? 신뢰를 쌓는 것과 마찬가지로, 존경받고 영향력이 있는 사람이 되려면 상대를 존중하고 영향력을 허용해야 한다.

존중하는 태도로 사람을 대하라. 무슨 말일까? 사람들이 자신의 의견을 말할 수 있도록 하라. 그들의 말에 귀 기울여라. 중도에 끊지 마라. 그들이 하는 일의 중요성이나 위치를 깎아내리지 마라. 어려운 업무의 짐을 나누어라.

영향력에서도 마찬가지다. 다른 사람에게 영향을 주고 싶다면 그들이 당신에게 영향력을 행사하도록 허락하라. 다시 말해 사람들의 이야기를 들을 때 경청해야 한다. 그들의 제안을 고려하고 가능하면 당신이 성취하려는 일에 그들의 생각과 아이디어를 담아라. 열린 마음으로 대하라.

사람들을 존중하고 그들의 영향력을 받아들일수록 당신은 더 존경받게 되고 더 영향력 있는 사람이 될 것이다.

모든 것에 극한의 책임의식을 가진다

군생활을 하는 동안 내가 리더로서 고수했던 리더십 중 가장 중요하게 여긴 요소는 바로 극한의 책임의식이다. 즉 뭔가 잘못되었을 때는 리더인 나의 잘못이라는 뜻이다. 지휘계통 상하 관계에서 실패가 있었다면, 나는 그것에 책임을 졌다. 내 첫 번째 책인 『네이비씰 승리의 기술』제1장에서 이것을 다루었다.

극한의 책임의식을 갖자는 생각은 사람들에게 공감을 일으켰고 모든 산업, 재계, 직업군에서 다양한 형태의 팀을 이끄는 리더의 위치에 있는 사람들을 도와 놀라운 효과를 발휘했다. 리더가 모든 것에 책임의식을 갖게 되자 팀의 지휘계통에서 윗사람이나 아랫사람 모두 책임의식을 갖게 되었다. 사람들이 자기 일과 임무에 책임의식을 갖게 되자 일이 잘 추진되었고 임무를 완수할 수 있었다. 문제가 생겼을 때 사람들이 그 문제에 책임의식을 갖게 되자 문제가 해결되었다.

극한의 책임의식은 이해하기 상당히 쉬운 개념 같아 보이지만, 실제로 무엇을 뜻하는지 완전히 이해하기는 어려울 수 있다. 실제로 뜻하는 바는 리더가 모든 것에 책임을 져야 한다는 뜻이다. 100퍼센트 모든 것을 말이다.

이는 100퍼센트 동의하기 어려운 말이다. 왜냐하면 상관이 생각건대 부하가 통제할 수 없고 책임질 수 없을 법한 일을 할 때가 있기 때문이다. 부하가 실수하거나 전혀 예상 밖의 행동을 할 수도 있다. 그게 어떻게 리더의 책임이 될 수 있는가?

나는 어떻게 리더가 일어나는 모든 일에 실제로 책임이 있는지에 대해 예를 들어 설명할 때 네이비씰 소대의 젊은 기관총 사수 이야기를 한다. 기관총 사수는 네이비씰 소대에서 핵심 역할을 담당한다. 이름에서 알 수 있듯이 그는 기관총, 즉 분당 700발 이상을 쏠 수 있는 벨트가 달린 무거운 무기를 소지한다. 이처럼 엄청난 화력을 내뿜는 기관총의 역할은 소대나 분대에서 매우 중요하다. 적에게 제압 사격을 가하는 주된 무기로, 적의 머리를 숙이게 해서 다른 대원들을 기동할 수 있게 하기 때문이다. 기관총은 전투의 첫 번째 법칙인 엄호와 이동이라는 기본 전술에서 엄호의 핵심 역할을 담당한다.

기관총은 저절로 작동하지 않는다. 기관총 사수가 없다면 아무 쓸모없다. 기관총 사수는 그 무기와 탄약을 들고 다니며 무기가 잘 작동하도록 유지하고 무기를 장전해 발사한다. 이것은 그가 해야 할 일이다. 기관총 사수는 어떻게 해야 그 무기를 가장 잘 활용할 수 있을지 알아야 한다. 어느 위치에서 적과 교전했을 때 팀을 잘 엄호할 수 있을지 알아야 한다. 위치한 지형을 잘 파악해 어떻게 이용해야 자신과 소대에게 유리할지 볼 수 있어야 한다. 그렇게 할 수 있다면 적이 어떻게 자신들에게 유리하게 지형을 이용할지도 읽을 수 있다.

기관총 사수는 자신의 사정범위가 어디인지도 알아야 한다. 도로, 복도, 계곡이든 기본 방향이든 간에 씰이 책임지는 전장에서 사격이 이루어진다. 그 사정범위에서 적의 위치를 발견해 교전해야 한다. 그러나 사정범위의 한계 역시 중요하다. 사정범위 바깥에는 무고한 민간인, 다른 우호 부대나 팀이 있을 수 있다. 단도직입적으로 말하자면 사정범위 안에 머물면 같은 편 사람들에게 발사하는 것을 피할 수 있다.

따라서 기관총 사수는 생각을 많이 해야 하지만 보직이 총을 쏘는 것이기 때문에 그에게 많은 리더십을 요구하지는 않는다. 기관총 사수는 거의 4~6명으로 구성된 소규모 화력지원팀의 일원으로 화력지원팀 리더의 지휘 하에 움직인다. 리더십을 발휘할 기회가 없기 때문에 일반적으로 첫 번째나 두 번째로 소대 배치를 받아 상대적으로 경험이 적은 신참이 기관총 사수를 맡는다.

기관총이 워낙 커서 흔히 기관총을 '돼지(pig)'라고 부르다 보니 사수는 '돼지 사수'가 된다. 또 큰 기관총을 소지하기 위해서 사수로 대개 덩치가 좋은 팀원이 선택된다. 항상 그렇지만은 않지만, 일반적으로 덩치가 크고 강인한 신참이 돼지 사수로 배치된다.

네이비씰 팀에서 자주 하는 진부한 농담이 있는데, 덩치 좋고 강해 보이는 신참인 돼지 사수는 머리가 잘 돌아가는 편이 아니라는 것이다. 어떤 신참이 덜떨어진 짓을 했다면 '좋은 돼지 사수가 될 것'이라고 말한다. 그리고 브리핑이 끝났을 때 소대장은 흔히 이렇게 되묻는다.

"돼지 사수, 이해했나?"

이 때문에 고정관념의 대상인 돼지 사수는 극한의 책임의식을 설명할 때 정말 좋은 예가 된다. 왜냐하면 그런 고정관념을 가진 돼지 사수가 실수를 하면 쉽게 비난의 대상이 되기 때문이다. 작전 훈련을 지휘하면서 나는 젊은 리더들이 이런 식으로 부하를 비난하는 것을 자주 보았다. 젊은 리더들은 아직 자신의 역할과 극한의 책임의식 개념을 완전히 이해하지 못했다.

내가 지휘한 작전 훈련은 아주 복잡하면서도 스트레스를 많이 받는 모의 전투였다. 우리는 훈련에 많은 예산을 책정해 혼돈과 아수라장의 전투 현장을 능력껏 재현했다. 할리우드 세트 디자이너를 고용해 훈련 지역을 이라크나 아프가니스탄의 도시나 마을처럼 꾸몄으며 적군 전투 요원이나 우호적인 민간인 역할을 맡을 사람을 고용했고 페인트볼, 페인트를 바른 첨단 탄환이나 수백만 달러의 레이저태그 시스템을 활용한 가짜 무기를 이용했다.

모의 전투지는 전술뿐만 아니라 궁극적인 리더십 실험장이 된다. 이곳에서 만난 젊은 리더는 극한의 책임의식이 실제로 뜻하는 바가 무엇인지 이해하지 못했다.

어린 돼지 사수가 잘못된 방향인 사정범위 바깥으로 총을 쐈다고 하자. 내가 돼지 사수의 리더에게 무엇이 잘못되었는지 묻는다면, 그는 바로 이렇게 답하기 쉽다.

"음, 돼지 사수가 실수했습니다. 잘못된 방향으로 총을 쐈습니다."

"누구의 잘못인가?"

내가 묻는다.

"음, 사수가 무기를 겨냥했습니다. 그가 방아쇠를 당겼습니다. 사수 잘못입니다."

"사실, 이것은 너의 잘못이다."

내가 설명한다.

"어떻게 제 잘못이 될 수 있습니까? 기관총을 쏜 사람은 바로 사수입니다."

젊은 리더는 반박한다.

이런 반응은 꽤 일반적이다. 하지만 역시나 틀렸다.

알다시피 돼지 사수가 실수했다면, 이는 리더가 제대로 훈련을 시키지 않았다는 뜻이 된다. 리더는 사수를 잘 훈련시킬 책임이 있다. 사수가 잘못된 방향으로 총을 쏘았다면 이는 그가 지침을 듣지 못해 자기 사정범위를 제대로 파악하지 못한 것이다. 리더는 사수에게 지침을 내려주어야 할 책임이 있다. 그렇다. 이는 돼지 사수가 자기 업무와 사정범위를 파악하는 데 완전히 무능했다는 뜻도 된다.

이런 경우 리더는 그 부족한 부분을 파악하고 사수를 훈련시켜 이해시키든지, 아니면 사수의 보직을 그가 잘할 수 있는 다른 보직으로 바꾸든지, 아니면 사수가 제 보직을 제대로 감당하지 못한다면 최후의 수단으로 그를 자기 팀에서 제외해야 했으니, 결국 리더의 책임이다.

사수가 실패한 이유와 무관하게 이는 리더의 책임이 된다. 리더는 자기 팀원이 한 모든 일에 책임을 져야 한다. 심지어 나는 내 팀에서 일하던 대원 하나가 시내에 나가 술에 취해 싸움에 휘말렸을 때 이런 생각이 들었다.

'뭐가 잘못되었지? 그 사람이 자기 행동의 결과가 무엇인지 깨닫도록 하는 데 실패한 원인이 무엇이지? 왜 나는 그에게 문제가 발생할 것을 모르고 내버려두었을까?'

극한의 책임의식을 갖는다는 것은 리더가 자기 팀원이 한 모든 행동에 책임을 진다는 말이다. 물론 리더의 통제를 벗어나는 일이 발생할 수 있지만, 그런 일은 대부분의 사람이 생각하는 것보다 가능성이 훨씬 적다.

여기서 좋은 예는 날씨다. 날씨를 통제할 수 없다는 것은 모든 사람이 알고 있다. 따라서 공격팀이 탄 헬리콥터를 타깃까지 띄우기에는 기상이 너무 좋지 않아 임무를 취소해야 한다면, 이는 확실히 리더의 잘못이 될 수 없다. 어쨌든 리더가 날씨를 통제할 수는 없으니까.

그런데 리더는 날씨를 통제할 수는 없더라도 기상악화라는 만일의 사태에 대비해 다른 계획을 세울 수는 있다. 지상차량을 이용해 목표물까지 가는 대안을 마련할 수 있다. 차량으로 이동하면 리더가 목표물에 더 가까이 전진할 수 있었기 때문에 헬리콥터가 필요하지 않다. 기상이 악화되었을 때 가능한 한 모든 자원을 활용할 수 있도록 비상사태 타임라인까지 만든다면, 리더는 날씨를 통제할 수는 없지만 기상조건에 맞추어 계획을 짤 수 있었을 것이다.

이 말은 극단적 책임의식을 갖는 데 '하지만'은 통하지 않는다는 뜻이다. 이는 모든 일에 적용할 수 있다. 리더가 변명하기로 결정하는 순간 다른 사람에게 책임을 전가하게 된다. 이는 실패로 이어진다.

선제적 책임의식으로 준비한다

리더는 누구도, 아무것도 탓할 수 없음을 알게 되면 선제적 책임의식이라고 부르는 것을 실행하게 된다. 즉 처음부터 문제가 일어나지 않도록 막는 일에 책임의식을 갖게 된다. 기관총 사수가 실수했을 때 그를 탓할 수 없음을 알게 된 리더는 선제적 책임의식을 발휘해 그 기관총 사수를 훈련시켜 그가 계획에서 자신이 맡은 역할을 확실히 이해하도록 하는 데 초점을 맞출 것이다. 기상 악화가 임무를 수행하지 못할 이유가 되지 못함을 알게 된 리더는 선제적 책임의식을 가지고 기상이 악화되는 돌발 상황에 대비해 여러 대책을 준비할 것이다.

어느 팀이든 마찬가지다. 리더가 변명할 수 있는 게 아무것도 없음을 알게 되면 그는 생각할 수 있는 모든 대책을 다 마련하려고 노력할 것이다. 책임의식은 실수가 일어날 때 단지 책임을 지는 것이 아니다. 극한의 책임의식의 최고봉은 실수가 일어나기 전에 선제적으로 책임감을 느끼는 것이다. 따라서 일이 일어난 후에 극한의 책임의식을 갖는 데 그치지 말고, 문제가 발생하기 전에 선제적 책임의식을 발휘해 미연에 문제를 방지하라.

비난받을 때도 책임을 진다

사람들은 종종 이런 질문을 한다.

"다른 사람이 나를 비난하면서 내 탓이라고 할 때 어떻게 해야 책임의식을 가질 수 있죠?"

그때 나는 너무 뻔한 답을 한다.

"중요한 질문입니다! 당신 팀이 당신을 비난하면 이렇게 말하세요. '그렇다. 모든 것이 내 잘못이다. 내가 리더이니 내가 좋은 일이든 나쁜 일이든 모든 일에 책임을 지겠다. 문제를 해결하기 위해 이런 일을 하려고 한다.'"

그다음에 사람들에게 이렇게 말하라고 한다.

"문제를 앞장서서 해결하고 해결책을 설명하는 태도로 즉시 전환하거나, 만약 해결책이 없다면 해결책을 찾기 위해 노력하겠다."

책임의식을 갖는 것에 대해 뻔한 답이지만 사실 이해하기 쉽지 않다. 다시 말하지만, 자존심 때문에 쉽지 않다. 비난을 받아들이고 그것에 책임의식을 느낄 때 자존심이 상할 수 있다. 어떤 사람은 그 장애물을 넘지 못한다. 문제가 무엇이든 다른 누군가가 우리를 탓하고 우리에게 손가락질할 때 더 큰 상처를 받을 수 있다. 누군가 우리를 손가락질하며 비난할 때 우리는 모두 방어적인 태도를 취한다.

따라서 이 질문에 대한 답은 간단하다. 당신이 리더이고 누군가 잘못한 일로 인해 당신을 비난한다면 그 비난을 받아들여라. 그것에 책임져라.

하지만 당신이 하급자이고 상관이 잘못된 일로 인해 당신을 비난한다면 어떻게 해야 할까? 다시 말하지만, 자존심과 방어기제가 활성화되어 부인하고 싶거나 그 비난의 화살을 다른 사람에게로 돌리고 싶을 것이다. 이런 충동을 참아내고 책임의식을 가져라. 그렇지만 진짜 내 잘못이 아니라면 어떻게 해야 할까? 나는 늘 이런 반박의 말을 듣는다.

또다시 기관총 사수의 예를 통해 이 논쟁을 살펴보도록 하자. 당신이 4명으로 이루어진 화력지원팀에 속해 있다고 가정해보자. 당신의 보직은 소총수다. 그 외에 화력지원팀 리더, 기관총 사수 그리고 척탄병이 있다. 당신은 기관총 사수 옆에서 순찰을 하고 있다. 훈련 연습 중에 기관총 사수가 사정범위 밖으로 총격을 가해 우호 부대를 위험에 빠뜨렸다.

훈련 연습이 끝나자 리더는 이렇게 묻는다.

"왜 기관총 사수가 사정범위 밖으로 쏘도록 내버려두었나?"

어떤 관점에서 보자면 말도 안 되는 소리다. 당신은 그저 소총수일 뿐이다. 리더가 아니다. 기관총 사수도 아니다. 당신은 기관총 사수의 사정범위가 아니라 당신의 사정범위에 책임을 져야 한다. 기관총 사수는 자신의 사정범위에 책임을 져야 한다. 게다가 그가 방아쇠를 당겼다. 그런데 어떻게 당신이 기관총 사수의 행동에 책임을 질 수 있겠는가? 그래서 당신은 그 사실을 상관에게 알려주려고 이렇게 말한다.

"상관님, 기관총 사정범위에 대한 책임은 제가 아니라 기관총 사수에게 있습니다. 사수를 엄중히 다루셔야 합니다."

화력지원팀 리더는 실망한 듯 쳐다보고 그대로 걸어간다. 상관이 왜 실망한 듯 쳐다봤는지 당신은 의아할 것이다. 하지만 스스로 나서서 반박하고 행위당사자인 기관총 사수에게 책임을 돌린 것이 정당하다고 느낄 것이다.

옳은 행동처럼 보일 수 있지만 그렇지 않다. 다른 관점에서 생각해보자. 리더가 "왜 기관총 사수가 사정범위 밖으로 쏘도록 내버려두었나?"라고 물었을 때, 당신은 리더가 당신에게 '그저 그런 소총수' 이상의 것을 기대하고 있다는 것을 알 수 있다. 리더는 당신이 당신 자신을 다루는 것 이상의 일을 하기를 기대한다. 그는 당신이 다른 팀원을 돕고 기관총 사수를 지휘하고 이끌기를 기대한다. 이는 당신에게 리더십이 있음을 칭찬한 것이고 신뢰를 표현한 것이다. 따라서 당신은 이렇게 반응한다.

"죄송합니다. 저는 제 사정범위를 알고 있었지만, 기관총 사수가 알고 있는지 확인했어야 했습니다. 1~2초만 시간을 더 들였으면 그가 무슨 일이 일어났는지 이해하고 있는지 확인할 수 있었을 것입니다. 제 잘못입니다. 다시는 이런 일이 일어나지 않도록 하겠습니다."

당신이 그렇게 진술을 하면 화력지원팀 리더는 당신을 신뢰하며 고개를 끄덕인다.

"완벽하군. 내가 원하는 것이 바로 그거야. 나는 네가 나서서 이끌어주길 바란다. 내가 언제나 함께할 수 없으니 말이다. 도와줘서 고맙다."

화력지원팀 리더가 당신의 어깨를 툭툭 치고 걸어간다. 당신은 기분이 좋아진다. 당신은 화력지원팀 리더가 당신을 신뢰하고 크게 기대하고 있음을 깨닫고, 또 리더가 됨으로써 팀 전체가 더 잘할 수 있게 됨을 알게 된다. 이것이 정답이다.

또 다른 관점을 생각해보자. 화력지원팀 리더의 입장에서 본다면 어떨까? 그는 팀에서 어떤 사람을 원할까? 비난을 거부하고 책임을 회피하는 소총수일까? 아니면 실수에 대해, 심지어 화력지원팀 내 다른 팀원이 한 실수에 대해서도 책임의식을 갖는 사람일까? 답은 분명하다. 리더라면 누구나 책임의식을 갖고 나서는 사람을 원한다.

리더가 맡기에 시시한 일은 없다

리더는 하급자보다 계급이 높지만, 명령체계에서 그들 아랫사람보다 확실히 우월하지는 않다. 이 말은 리더가 아랫사람을 존중해야 한다는 뜻이다. 또 리더가 맡기에 너무 소소하거나 시시한 일은 없다는 뜻이다.

네이비씰 팀에서 우리는 수십 제곱마일에 달하는 광활한 땅에서 역동적으로 움직이며 많은 무기를 발사한다. 우리가 총을 쏘면 그 뒤에 수백만 개까지는 아닐지라도 적어도 수십만 개의 탄피가 떨어진다. 황동은 비싸고, 재활용이 가능하고, 또 훈련 지역을 깨끗하게 유지해야 하므로 소대는 훈련을 마치면 모든 탄피를 수거해야 한다.

이 일은 상당히 끔찍한 일로, 보통은 며칠 동안 절절 끓는 사막의 열기 속에서 무릎으로 기어 다니며 탄피를 줍는다. 어떤 기술이나 어떤 리더십도 필요 없는 정말 시시한 일이다.

그렇기 때문에 네이비씰 리더는 탄피를 수거하는 일을 하급자에게 시키기 쉽다. 마무리 지어야 할 행정 업무, 참석해야 할 회의, 계획 수립이 필요한 미래 작전 등 할 일이 늘 있다. 그럼에도 탄피 수거를 다른 사람에게 맡기는 것은 지도자로서 바른 판단이라 할 수 없다. 나는 항상 부대원들과 함께 탄피를 수거했다. 이는 이보다 더 중요한 일이 없다는 뜻을 보여주었을 뿐만 아니라 최전방 부대원들과 교류하고 하급자 리더 및 부대원들과 결속을 다지며 부대원들이 어떻게 상호 작용하는지 관찰할 수 있는 좋은 시간이었다. 또 팀 내에서 누가 게으른지도 드러나는 시간이다.

탄피 수거를 선택하지 않은 리더는 이 모든 것을 놓치게 된다. 물론 수많은 회의 중에서 다른 회의에 참여했을 수도 있고 행정 업무를 마무리 지어야 할 수도 있으며 잠을 보충해야 할 수도 있다. 하지만 그렇게 된다면, 부대원들과 관계를 구축하지 못한다. 부대원들이 어떻게 상호 작용하는지 보지 못한다. 그리고 겸손함을 보여주지 못한다.

그렇다고 리더가 항상 참호에 있어야 한다는 말은 아니다. 절대로 그렇지 않다. 리더는 앞장서서 이끌어야 한다. 리더는 회의에 참석하고 행정 업무를 담당하며 미래를 계획하고 모든 종류의 긴급한 과제들을 다루어야 한다. 하지만 부대가 아주 힘든 일을 해야 할 때, 최전방 부대원들과 진흙탕을 뒹굴어야 할 때 등 함께하는 것이 다른 업무들보다 더 중요할 때가 있다.

리더가 위험이 큰 작전이나 환경이 상당히 불편한 지역에서 수행되는 작전을 대할 때에도 마찬가지다. 팀이 주기적으로 위험한 작전을 수행하기 위해 길을 떠나게 되면 리더는 그 위험에 맞서 팀과 같이 갈 때가 있어야 한다. 특별히 어려운 임무가 있다면, 좋은 리더는 주기적으로 나가 직접 그 일을 해야 한다. 상당히 불편하거나 고통스러운 임무가 있을 때도 마찬가지다.

리더는 매일 그 일을 견뎌야 하는 사람들 옆에서 가끔이라도 그 고통을 함께 경험해야 한다. 혹한의 추위 속에서 송전선 수리하기, 극심

네이비씰 승리의 리더십

한 더위 속에서 콘크리트 붓기, 치안이 안 좋은 동네 순찰하기 등등 말이다. 어떤 경우든 좋은 리더는 하급자가 매일 하는 힘든 일을 직접 해봄으로써 그 일 자체와 그 일을 하는 사람들을 잊지 않고 존중하게 된다. 부대원은 리더가 짐을 나누어지려는 의지가 있음을 깨닫게 되고, 리더는 그 일의 진짜 어려움을 이해할 수 있게 된다.

뒤에서 리드하며 팀이 직접 이끌게 한다

군대에서 리더가 가장 많이 듣는 말 중 하나는 "앞에서 리드하라!"다. 일리가 있는 말이다. 어쨌든 리더가 앞에서 리드할 때 중요한 일이 일어난다.

리더가 앞에서 이끌면 무엇을 어떻게 해야 할지 정확하게 보여줌으로써 본이 된다. 공포심이 드는 순간에 리더가 본을 보이는 것이 중요하다. 심각한 상황으로 치닫는 전장에서 전방의 리더십이 결과를 바꾸어놓은 사례가 아주 많다. 확 트인 지형을 가로질러 가야 할 수 있다. 적군 저격수가 총을 쏘기 위해 기다리고 있을 수 있다. 들어가려는 방문 뒤에 적군이 있을 수 있다. 이런 시나리오는 사람들을 두렵게 하고 얼어붙게 만든다. 누가 목숨을 걸고 싶겠는가?

하지만 아무런 조치도 취하지 않는다면 상황은 무한히 악화될 수 있다. 이런 전투 사례를 보면 누군가 행동할 필요가 있음을 보여준다. 대개 그 누군가가 리더가 된다. 아무도 행동을 취할 용기가 나지 않을 때 리더는 앞장서서 이끌어야 한다. 리더는 탁 트인 지형을 가로질러 돌격하고 적군 저격수의 사선으로 뛰어들거나 문을 부수고 적군과 교전해야 한다. 리더가 행동을 취하지 않는다면 아무도 움직이지 않는다. 부대는 얼어붙고 적군이 주도권을 장악해 고지에 올라 승리할 것이다.

리더가 앞에서 리드해야 하는 것은 비단 전투 상황만은 아니다. 두려움이나 불안이 고조된 상황에서는 리더가 앞장서서 행동하는 것만이 확실한 해결책이다. 엄청나게 고된 일을 해야 하는 상황에서도 마찬가지다. 사람들은 고통을 피하려는 경향이 있다. 사람들은 자꾸 미루면서 일을 시작하지 않으려고 한다. 하지만 리더가 뛰어들어 공격적으로 그 일을 시작하면 다른 사람들도 뛰어들어 같이 하기 시작한다.

리더는 사람을 대할 때 존중하는 모습을 보이고 보살펴주며 언제나 전문적이고 능숙한 모습을 갖추는 등 앞에서 리드하며 좋은 본보기를 보여야 한다. 리더가 이런 식으로 이끌면 다른 사람이 그대로 따라 하게 된다.

이 같은 예는 리더가 앞에서 리드해야 할 때가 많음을 증명해준다. 하지만 리더가 뒤에서 혹은 중간에서 리드해야 할 때도 있다.

전장의 전술적인 관점에서 보자면 앞에서 리드할 경우 리더에게 위험이 커진다. 그 리스크를 반드시 감당해야 할 때도 있지만 리더가 죽거나 불구가 되면 팀에 재앙이 될 수 있다. 따라서 리더는 언제 어디서 위험을 감수해야 할지 신중하게 판단해야 한다. 위험에도 불구하고 리더가 앞에 위치한다면 전술적 어려움에 당면했을 때 교착 상태에 빠지기 쉽다. 총격전처럼 직접적인 전술 문제를 다룰 때 리더의 시야가 좁아질 수 있고 그 결과 최상의 결정을 내리기 힘들어진다.

네이비씰 승리의 리더십

회사에서도 같은 일이 일어날 수 있다. 리더가 일상 업무의 세세한 부분에서 발생하는 문제들을 해결하려 들면 시야가 좁아지고 의사결정 과정이 무너진다.

나는 네이비씰 강습 부대(assault force: 최초로 적의 거점 지역을 탈취할 임무를 부여받은 부대 또는 습격이나 돌격 작전을 위하여 적절히 편성된 부대–옮긴이) 지휘관으로 근무할 당시 습격 중에 교전이 일어날 수 있는 건물에 가장 먼저 들어가는 6~8명 중에 되도록 나를 포함하지 않았다. 그렇게 한 이유는 먼저 진입하는 6~8명은 방에서 적군을 제거하고 총격전을 벌이고, 그리고 저항할 수 있는 포로들을 억류시켜야 하기 때문이다. 간단히 말해, 먼저 진입하는 6~8명은 만전을 기해야 하는 역동적이며 유동적인 상황에 깊이 개입하게 된다.

만약 첫 번째 습격에서 총격전이 벌어졌고 살아남아 적을 없애는 데 온 정신이 팔렸다면 누가 지원 요청을 할 수 있겠는가? 억류자들이 더 많다면 누가 지원 요청을 할 것인가? 적군이 건물에서 빠져나가는 것이 확인되었다면 누가 이런 일이 일어났다고 외부 보안 요소를 고지하겠는가? 어떤 경우라도 강습조가 눈앞에 닥친 전술적 문제를 해결하는 동안 누군가는 리드를 해야 한다. 이런 상황에서 리드는 나의 몫이었다. 내 일은 방을 점령하고 적과 교전하거나 억류자와 몸싸움을 하는 것이 아니라 거리를 두고 상황의 모든 변화를 판단하며 필요한 지원을 해주는 것이었다.

따라서 건물에 접근했을 때 내가 강습조의 선두에 서게 되면, 나는 뒤로 물러서서 총구를 위로 향한 다음 다른 대원이 내 앞으로 가도록 했다. 대원은 내가 그렇게 하는 것을 보자마자 어떤 상황인지 바로 알아차리고 나를 지나쳐 표적을 향해 나아갔다. 그 기세가 꺾이지 않았다.

복도나 코너에서 견제하며 경비를 서야 할 때도 마찬가지다. 내 부하들은 내가 경비를 서지 않을 것을 알고 있다. 경비를 서려면 100퍼센트의 집중력이 필요하고 경비를 서는 사격수는 무슨 일이 일어나는지 보려고 주위를 둘러볼 수 없다. 그는 위협에 대비해 지정된 곳을 지켜봐야 한다. 부하들은 내가 경비 서는 것을 원치 않고 내가 복도를 감시하는 것도 원치 않았다. 그들은 내가 지원할 수 있는 자원을 조직하고 적의 동태에 대한 보고를 모니터링하며 우리의 다음 이동을 계산하기를 원했다.

그들은 내가 리드하기를 원했다. 내가 경비를 선다면 다른 일은 하나도 할 수 없다. 따라서 내가 경비를 서야 할 때가 되면, 내 부하 중 한 명이 바로 내 어깨를 두드리고 무기를 들어 적이 위협하는 방향으로 향하고 지금부터 그가 책임지고 엄호한다는 뜻으로 고개를 끄덕였다. 그러면 나는 뒤로 물러나 다시 총구가 위로 향하게 들고 더 큰 그림 속에서 무슨 일이 일어나는지에 집중할 수 있었다.

부하 중 한 명이 내가 억류자를 통제하려고 하거나, 죄수를 붙들어놓거나, 혹은 방이나 복도의 안전을 확보하려고 하는 것을 보았다면 나를 대신해 그 일을 했다. 내 팀은 내가 아래나 안을 보는 것이 아니라 위나 밖을 살피기를 원했다.

지상전 상황에 대비한 즉각 조치 훈련 동안 나는 젊은 리더에게 이 같은 생각을 가르쳤다. 그들이 언제나 전방으로 앞서 나가 적과 교전할 필요는 없었다. 일단 초동발사가 끝나고 지시를 내리면, 리더는 직접 총격전이 벌어지는 곳을 빠져나가 엄호가 잘된 위치로 옮겨 상황을 판단하고 작전 지시를 내려야 한다.

리더가 전방에서 너무 먼 곳에서 리드하는 것에 신중해야 하는 것은 전쟁터뿐만이 아니다. 계획 단계에서도 어디서 이끌지를 고려하는 것 역시 중요하다. 리더가 계획을 세우는 대신 팀원에게 계획을 세워 그들의 생각대로 해보도록 하는 것이 좋다. 리더가 팀원에게 계획을 세우도록 하면 팀원들은 그 계획을 이미 신뢰하게 된다. 따라서 그들을 따로 납득시킬 필요가 없다. 물론 계획 과정이 지지부진하게 진행되거나 팀원 간에 행동지침을 정할 때 의견이 일치하지 않을 수 있다. 이때에는 리더가 개입해 지도하거나 어떤 행동지침을 이용할지 결정을 내리는 것이 필요할 수 있다.

그렇지만 대부분의 경우 리더는 뒤에서 리드하고 부대원이 책임의식을 가지고 계획을 이끌어가도록 하는 것이 더 낫다. 현장과 가장 가까운 사람에게서 가장 좋은 아이디어가 나오기 마련이다. 최전방에 있는 사람들이다. 그들을 누르려고 하지 말고, 대신 그들에게 새로운 계획과 아이디어를 생각하고 실행해볼 수 있는 자유와 권한을 부여하라. 그들에게는 지식이 있다. 그들에게 힘을 실어주어라. 항상 앞에서 리드해야 한다고 생각하지 마라. 한 발자국 뒤로 물러서서 팀이 직접 이끌어나가게 하라.

과민반응을 보이지 않는다

사람들이 말도 안 되는 소리나 행동을 할 때가 있다. 일이 뜻대로 되지 않을 때도 있다. 이런 상황이 되었을 때에도 좋은 리더는 침착함을 잃지 않는다. 동요하지 마라. 감정을 억제하라. 어떤 상황인지 파악하라. 실제로 어떤 일이 일어나고 있는지 논리적으로 분석하고, 그 의견은 혼자만 간직하라.

그 순간 당신은 불확실하고 부정확한 정보밖에 없음을 기억하라. 상황이 전개되고 좀 더 확실한 그림이 나타난 뒤에 말로 표현하라.

그렇다고 신속한 결정이 필요한 상황이 발생하지 않는다는 말은 아니다. 그런 상황이 일어났을지라도 실제로 어떤 일이 일어나고 있는지 확실히 파악하기 위해 잠시 멈추어야 한다. 총격전이 벌어졌을 때도 총격이 시작된 후에 어떤 상황인지 좀 더 판단해야 한다. 북쪽 방향에서 총탄이 날아온다면 팀의 화력을 북쪽으로 돌릴 필요가 있지만, 바로 병력을 북쪽 적군 방향으로 기동시켜서는 안 된다.

먼저 적군의 병력 규모를 파악해야 한다. 규모가 작아 보이면 공격해 무찌를 수 있을 것이다. 하지만 규모가 크다면 부대에 적과 접촉하지 않도록 하고 그 지역을 떠나라고 명령하는 것이 낫다. 일단 적군의 병력 규모를 가늠한 후 지형을 파악하고 북쪽으로 기동하는 것이 맞는지 계산해야 한다. 엄호나 은폐를 할 수 없는 탁 트인 지형만 있다면 적군의 병력이 적더라도 공격하는 것은 무모할 수 있다. 하지만 일부 지형을 이용해 적군 쪽으로 이동하는 것이 가능하다면 공격하는 것이 옳은 결정이다.

마지막으로 이 병력이 적군의 주력 부대인지 아닌지를 판단해야 한다. 북쪽으로 가려는 이 병력이 전력의 주력 부대일까? 아니면 규모가 더 큰 핵심 부대가 다른 지역에서 당신을 치러오기 전까지 시간을 끌기 위해 방해하려는 것일까? 이러한 점들을 반드시 고려해야 한다. 신속하게 처리해야 마땅하지만 확실히 올바른 결정을 하기 위해 충분히 신중하게 고려해야 한다.

회사에서 어떤 일이 잘못되었을 때에도 동일한 방식의 평가가 필요하다. 만약 직원이 당신이 직위해제될 수 있다고 경쟁자에게 말하는 것을 들었다면 버럭 화를 낼 이유가 전혀 없다. 대신 냉정함을 잃지 말고 정보를 더 많이 알아보라. 프로젝트가 좌초되었다는 말을 들어도 고함치거나 소리 지르지 마라. 대신 무엇 때문에 그런 문제가 발생했으며 프로젝트를 정상 궤도로 올려놓으려면 어떤 지원이 필요한지 차분히 살펴보라.

과민하게 반응할 필요가 없다. 어떤 상황이든 과민반응을 보이면 안 된다. 잘못된 결정으로 이어질 뿐만 아니라 리더로서 당신의 이미지가 나빠진다. 사람들은 리더가 과민하게 반응하는 것을 좋아하지 않는다. 이는 리더가 통제할 수 없고 비합리적인 졸속 결정을 내릴 수 있다는 뜻이다. 따라서 뒤로 한 발 물러서서 감정적 반응과 거리를 두고 실제로 어떤 상황인지 판단한 다음, 실제 상황에 따라 침착하고 논리적인 결정을 내리도록 하라.

자존심에 신경 쓰지 않는 법을 배운다

당신의 반응을 통제할 수 있는 또 다른 방법이 있다. 그것은 거리 두기의 또 다른 형태로 숙달하기 매우 어려운 방법이다. 즉 '상관하지 않기'라고 부르는 거리 두기 형태다.

협상할 때 이런 반응을 자주 볼 수 있다. 이는 떨어져 볼 수 있는 능력으로 강력한 무기가 된다.

"오, 가격을 낮출 생각이 없다고? 괜찮아. 난 상관없어, 그렇게 해."

당신이 리더일 때에도 상관하지 않는 것은 팀을 관리하는 데 매우 강력한 방법이 된다.

"내 계획 대신 당신 계획을 활용하고 싶다고? 좋아, 난 상관없어. 다른 사람들은 품위가 떨어진다고 기피하는 하찮은 일을 내가 해주길 원해? 좋아, 난 상관없어. 음, 프로젝트를 이끌 기회를 다른 사람에게 주라고? 그래, 난 상관없어. 내가 할 수 있는 한 모든 지원을 아끼지 않을게."

그렇다. 상관하지 않는 능력은 유용하지만 습득하기 어려운 능력이다. 왜 그럴까? 인간이 가진 가장 강력한 동력인 자존심을 억누르고 다스려야 하기 때문이다.

당신이 신경 쓰는 것들을 깊이 들여다보면 많은 부분이 자존심에서 시작한 것임을 발견할 수 있다. 앞서 나온 간단한 예에서도 마찬가지다. 하찮고 품위가 떨어지는 일을 하라고 요구하면 왜 화가 나는 것일까? 자존심 때문이다. 이런 상황에서 좋은 리더는 자존심을 내려놓고 아무리 하찮은 일일지라도 그 일을 완수한다.

다음 예는 프로젝트를 이끌 기회를 다른 사람에게 주는 것이다. 이렇게 되면 전체 프로젝트를 더 이상 책임지지 않아도 되니 내 일이 확실히 쉬워진다. 그런데 왜 사람들은 다른 사람에게 리더십을 넘기는 것을 싫어할까? 리더십을 포기하면 역할을 바꿔 원래 당신이 맡았던 리더 자리를 넘겨받은 사람을 지원해주어야 하는데 이것이 무엇보다 마음 상하기 때문이다. 하지만 이는 그저 자존심이 좀 상하는 것일 뿐이다.

당신이 신경 쓰는 것을 좀 더 깊이 들여다보면 우리의 많은 감정이 자존심에 묶여 있음이 분명하게 드러난다. 따라서 자존심을 버려야 한다. 자존심 때문에 이기고 싶어 한다. 자존심이 당신을 채근한다. 잠을 못 자게 한다. 다른 사람을 신경 쓰지 않게 된다. 하지만 진짜 이기고 싶다면, 궁극적이고 전략적이며 장기적인 승리를 얻고 싶다면 자존심을 무시해야 한다. 자존심에 신경 쓰지 않는 법을 배워야 한다. 자존심은 매우 근시안적일 수 있기 때문이다.

당신이 품위가 떨어지는 일을 하면 당신의 겸손과 팀을 위해 희생하려는 의지를 보여줄 수 있다. 다른 사람에게 리더 자리를 내어주면 신뢰를 쌓고 리더십 역량에 대한 자신감을 드러낼 수 있다. 이렇게 해나가다 보면 당신은 궁극적인 목표를 달성하고, 오히려 당신의 자존심이 충족될 수 있다. 그렇다. 긴 경기에서 전략적 승리를 실제로 얻어내기 위해서 상관하지 않아야 한다. 상관하지 않기 위해서 자존심을 무시해야 한다.

사람은 다 같지만, 또 다 다르다

사람은 다 같지만, 또 다 다르다. 리더가 이 이분법을 잘 이해할수록 사람들을 더 잘 이해하게 된다.

이분법의 앞부분은 사람은 다 같다는 것이다. 어느 조직이나 전형적인 유형의 사람들이 있다. 자신감 넘치고 리더로서의 재능을 타고난 사람이 있는가 하면, 수줍음 많고 혼자 있기를 좋아해 주목받기를 싫어하는 사람이 있다. 조용하고 지적인 사상가가 있는가 하면, 용감하고 공격적인 사람이 있다. 이기길 원하는 사람이 있는가 하면, 이기는 것에 별로 관심이 없는 사람이 있다. 어디서든 쉽게 만날 수 있는 일반적인 유형이다. 이런 사람들은 네이비씰 소대나 기업 이사회 그리고 걸스카우트에 이르기까지 어느 조직에나 있다.

이분법의 뒷부분은 사람은 다 다르다는 것이다. 사람들은 각기 다른 동기, 다른 의도, 다른 성격 그리고 다른 생각을 가지고 있다. 어떤 사람을 '리더'나 '외톨이'로 규정할 수 있지만, 한편으로는 그는 당신이 같이 일해봤을 다른 리더나 다른 외톨이와는 전적으로 다르다.

이러한 차이점 때문에 리더십을 발휘하기가 어려워진다. 리더로서 당신은 많은 다른 종류의 사람들과 연결되어야 한다. 사람마다 다른 의사소통 방식으로 접근하는 법을 배워야 하는 동시에 동일한 메시지를 전달해야 한다. 무엇이 상대를 움직이는지 읽어내고 그것을 리더십 전략에 포함시켜야 한다. 각자에게 어느 정도 압박을 가할 수 있는지, 어떻게 해야 그러한 압박 속에서 일을 잘 수행할 수 있는지 이해해야 한

네이비씰 승리의 리더십

다. 당신은 일관된 메시지를 전하고 팀원에게 골고루 관심을 주어야 한다. 각자 필요에 맞추어 팀원들이 숟가락으로 떠먹여주는 식의 소통에 의존하지 않도록 하면서 이 모든 것을 해야 한다.

리더는 좋은 목공이 되거나 다양한 재료를 가지고 유용한 물건을 만들어내는 공예가가 되어야 한다. 도구를 어떻게 사용해야 할지 알아야 할 뿐만 아니라, 그 도구를 부드러운 소나무 조각에서 단단한 떡갈나무 판자에 이르기까지 다양한 종류의 목재에 사용했을 때 어떻게 달라지는지도 알아야 한다. 나무마다 도구를 달리해야 하듯이 사람마다 다른 리더십 방식을 적용해야 한다.

하지만 여기서 끝이 아니다. 나뭇조각마다 자신만의 독특한 특성이 있다. 매듭, 균열, 뒤틀림이 있기 때문에 정확하게 다루어야 한다. 그렇지 않으면 최종 결과물을 망칠 수 있다. 그렇기 때문에 목공은 단순히 나무 종류별로 다른 도구를 어떻게 사용해야 하는지 이해하는 데 그치지 않는다. 제각기 독특한 나뭇조각이 수없이 계속 나오는 상황을 극복하기 위해 독특한 방법으로 다양한 도구를 활용하는 법을 알아야 한다.

이처럼 나뭇조각이나 나무는 기본적으로 같은 형태의 물질이지만, 나무는 각기 종류가 다르다. 속성과 환경, 우연 때문에 나뭇조각마다 제각기 다른 독특함이 있다. 나뭇조각은 다 같지만, 또 나뭇조각마다 다 다르다.

사람도 마찬가지다. 모든 사람은 사람으로 구분되는 공통된 특징을 가지고 있지만, 동시에 모든 사람은 독특한 단 하나의 존재로 각자의 성격에 따른 접근이 필요하다.

이 말은 리더에게 어떻게 적용될까? 리더가 함께 일하는 모든 사람을 대상으로 의사소통과 상호 작용을 위한 개인별 차별화된 방식을 만들어야 한다는 뜻일까? 물론 그렇지 않다. 이런 접근은 한계가 있다. 사람마다 특화된 리더십 방식을 기록한 다음 모든 유형의 사람마다 다른 특정 방식을 적용하는 것은 불가능하다. 그렇게 해야 한다고 이런 설명을 하는 것이 아니다.

리더들이 모든 상황에서 동일한 리더십 방식을 적용하는 실수를 자주 범하기 때문에 이에 대한 경각심을 주는 차원에서 한 말이다. 리더는 어떤 방법이 한 조직에서 효과가 있었다면 다음번에도 효과가 있을 것으로 생각한다. 한 사람에게 효과가 있었다면 다음 사람에게도 효과가 있을 것으로 생각한다. 과거의 성공이 미래의 성공 가능성을 확실히 나타내긴 하지만 보장해주지는 않는다.

리더가 전에 효과를 봤던 방식과 동일하게 리더십을 발휘하면 팀이나 팀원이 리더가 구상했던 방식으로 수행하지 않거나 동일한 리더십 상황에서 다른 팀이 수행했던 방식과 다른 이유를 이해하지 못하는 경우가 생긴다. 그런 상황에서 리더는 팀의 잘못이라고 느낄 수 있다. 이제 리더는 다시 똑같은 방식을 적용해보지만 이 방식을 적용하기가 훨씬 더 어려워진다. 전혀 도움이 되지 않는다. 실제로 팀의 반응은 기대했던 결과와 전혀 다르다. 마음이 상한 리더는 팀이나 팀원이 문제가 있다고 더 확신하게 되고 최대한 압박을 가하며 동일한 방식을 적용한다. 그러면 어떻게 될까? 목공이 도구에 힘을 너무 많이 주어서 나무가 갈라지거나 타거나 뒤틀려 못쓰게 되는 것처럼, 리더가 부적절하게 접

네이비씰 승리의 리더십

근하거나 잘못된 압박을 가하게 되면 팀이나 팀원이 망가질 수 있다.

신중한 리더라면 이렇게 하지 않는다. 신중한 리더는 지금 적용한 리더십 방식이 잘못되었거나 잘못된 방법으로 적용했음을 알아차린다. 그것을 깨닫게 되면 좋은 리더는 같은 방식으로 힘들게 계속 적용하는 대신 힘을 뺀다. 상황을 판단하고 팀을 바라보며 팀을 구성하는 개인을 연구하고 역학적 상황을 분석한다. 이어서 리더십을 적용하는 방식을 조정하거나 완전히 다른 방식을 시도해본다.

리더십 관점에서 본다면 실제로 어떨까? 팀원이 주도적으로 나서지 않기 때문에 리더가 그들에게 좀 더 구체적으로 방향을 제시해주면 그들은 일을 진행해나간다. 하지만 더 주도적으로 나서는 대신 더 소극적이 된다. 그래서 리더는 그들에게서 적극성을 좀 더 이끌어내기 위해 훨씬 더 많은 권한을 부여한다. 하지만 그들은 계속 소극적으로 반응한다. 그러면 리더는 자신이 원하는 바가 무엇인지 정확하게 설명하면서 최대한 압박을 가하고, 그 결과 팀원은 적극성을 완전히 상실한다. 그들은 가만히 앉아서 뭐라고 지시가 내려오기만을 기다리는 데 만족한다.

좀 더 신중한 리더라면 한 발 뒤로 물러서서 자신이 상세하게 지시를 내린 것이 세부사항까지 통제하게 되어 팀원의 적극성을 고취시키기는커녕 오히려 눌러버린 셈이 된 것을 깨닫는다. 일단 이 사실을 깨닫게 되면 그는 포괄적으로 지시하고 팀원이 그들 방식대로 추진할 수 있는 권한과 자율성을 부여해주는 등 다른 방향으로 선회할 수 있다. 그렇게 팀원에게 일을 주도적으로 추진해 성사시키는 책임의식과 영감을 불어넣어준다.

팀원 개인에게도 동일한 일이 일어날 수 있다. 팀원 한 명이 자신의 잠재력을 최대한 발휘하지 못한다면 리더는 그 사람 스스로 수행 능력을 향상시킬 필요가 있음을 깨닫게 하기 위해 그에게서 권한을 빼앗기로 결정할 수 있다. 하지만 그는 수행 능력을 향상시키기보다 오히려 자신감을 잃어버려 일을 더 못하게 된다. 그러다 보니 리더는 권한을 더 축소시키게 되고 그 결과도 동일한 반응이 일어난다. 그렇게 되면 팀원은 분개해 리더에게 원망을 표출하기에 이른다. 적대적 관계가 형성되고 상황은 점점 더 악화된다.

하지만 리더가 관심을 두고 결과가 점점 더 나빠지는 것을 보니 문제가 있다고 인식했다면 접근법을 바꿀 수 있다. 팀원에게서 권한을 가져가는 대신 그에게 더 중요한 프로젝트를 맡겨 적극적으로 수행하도록 하는 식으로 더 큰 권한을 줄 수 있다. 그러면 팀원은 리더가 자신을 신뢰하고 잘 해낼 것으로 믿는다는 생각에 의욕을 가지고 더 열심히 노력하면서 경험을 쌓고 자신감을 얻게 된다. 그 프로젝트를 완수하면 팀원은 더 많은 권한을 요청하고 그것을 허락받을 것이다. 이제 그 팀원은 개인적으로도 발전했을 뿐만 아니라 팀에게도 도움을 주는 선순환의 길로 들어섰다.

물론 항상 그런 것은 아니다. 압박을 가하면 힘들어하는 사람도 있다. 이들은 자신감을 갖는 데 더 오랜 시간이 걸린다. 어떤 사람은 권한 축소를 도전으로 받아들여 '내가 보여 주겠어.'라고 다짐한다. 그들은 자신의 권한을 되찾고 자신의 가치를 더 증명하기 위해 훨씬 더 열심히

네이비씰 승리의 리더십

일한다. 같은 증상을 보이는 경우라 할지라도 정반대의 치료를 해야 할 수 있다. 바로 이 때문에 리더는 사람에 따라 다른 방식을 신중하게 적용할 수 있어야 한다.

단순히 공예가의 수준이 아니라 예술가의 경지에 올라야 진짜 훌륭한 목공인 것처럼 리더는 보편적으로 무분별하게 리더십을 적용해서는 안 된다. 리더는 재치 있고 외교적이며 신중하고 교묘하게 팀과 팀원에게 리더십 방법을 적용해야 한다. 그것이 리더십의 예술이다.

본성에 따라 역할을 맡긴다

사람은 본성과 양육의 산물이다. 사람은 날 때부터 가지고 태어난 속성을 살아가면서 훈련과 경험을 통해 발전시키고 더해간다. 사람마다 성격, 동기, 기질, 태도, 기술 그리고 속성이 제각기 다르다. 어떤 특성은 유전적으로 타고난 것이고, 어떤 특성은 삶의 경험에서 나온 것이다. 어떤 특성이 타고난 것이고, 어떤 특성이 길러진 것인지, 혹은 본성과 양육이 다양한 특성에 어느 정도 영향을 주었는지 명확하게 말하기는 어렵다.

리더로서 당신의 목표는 각 개인의 특성이 어디에서 비롯했는지 이해하는 것이 아니라, 팀 그리고 더 나아가 팀원에게 최대의 효과를 내기 위해 그 특성을 가장 잘 활용할 수 있는 방법이 무엇인지를 아는 것이다.

리더로서 사람들에게 업무를 맡길 때 가능하다면 성격에 맞는 일을 주는 것이 좋다. 맞지 않은 역할을 강요하지 마라. 수줍음이 많은 내성적인 사람에게 영업을 시키지 마라. 무모하고 무신경한 사람을 인사 담당으로 보내지 마라. 매우 창의적인 사람을 엄격한 절차에 따라 일해야 하는 자리에 보내지 마라. 매우 꼼꼼한 완벽주의자에게 혼란스러운 임무를 부여하지 마라. 각자의 성격에 맞는 역할을 맡겨라.

그렇다고 사람들을 그들의 성격과 딱 맞는 자리에 완벽하게 배치하라는 뜻이 아니다. 이는 불가능한 목표다. 일이라는 것이 언제나 모두에게 이상적이지만은 않다. 때로는 누구나 본능적으로 안락함을 느끼는 곳이 아닌 다른 곳에서도 일해야 한다. 약점이 있는 곳에서도 더 잘할 수 있도록 안락하지 않은 곳에도 배치되어야 한다. 사전에 인지하고 통제할 수 있는 범주 내에서 이런 일이 일어나도록 하는 것이 리더의 역할이다.

따라서 좋은 리더는 부끄럼 많은 내성적인 사람을 영구적으로 영업직에 배치하지는 않겠지만, 훈련 차원에서 영업 전화를 하게 해서 사람들과 더 편안하게 대화할 수 있도록 해야 한다. 시간이 흐르면서 그는 수줍음을 극복하고 자신이 맡을 수 있는 역할을 좀 더 확장할 수 있게 된다. 무모하고 공격적인 사람을 인사부에 배치하지는 않더라도 그에게 역할 놀이 훈련을 하게 하면 확실히 도움이 된다. 그 과정에서 그는 자신의 발언에 좀 더 주의를 기울이는 법을 배울 수 있다. 어떤 성격 유형이든 마찬가지다. 성장하고 배우기 위해 사람들은 자신의 능력 이상의 임무를 부여받아야 한다.

이런 방식은 사람을 성장시키지만, 기본적인 임무는 그 사람이 자

　　　　　　　　　　　　　　네이비씰 승리의 리더십

연스럽게 하기에 적합한 것을 반영해야 한다. 일을 즐길수록 더 잘하게 되고, 이는 개인과 팀 전체에 이득이다. 본성에 맞서 싸우려고 하지 마라. 활용하라.

고독할 수 있지만 외로워질 필요는 없다

리더는 혼자 있는 것이 편해야 한다. 어쨌든 당신은 부대와 어느 정도는 분리가 될 것이다. 그런데 까딱 잘못하면 위에서 혼자 외로울 수 있다. 누구보다 일을 많이 하고 누구보다 일찍 나와 늦게 집에 가기 때문에 혼자 있을 때가 많다.

리더로서의 결정은 결국 당신의 몫이기 때문에 혼자 결정을 내려야 한다. 물론 조언을 구하고 합의를 얻을 수 있지만, 최종 결정은 리더 혼자 내리는 것이다. 지휘관이 져야 하는 짐이다.

리더는 고독할 수 있지만 외로워질 필요는 없다. 나는 리더로서 외롭지 않았다. 팀을 발전시키고 그들을 알아가면서 지휘계통 위아래로 사람들과 매우 끈끈한 관계를 맺었다. 물론 조심해야 한다. 리더는 모든 팀원과 친구가 되고 싶어도 그렇게 할 수 없다. 모든 사람이 상관과 친밀한 관계를 맺고 싶은 마음과 그만한 성숙함을 갖고 있지 않다. 따라서 신뢰를 쌓고 관계를 맺으며 천천히 다가가야 한다.

결국 당신은 조직 내 다양한 직급에서 몇몇 신뢰할 수 있는 사람과 함께하게 된다. 이 시스템이 구축되면 당신은 팀을 속속들이 알 수 있고, 앞으로 일어날 문제들을 인지할 수 있으며, 어떤 아이디어를 실행하기에 앞서 다른 사람들과 생각을 공유할 수 있다. 게다가 팀 내에 친밀한 관계가 형성되면 스트레스를 받을 때 그들과 웃고 농담하며 기분을 풀 수 있다. 이렇게 되면 꼭대기에서 느끼는 외로움이 완화될 것이다.

물론 리더는 이런 관계를 통제할 수 있어야 한다. 친밀한 관계가 특별대우가 되어서는 안 된다. 영향력을 지나치게 행사해서는 안 된다. 여과 없이 감정을 고스란히 드러내거나 생각을 그대로 밝혀서는 안 된다. 그게 적정선이다. 이 선은 넘어가면 안 되고 반드시 지켜야 한다. 하지만 홀로 가지 않도록 노력해야 한다. 팀 내에 몇몇 사람과 친밀한 관계를 맺고 그들에게 피드백과 조언을 받아라.

동시에 결정 자체는 리더 혼자만의 몫임을 명심해야 한다. 한 팀으로서 아랫사람들과 생각을 나누고 행동 계획과 과정을 계발해가며 최종 결정에 대한 공감대를 형성해가는 것은 좋지만, 최종 결정은 단 한 사람인 리더에게 달려 있다. 이는 계급구조의 위계질서 때문만이 아니라, 팀원에게 아주 상세히 설명하려고 노력했다 할지라도 리더만이 완벽하게 이해할 수 있는 부분이 있기 때문이다.

리더의 위치는 다른 사람이 제대로 인식하기 거의 불가능한 관점을 보는 자리다. 이 때문에 리더가 최종 결정을 내려야 한다. 그 결정이 실패로 돌아간다면 그것은 '팀의 결정'이 아니다. 리더의 결정이다. 그 진실을 피할 수 없다. 아무리 많은 자문위원이 투입되었다 해도, 팀 내 논쟁 때문에 리더가 많이 흔들렸다 해도, 궁극적인 결정은 오직 리더 한 명에게 달려 있다.

네이비씰 승리의 리더십

실제로 중요한 것에만 집중한다

주짓수에서 검은띠는 무엇이 중요하고 중요하지 않은가를 이해할 수 있는 단계이기에 흰띠와 구별된다. 검은띠는 상대의 의미 없는 움직임은 지나가게 두고, 사소한 움직임은 무시하며, 실제로 중요한 것에만 집중한다.

전장에서 좋은 지휘관 역시 같은 일을 한다. 좋은 지휘관은 적의 총격이 발생했을 때 그것이 단순한 정찰 목적임을 파악한다. 적의 동태가 단지 책략임을 알아차린다. 전쟁에 실제로 영향을 주지 않는 것들을 무시한다.

검은띠와 전장의 지휘관처럼 좋은 리더는 중요한 것과 중요하지 않은 것을 구분할 수 있어야 한다.

리더가 어떤 상황에 있든 내외적으로 어디에서나 변화가 생길 수 있다. 환경, 적의 행동, 시장, 날씨, 시나리오, 타이밍 등에서 외적 변화가 있을 수 있다. 개인의 감정, 역학 관계나 팀의 사기에서 변화가 있을 수 있다.

인생은 변화의 연속이다. 거의 모든 것이 유동적이다. 리더는 어떤 변화가 중요하고 어떤 것이 단순한 방해물인지를 판단하는 것이 중요하다. 리더도 중요하지 않은 일에 빠져들 때가 많다. 성취하고자 하는 전체 결과에 영향을 주지 않을 의미 없는 일이나 사소한 문제에 시간과 에너지를 낭비한다. 주짓수 검은띠는 에너지 관리의 달인이다. 중요하지 않은 공격을 방어하느라 소모되는 동작은 하나도 없다. 리더라면 이런 것을 배워야 한다.

중요한 것과 중요하지 않은 것을 구분하기 위해서 리더는 거리를 두고 한 걸음 뒤로 물러서서 지금 상황에서 어떤 세부적인 것이 중요한지 여부를 판단해야 한다. 리더가 어떤 문제에 직접 관여하고 자질구레한 상황에 몰입하면 모든 문제가 중요한 것처럼 보이고 커지게 된다.

따라서 좋은 리더는 거리를 두고 전술적 상황에서 바라볼 때 진짜 중요한 것이 무엇인지 볼 수 있다. 문제에 뛰어들기에 앞서 다음 질문을 스스로 던져봐야 한다.

'이 문제가 어떻게 팀의 전략적 목표에 영향을 줄 것인가?'

'임무 실패로 이어질까?'

'시간과 노력을 들일 가치가 있는가?'

'내버려두면 얼마나 나빠질까?'

이런 질문에 답을 하다 보면 개입이 필요한 문제인지 여부가 분명해진다. 지켜야 할 중요한 규칙은 리더가 지나칠 정도로 문제에 관여하지 않는 것이다. 목표는 가장 낮은 단계에서, 즉 최대한 낮은 직급에서 문제를 해결하도록 하는 것이다. 부하가 낮은 수준의 문제를 해결한다면 리더는 더 중요하고 전략적 문제에 집중할 수 있게 된다.

물론 여기에도 양면성이 존재한다. 리더가 자신을 너무 높이 평가한 나머지 문제의 심각성을 인식하지 못할 수 있다. 리더는 문제해결은 아랫사람이 하는 것으로 생각하거나 내버려두면 잘될 거라고 생각할 수 있다. 리더의 개입이 실제로 필요한 상황인데도 부하가 알아서 통제할 수 있으리라 생각할 수 있다. 이런 종류의 실수는 통제할 수 없는 문제

　　　　　　　　　　　　　　　네이비씰 승리의 리더십

를 야기하기 때문에 균형을 잡아야 한다.

　리더가 중요하지 않은 일에 정신을 빼앗겨서는 안 되지만 무엇이 중요하고, 갑자기 전술적 상황으로 바뀌어 사태가 심각해지기 전에 어느 시점에 문제를 해결해야 할지는 알아야 한다. 이는 실천하기 어려운 문제다. 리더가 적절히 거리를 두고 평가하며 무엇이 중요하고 중요하지 않은지 확실하고 좋은 결정을 내릴 때만 가능하다.

3장 반드시 이기는
   승리의 리더십 원칙

개개인은 모두 가장 중요한 사람이다

나는 선두 척후병에게 이렇게 말했다.

"너는 소대에서 가장 중요한 멤버다. 순찰할 때 네가 우리를 이끈다. 너는 우리가 어디에 있는지, 어디로 가는지 안다. 우리 모두를 위험에서 인도하고 매복이나 사제폭탄 같은 위험을 감지해야 할 때 소대의 눈과 귀가 되어준다."

이것은 사실이다. 우리 모두는 척후병에게 의지했다.

나는 같은 이야기를 통신병에게도 했다.

"너는 소대에서 가장 중요한 멤버다. 우리가 대규모 적군을 만나 감당하기 어려운 위협에 처했을 때 네가 등에 멘 무전기와 그것을 사용할 수 있는 너의 능력이 우리를 구해준다. 항공기나 탱크, 다른 우호병력에게 연락해 지원 사격 요청을 할 수 있는 너의 능력이 절망적인 상황에서 우리를 살아남게 해줄 것이다. 모든 것이 너에게 달려 있다."

이것 역시 진실이다.

의무병에게도 역시나 통하는 사실이기에 나는 그에게도 이렇게 말했다.

"너도 알다시피, 동료를 살려내는 것보다 더 중요한 일은 없다. 누군가 부상을 입었다면 우리가 수술실로 데려가기 전까지 그를 살려둘 사람은 너밖에 없다. 너는 소대에서 가장 중요한 사람이다."

나열하자면 끝이 없다. 총격전에서 기관총 사수들이 진압 사격을 하지 않는다면 우리 소대는 기동해 살아남을 수 없을 것이다. 후방 경계도 아주 중요하다. 척후병과 마찬가지로 총격전이 벌어지면 우리가 어디에 있고 어느 방향으로 가야 하는지 알고 있기 때문이다. 물론 부사관이나 장교들 역시 내게 똑같은 말을 들었다. 전장에서는 리더십이 가장 중요하기 때문에 그들이 팀에서 가장 중요한 개개인이었다.

결국 나는 내 분대, 소대나 기동대 모든 대원에게 그들이 가장 중요한 사람이라고 말한 셈이다. 그것은 절대로 거짓말이 아니었다. 정찰 중 어느 순간이라도 그들은 바로 가장 중요한 사람이 될 수 있기 때문이다. 소대원 중 한 명이라도 결정적인 순간에 제 역할을 못하면 재앙이 될 수 있다.

이런 태도로 팀을 이끌어야 한다. 모든 사람이 맡은 일은 절대적으로 중요하다. 그들이 자기 일을 제대로 하지 않았을 때 어떤 일이 벌어지는지 그들에게 설명하라. 가장 하찮은 일을 하는 사람일지라도 그들의 작은 일이 큰 그림을 그리고 전략적 임무를 수행하는 데 얼마나 필요한지 설명하라.

모두가 가장 중요한 일을 하고 있다. 사람들이 그 사실을 알게 하라.

통솔범위를 관리 가능한 숫자로 제한한다

몇 명까지 통솔할 수 있을까? 리더로서 통솔할 수 있는 범주가 몇 명쯤 되어야 하는지에 관한 대략적인 기준이 있긴 하지만, 실제로는 여러 가지 변수를 고려해야 한다.

가장 먼저 고려해야 할 변수는 어떤 상황이냐는 것이다. 당신이 전투 상황처럼 신체적·정신적 과업을 지시해야 하는 역동적인 환경에서 팀을 이끌고 있다면, 상당히 적은 수로 팀을 구성해야 한다. 이 때문에 군 분대는 4~6명의 화력지원팀을 기본으로 구성된다. 전투 상황에서 리더는 최대 4~6명만을 계속 파악하고 그들에게만 지시를 내릴 수 있다. 소음, 혼란, 전운, 거리 그리고 모든 제약 요인으로 인한 의사소통의 한계 때문에 최고의 리더조차도 4~6명 이상의 팀을 리드하기 힘들다.

나는 (특정 임무를 위해 우리에게 증원되어 배치된) 35~40명을 이끄는 네이비씰 기동대 지휘관이었지만, 역시나 한 번에 몇 명만 직접 이끌 수 있다. 기동대는 2개의 소대로 구성되고, 각 소대는 2개의 화력지원팀으로 구성된다. 분권화된 명령체계가 세워졌기 때문에 내가 40명 전원을 모두 챙길 필요가 없다. 사실 나는 일반적으로 2~3명의 하급 리더만 관리하면 되었다.

가장 극명한 예로 전쟁터에서 기동할 때 우리 팀 전원이 생존해 있는지 확인하는 방법인 인원 파악을 들 수 있다. 내가 모든 사람을 파악할 수 없다. 나는 인원수를 파악하라는 신호만 보내면 된다. 내 신호에 따라 각 화력지원팀 리더가 팀원 4명이 잘 있는지 재빨리 확인한다. 그들은 거의 항상 눈이나 귀로 서로 확인 가능한 거리에 있기 때문이다. 눈으로 쓱 훑어보거나 "인원 파악!"을 외치면 몇 초 만에 대답을 들을 수 있다. 그다음에 화력지원팀 리더는 그 정보를 분대장에게 보낸다.

소대마다 2명씩 있는 분대장은 각각 자기 소대장에게 분대 인원 파악이 완료되었음을 전한다. 내 명령이 떨어진 지 몇 초 만에 2명의 소대장은 전원 인원 파악 완료 신호를 보낸다. 그 말은 모두 무사했고 이동할 수 있다는 말이다. 만약 전원 인원 파악이 되지 않았다면 몇 초 만에 그 사실을 인지하고 손을 쓸 수 있다. 어느 쪽이든 기동대가 하급 리더와 분권화된 명령체계를 이용해 인원을 파악하는 것이, 각자 와서 알리는 방법이나 돌아다니며 한 사람씩 인원을 파악할 리더 1명을 배정하는 등 다른 방법을 사용하는 것보다 훨씬 낫다.

화력지원팀마다 승계 계획을 세우는 것 또한 중요하다. 리더가 부상을 입거나 사망할 경우, 아니면 다른 이유로 지휘를 할 수 없게 되면 화력지원팀에서 다음으로 높은 계급이 리더로 나서서 책임을 이어받아야 한다. 여기에는 인원 파악까지 포함된다. 따라서 분권형 지휘체계가 잘 작동하려면 단계마다 리더십이 잘 세워져야 한다.

만약 화력지원팀 리더 부재 시 분대장이 그의 역할까지 도맡아 분대 내 8~10명의 사람을 모두 챙기려고 한다면, 통솔하기에 인원이 너무 많아 그 일을 효과적으로 잘 해낼 수 없다. 따라서 화력지원팀의 다른 팀원이 나서는 것이 필요하다. 일단 그렇게 되면 문제가 해결된다.

좀 더 행정적인 환경에서는 리더십의 기본 기능 중 일부가 훨씬 쉽게 작동한다. 다시 말해 자기 사람을 찾고 소통하며 상호 작용하기가 더 쉬워진다. 따라서 리더는 더 많은 사람을 통솔할 수 있다. 그러나 여기에도 역시 한계는 있다.

기업의 리더 또한 도전에 직면한다. 그들의 하루는 회의와 통화로 꽉 차 있고, 다른 지역으로 출장을 가야 하고, 사업이 잘 굴러가기 위해 시간을 투자하고 집중해야 한다. 기업의 리더는 전쟁터의 리더보다 더 많은 사람을 이끌 수 있지만 역시 한계가 있다. 일반적으로 이 한계는 대략 8~10명까지다. 그 이상이 되면 리더는 시간이나 다른 여력이 없어 하급 리더들의 세계에서 일어나는 일을 모두 파악할 수 없다.

리더가 얼마나 많은 사람을 통솔할 수 있는지에 관한 마지막 변수는 하급 리더의 자질, 경험 그리고 그에 대한 신뢰 수준이다. 하급 리더가 뛰어날수록 상사가 개입하고 감독해야 할 부분이 줄어든다. 한동안 나와 같이 일해온 하급 리더가 임무를 잘 이해하고 내 의도를 잘 해석한다면 내가 지도나 감독을 많이 해줄 필요가 없다. 이처럼 자질이 뛰어난 리더들로 이루어진 팀이 있다면, 나는 더 많은 리더를 감독할 수 있다. 그들 한 명 한 명에게 많은 관심을 주지 않아도 되기 때문이다.

반대로 하급 리더가 경험이 없고 판단력이 떨어지며 임무와 전략적 목표를 잘 이해하지 못한다면 나는 그들에게 더 많이 신경 써야 한다. 그들의 행동을 더 면밀히 감시할 필요가 있고 더 많은 시간을 투자해야 한다. 이런 하급자로 구성된 팀을 이끈다면 그들이 내게 훨씬 더 많은 것을 요구할 것이기 때문에 나는 많은 사람을 감독하지 못하게 된다.

하급 리더의 자질이 중간 정도일 수도 있다. 경험이 많고 신뢰할 만하며 지도를 많이 해주지 않아도 일을 잘 해내는 리더도 있지만, 훈련되지 않았거나 능숙하지 않아 지속해서 관리·감독을 해주어야 하는 리더도 몇 명 있을 수 있다. 직위가 중간 수준으로 어느 정도 경험이나 기술은 있지만 혼자서 날아오를 준비는 아직 안 된 하급 리더도 있을 수 있다. 당연히 내 목표는 팀의 모든 리더가 지도해주지 않아도 될 정도로 성장해서 내가 더 많은 것을 볼 수 있게 되는 것이다. 하지만 이렇게 되기까지는 시간이 걸리며, 이 역시 시간과 노력을 투자할 하급 리더의 수가 제한되었을 때에만 가능하다.

내가 너무 많은 아랫사람을 통솔해야 한다면, 부대원 중 잠재력이 큰 몇 명을 내 아래에 규모가 더 작은 팀의 리더로 세우면 훨씬 효과적이다. 그렇게 한 뒤 그들의 통솔범위를 관리 가능한 숫자로 신속하게 조정해준다.

어떤 조직이든지 통솔범위를 어느 정도 제한해 실제로 통솔할 수 있어야 한다.

훈련은 자기 사람을 책임지는 최상의 방법이다

군대에서 리더가 된 첫날부터 반복해서 듣는 이야기는 '자기 사람을 책임져야 한다.'는 것이다. 하지만 어떤 리더는 그 말이 무슨 뜻인지 몰라 매우 혼란스러워한다. 그들은 '자기 사람을 책임져야 한다.'는 것이 사람들이 편안하고 행복한지 확인하고 그들을 소중히 여기며 그들에게 가능한 한 많은 시간을 주고 강하게 압박하지 않아야 한다고 생각한다.

그런데 사실은 그 반대다. 네이비씰 팀에서 당신이 정말로 자기 사

네이비씰 승리의 리더십

람을 위한다고 해서 그들을 애지중지할 필요는 없다. 그들을 강하게 압박해야 한다. 제대로 훈련시켜야 한다. 그들이 전술과 조작해야 하는 무기, 통신을 확실히 이해하도록 만들어야 한다. 최고의 신체 조건을 유지시키고 전투가 주는 정신적, 감정적 스트레스에 대비하도록 해야 한다. 그들과 다른 팀원이 전쟁터에서 돌아올 가능성을 최대한 높이기 위해 당신이 할 수 있는 모든 노력을 다해 철저히 전쟁에 대비시켜야 한다. 자기 사람을 정말로 책임지고 싶다면 그들을 집으로, 가족에게로 돌려보내고 싶을 것이다. 그렇게 하기 위한 가장 좋은 방법은 규율에 따라 고된 훈련을 시키는 것이다.

회사도 마찬가지다. 비록 절체절명의 순간은 아닐지라도 당신이 정말로 자기 사람을 책임지고 싶다면 그들을 압박할 필요가 있다. 자신이 하는 일이 무엇인지 사람들을 확실히 이해시켜라. 자신의 목표를 달성하도록 사람들을 끌고 가라. 사람들이 직업적으로 실패하면 재정목표를 달성하는 데 실패하고 가족을 돌보지 못하며 원하는 대로 해줄 수 없게 된다. 따라서 리더로서 할 수 있는 최선은 목표를 달성하도록 사람들을 압박하는 것이다.

물론 이렇게 끌고 갈 때도 균형을 잡아야 한다. 자기 사람들을 너무 힘들게 몰아세워 쓰러지게 해서는 안 된다. 전쟁터나 회사에서나 모든 에너지를 소진하는 일이 일어날 수 있다. 이런 상황이 되지 않도록 조심하라. 자기 사람을 책임진다는 것은 역시 언제 물러날지, 언제 쉬게 할지를 안다는 뜻도 된다(273쪽 '하급자의 스트레스를 줄여준다' 참조).

하지만 자기 사람을 쉬운 길로 가게 하는 것이 당신이 해야 할 일이라고 생각하지 마라. 쉬운 길은 불행으로 인도한다. 훈련의 길은 자유로 인도한다.

최고의 훈련은 자발적 훈련이다

팀에서 최고의 훈련은 리더가 시킨 것이 아니라 팀 스스로 선택하는 것이다. 최고의 훈련은 자발적 훈련이다. 하지만 팀이 언제나 자발적으로 훈련하지는 않는다. 훈련에 따른 보상을 이해하지 못할 수 있기 때문이다. 이럴 경우 적정 수준의 훈련을 신중하게 적용해 팀이 그에 따른 혜택을 이해하도록 해야 한다.

리더가 팀원에게 적용하고 싶은 새롭고 훨씬 더 엄격한 과정이 있을 수 있다. 그러나 변화 과정에서 늘 그렇듯 팀원은 반발할 것이다. 리더가 옳은 일을 하고 있고, 그 변화가 왜 필요한지 설명했으며, 그 일을 수행했을 때 얻어지는 혜택에 대해 명확히 진술했다고 가정해보자. 하지만 이런 정보가 주어졌음에도 팀원들의 태도는 달라지지 않고, 그들은 훈련받기를 거부한다.

이때 리더는 신중을 기해 압박해야 한다.

"이봐, 적어도 피드백을 받으려면 한번 시도는 해봐야지."

"회사가 돈을 더 낭비하기 전에 한번 시도해볼 필요가 있다."

"변화하지 않는다면 뒤처질 것이고 그 대가는 우리 모두에게 돌아올 것이다."

이런 말들은 새로운 과정을 시도해보기 위해 팀을 부드럽게 압박하는 방법이다.

왜 새로운 방법을 수행하라고 그냥 명령하지 않는 것일까? 왜 훈련하라고 그냥 강요하지 않는 것일까? 당신이 옳다는 것을 아는데 왜 그렇게 하지 않는 것일까? 안타깝게도 명령이나 강요는 변화를 이끌어내는 데 효과가 가장 떨어지는 방법이기 때문이다.

당신이 팀에 직접 명령하거나 당신의 뜻을 강요한다면 하급자의 자발성이 사라지게 된다. 그들은 당신이 말한 것을 그대로 할 뿐이며 어떤 의견이나 기여도 없다. 자발성이 사라지면 책임의식도 사라진다. 책임의식이 없으면 임무 성공을 위한 개인적 포부도 사라진다. 따라서 사람들은 반발에 부딪치면 전진해나가는 것을 중단할 것이다.

대신 사람들이 자발적으로 변화하고 변화를 받아들이며 주인의식을 갖고 성공을 향해 달려가도록 하는 것이 훨씬 낫다.

체력 단련이라는 간단한 예를 들어보자. 움직이는 것을 귀찮아하는 사람들을 억지로 운동하게 만들 수 있다. 하지만 그 경우 사람들은 할 수 있는 최선의 노력을 다해 운동하려고 하지 않을 것이다. 최선의 노력은 각 개인의 의지에서 나오는 것이다. 사람들은 스스로 원했을 때 최선의 노력을 기울인다. 그렇지 않으면 항상 뒤로 물러서서 안락한 곳에 머무르려고 한다. 그렇게 되면 진보는 제한된다.

그러나 운동을 하고 싶은 사람은 스스로 바라던 일이기 때문에 진짜로 노력한다. 세계에서 가장 성적이 좋은 운동선수가 위대한 경지에 다다른 것은 다른 사람이 강하게 압박을 가했기 때문이 아니라 스스로 혹독하게 밀어붙였기 때문이다. 그렇다고 운동선수에게 코치가 필요 없다는 말이 아니다. 선수가 성공하는 데 코치는 절대적으로 중요한 역할을 한다. 코치가 선수들에게 추가 운동을 하도록, 다른 시간에 연습을 하도록, 추가 훈련을 하도록 강요해야 할 때가 확실히 있다. 때때로 코치들은 이런 수동적 훈련으로 선수들을 훈련시켜야 한다.

그런데 선수에게 발언권이 없다면 의사표현을 제대로 하지 못한다. 그들은 자기 운명에 대한 통제권을 상실하고 사기가 떨어지기 시작한다. 따라서 때때로 선수가 잠시 휴식을 취하고 싶거나, 특정 훈련을 하거나, 하루 동안 완전한 휴식 시간을 갖고 싶어 한다면 코치는 이를 허락해야 한다.

리더 역시 마찬가지로 하급자에게 권한을 많이 줄수록 좋다.

물론 이게 항상 효과가 있는 것은 아니다. 팀원이 과업을 수행하거나 변화를 추구함으로써 얻게 되는 혜택을 아예 인지하지 못하는 경우도 있다. 그 상관관계를 이해하지 못한다면 리더가 부드럽게 권했는데도 자발적으로 수행하지 않을 것이다. 하지만 이런 경우는 드물다. 어쨌든 리더가 밀어붙이는 일이 이치에 맞는다면 그 민감한 결정을 왜 내리게 되었는지 팀원에게 설명하기가 크게 어렵지 않기 때문이다.

팀이 움직이지 않는다면 때때로 리더는 "우리가 이렇게 할 것이다."라고만 말하면 된다. 다시 말하지만, 이는 극히 드문 경우다. 내가 네이비씰 팀 리더로 있을 때 팀에게 내 계획을 강요한 것은 손에 꼽을 정도다. 생각해보자. 내가 하려는 일이 우리 임무를 완수하는 데, 팀에 이득이 되는데 왜 팀이 그 일을 하려고 하지 않겠는가? 그렇기 때문에 이런 상황이 연출되는 경우는 드물다. 어쨌든 팀원에게 리더나 임무와 맞지 않는 안건이 있을 수 있는데, 이 경우에는 직접 명령을 내려야 한다.

직접적인 명령을 내릴 때는 주의해야 한다. 팀원이 자신의 의지에 반하는 무언가를 해야 하는 지시를 받을 경우, 그 일이 성공하는 것을 바라지 않을 수 있다. 임무를 성공하기 위해 최선의 노력을 기울이지 않을 수 있고, 심지어 리더가 틀렸음을 증명하기 위해 임무를 방해할 수도 있다. 이는 최악의 시나리오로 팀에 수동적 훈련을 부여하는 것이 최선의 선택이 될 수 없는 이유다. 물론 때때로 그렇게 해야 할 때도 있지만, 리더는 팀이 훈련을 받아들이고 그에 따른 혜택을 이해하며 결국 자발적으로 해나가기를 바라는 것이 최상의 시나리오다.

수동적 훈련은 힘든 싸움이라는 사실을 항상 기억하라. 이는 사람들을 지도하는 최선의 방법이 아니다. 대신 가능하다면 왜 그래야 하는지 이유를 설명하고 그렇게 했을 때 임무 수행이나 팀원 자신에게 어떤 혜택이 있는지 이해시켜라. 마지막으로 가능한 한 많은 책임감을 심어주어라. 그렇게 되면 사람들은 수동적 훈련에 이끌려 일을 수행하지 않고 자기 자신의 의지와 자발적 훈련에 의해 일을 하게 된다.

힘든 일을 통해 프라이드를 느끼게 한다

프라이드(pride: 자신감, 자존심, 교만 등 다양한 뜻이 있는데, 여기서는 '교만'으로 해석할 수 있다.-옮긴이)는 7대 악 중 하나이지만, 한편으로 선을 위한 강력한 힘이 될 수 있다. 동전의 양면처럼 이러한 양면성을 제대로 이해하고 활용하기란 어려운 일이다. 때때로 프라이드 때문에 팀원과 팀이

해체될 수도 있지만, 성공을 향한 긍정적 행동을 이끌어내는 열망이 될 수도 있다.

프라이드라는 단어는 다양하게 해석될 수 있다. 심지어 프라이드에 대한 정확히 같은 표현도 어떻게 이해하느냐에 따라 의미가 달라질 수 있다. 예를 들어 어떤 사람이 외모에 프라이드를 느낀다는 말은 그가 자기 자신을 전문적이고 자신감 있어 보이게 꾸미며 건강과 체력 단련, 위생을 꾸준히 관리해왔다는 뜻이다. 한편으로 자신의 외모에 빠져 계속 거울 앞에 있었음을 암시하며 외적으로 어떻게 보이는지에 지나치게 많은 시간을 투자한다는 뜻도 된다.

팀에 대해서도 마찬가지다. 지나친 프라이드는 교만으로 이어질 수 있다. 팀원들이 자신이 대단하다고 확신한 나머지 더 이상 열심히 일하고 훈련하며 리허설을 해보고 개선할 필요가 없다고 느낄 수 있다. 그런 식의 프라이드는 경쟁 상대를 존중하지 않는다는 뜻이다. 프라이드가 교만이 되었을 때 우쭐해지고 정체기가 찾아와 하향곡선이 그려지기 시작한다.

하지만 프라이드는 팀이 가져야 할 엄청나게 긍정적인 자산이 될 수 있다. 프라이드는 팀원이 열심히 일하고 최선의 노력을 기울이며 자신과 다른 팀원이 절대적으로 높은 기준에 다다르도록 붙들어주는 가이드라인이자 보이지 않는 힘이 될 수 있다.

"자기 일에 프라이드를 가져라."

실적이 부진한 팀원이나 팀이 자주 듣는 책망이다. 이 말은 당신이 실제로 하는 일에 관심을 가지고 최선을 다해야 한다는 뜻이다.

프라이드가 있는 팀원은 알아서 추가 근무를 하고 세세한 부분까지 신경 쓴다. 결과적으로 프라이드가 없는 팀이나 조직보다 훨씬 높은 수준의 성과를 낼 때가 많다. 이는 프라이드가 강한 군 조직에서 명백히 드러난다. 군인들이 보는 방식에서 임무를 수행하는 방식, 심지어 행동하는 방식에 이르기까지 그들이 하는 모든 일에서 예외적 기준을 발견할 수 있다. 부대 프라이드(Unit Pride)는 군대에서 사용되는 용어로 완전히 수량화된 개념은 아니지만 군복을 입어본 사람이라면 다 안다. 부대 마크, 군가, 현수막은 부대원에게 소속감을 주고 그들만의 남다른 마음가짐으로 부대 프라이드를 고취시키도록 특별하게 고안되었다.

부대 프라이드는 역사에서 나온다. 이는 과거의 실적에서 나온 것이다. 팀원이 함께 어려움을 헤쳐나가는 일이 많을수록 그들 간의 유대감이 끈끈해지고 프라이드가 강해진다. 부대원이 직면한 문제가 어려울수록, 그 문제로 인해 무너지지 않는 한 부대원 간의 관계가 더욱 밀접해진다.

군부대의 프라이드는 상당 부분 그 부대가 겪은 일, 즉 경험했던 전쟁, 치렀던 역사적 전투, 그로 인해 주어진 훈장과 포상에서 비롯한다. 내가 이라크에 배치되었을 때 미 육군과 해군 부대는 전술작전센터, 식당이나 상황실 벽에 걸어놓을 역사적 문서를 가져오는 것이 일반적이었다. 격식상 병영이나 브리핑 룸에서 중요한 위치에 부대 깃발과 전투 리본(battle streamers)을 꽂았다.

스포츠팀이나 회사 역시 마찬가지다. 과거 승리의 현수막이 경기장에 걸려 있고 복도에 장식되어 있다. 트로피는 유리장에 진열되어 있다. 회사에는 회사에 대한 긍정적 기사가 액자에 넣어 걸려 있다. 상은 책장과 탁자 위에 전시되어 있고 좋은 평가는 벽에 게시된다.

명예롭게 전시된 과거의 영광은 이제 모두가 추구해야 할 표준이 되었다. 이상적인 목표는 팀원 각자가 높은 기준을 추구하면서 자기 자신과 서로가 그 탁월성을 본받아 유지하는 것이다. 리더는 팀원들이 규칙을 준수했는지 계속 감시할 필요가 없고, 그들이 최선을 다하도록 동기를 부여할 필요가 없으니 최적의 상황이다. 프라이드가 있다면 팀 스스로 자정 노력을 기울인다. 팀은 기준 이하의 성적을 용납하지 않는다. 태만한 사람이 있다면 리더가 아니라 팀 자체적으로 그의 행동을 교정한다. 이것이 바로 프라이드의 힘이다.

그렇다면 프라이드가 없는 팀은 어떤 모습일까? 아마 그 팀은 사람들 입에 회자될 만한 역사를 가지고 있지 않을 것이다. 아마 자랑할 만한 승리의 역사가 없을 것이다. 그렇다면 어떻게 해야 할까?

리더로서 가장 중요한 일은 팀에 프라이드를 심어주는 것이다. 어떻게 해야 할까? 어떻게 해야 부대의 사기를 높이고 프라이드로 똘똘 뭉친 강한 유대감을 형성해 결과적으로 팀원 모두가 요구받은 것보다 더 많은 것을 해내는 태도를 가지게 될까?

답은 간단하다. 팀에게 승리를 맛볼 기회를 주는 것이다. 단순하게 팀원에게 "너희는 위대하다."고 말해주거나 현수막을 거는 식으로 프라이드를 기를 수는 없다. 스스로 획득하지 않는 한 현수막이나 표지판 그리고 깃발은 아무 의미가 없다. 팀 내에 프라이드를 구축하려면 단결력, 강인함 그리고 끈기를 가지고 문제를 헤쳐나가야 하는 상황에 팀원

네이비씰 승리의 리더십

들을 투입해야 한다. 실제로 시험받을 수 있을 정도로, 그리고 일을 완수함으로써 프라이드를 키울 수 있을 정도로 강하게 훈련시켜야 한다.

군대에서는 여러 부대에서 프라이드를 심어주기 위해 고된 훈련을 시킨다. 기초 보병 훈련에서 공수훈련학교, 특수 작전 선발과정에 이르는 고된 훈련은 장병들을 전투에 대비시킬 뿐만 아니라 프라이드를 심어준다.

내가 기동대 지휘관이었을 때 우리는 다른 기동대보다 더 열심히 훈련했다. 더 일찍 나왔고 더 늦게 집에 갔다. 사격과 기동 훈련을 추가로 시행했다. 이른 새벽에 주짓수를 훈련한 다음 팀 체력 훈련을 강하게 밀어붙였다. 그렇게 훈련을 진행했다. 처음에는 훈련하라고 하니 불평을 하기도 했다.

"왜 추가 근무를 해야 합니까?"

"이렇게 힘들게 훈련하는 게 무슨 소용이 있습니까?"

"이렇게까지 할 필요는 없습니다." 등등.

그러나 시간이 흐르면서 불평은 사라졌고, 내가 시켜서 하던 훈련은 이제 팀의 자발적 훈련으로 바뀌었다. 자발적 훈련은 궁극적으로 프라이드로 바뀌었다.

"우리는 이 팀에서 그 누구보다 더 열심히 일한다."

"우리 기동대만큼 해내는 사람은 아무도 없다."

때로는 이렇게 말하는 사람도 있었다.

"브루저 기동대(Task Unit Bruiser)에 안 들어오는 게 좋다."

하지만 이는 진심이라기보다는 농담으로 하는 말이었다.

이것이 프라이드다. 물론 훈련이 고될수록 성적도 좋았다. 그것은 다른 기동대보다 재능이 뛰어난 팀원이 많았기 때문이 아니라, 우리가 더 많이 함께 일했고 더 많이 준비했고 더 높은 기준에 맞추어 서로를 끌어주었기 때문이다. 내가 팀원에게 시켰던 수동적 훈련이 내면화되자 이제 자발적 훈련으로 바뀌었다.

기동대 모든 대원이 자기 일을 했고 더 나아가 그 이상의 것을 했다. 대원들은 지각하지 않았다. 다들 장비를 잘 챙겨왔다. 브리핑을 집중해서 들었다. 해야 할 일이 생기면 누군가 그 일을 했다. 우리 대원들은 더 좋은 기동대를 만들기 위해 필요한 소소한 일들을 모두 해냈다. 브루저 기동대의 훈련과 프라이드 때문에 그 모든 것을 했다.

프라이드를 구축하는 과정에서는 고통이 수반된다. 프라이드는 고통을 나눌 때 생긴다. 물론 프라이드는 역사에서 나오고 승리에서 비롯하지만 그것에만 의지해서는 안 된다. 팀원에게 프라이드를 심어주고 싶다면 힘든 일을 통해 프라이드를 느끼도록 해야 한다.

물론 힘에 부칠 정도로 과하게 할 수도 있다. 하지만 너무 힘든 일을 시키면 지치게 된다. 훈련과 역경을 통해 팀을 단련시키려다가 너무 힘들게 몰아붙인 나머지 프라이드를 심어주기는커녕 팀원의 사기를 꺾을 수 있다.

프라이드가 너무 강해 교만해질 수도 있다. 물론 팀원들이 뭐든지 할 수 있다고 생각하게 만들고 싶을 것이다. 그러나 도가 지나치게 되면 그들은 자신들이 무적이라고 생각하게 된다. 힘든 일을 통해 그런 프라이드를 얻을 필요가 없다고 생각하게 되면 나태해진다.

네이비씰 승리의 리더십

이런 상황이 발생하지 않도록 주의하라. 팀원을 너무 힘들게 몰아붙이고 너무 혹독한 도전을 주어 나가떨어지게 해서는 안 된다. 그렇다고 더 이상 훈련을 받거나 준비할 필요가 없다고 생각할 정도로 너무 쉬운 과제를 주면 안 된다.

팀이 프라이드를 갖도록 강하게 압박할 때 주의해야 할 점이 있다. 팀의 사기가 떨어지거나 좌절감을 느끼기 시작하면 뒤로 물러설 필요가 있다. 팀이 승리를 경험하도록 이끌어야 한다. 반대로 팀원이 훈련을 받는 중에 지나치게 자주 승리해서 준비할 필요가 없다거나 아무도 자신을 이길 수 없다고 생각하기 시작하면 교정에 들어가야 한다. 좀 더 강하게 압박할 필요가 있다. 쉽게 얻은 승리에서는 프라이드가 생기지 않는다. 하지만 팀은 승리를 통해 프라이드를 구축해야 한다. 그 경계가 어디인지 알아내고 정도를 유지해가기 위해 힘써야 한다.

겸손과 자신감 사이에서 균형을 잘 잡는다면 프라이드는 굉장한 힘을 발휘한다. 어느 방향이든 너무 멀리 가게 되면 파괴적으로 된다. 프라이드라는 힘을 키우고 유지하며 활용할 수 있는지는 바로 당신에게 달려 있다.

하급자가 직접 계획을 세우게 한다

내가 소대장으로 근무했던 첫 파견지 이라크에서 돌아와 브루저 기동대 지휘관이 되었을 때, 나는 리더로서 훈련이나 전투 경험이 기동대의 다른 대원들보다 훨씬 많았다. 네이비씰이 책임지는 모든 종류의 다양한 임무에 따른 전술을 가르쳤던 선임 리더로서 어떻게 계획하고 작전을 수행할지 아주 잘 알고 있었다.

가장 먼저 이라크에 파병된 소대 중 하나를 이끌었던 나는 이라크 전역에 있는 타깃을 무너뜨리면서 전투 작전 중에, 그리고 후에 내가 배운 지식을 시험하고 확인했다. 따라서 임무 수행을 위한 계획을 세우게 되면 그 일에 전념했다. 부대를 어떻게, 어디에 배치할지, 최상의 타임라인은 무엇인지, 목표에 따라 어떻게 행동해야 가장 효율적인지 알고 있었다.

그러나 기동대 지휘관으로 임무 명령을 내려야 할 때 나는 하급 리더에게 어떤 부대를 데려올지, 어디에 배치할지를 지시하지 않았다. 몇 대의 차량을 이용하고 어떤 무기를 가져갈지 말하지 않았다. 타임라인이나 타깃을 오가는 경로, 혹은 어떤 돌발 상황에 대처해야 하는지 등에 대한 지시를 내리지 않았다.

나는 소대에게 그런 세부적인 사항을 이야기하지 않았다. 내가 그런 이야기를 했다면 임무 수행을 위한 계획은 그들이 세운 것이 아니라 내가 세운 것이 된다. 대신 나는 명령을 내릴 때 소대가 수행하기를 바라는 목표가 무엇인지 간단하게 말해주곤 했다. 이것이 바로 군대에서 말하는 '지휘관의 의도(Commander's Intent)'다.

내가 이렇게 하면 소대장과 다른 대원들은 직접 계획을 세울 수 있게 된다. 그들이 어떤 부대를 데리고 올지, 그리고 어디에 배치할지 선택했다. 몇 대의 차량을 쓸지, 어떤 무기를 가져갈지 선택했다. 타임라인과 경로를 정하고 돌발 상황에 어떻게 대비해야 할지 파악했다. 이런

네이비씰 승리의 리더십

모든 일을 하게 되면 이 계획은 내가 아니라 그들이 세운 계획이 된다. 다시 말해 그들이 책임의식을 갖게 된다.

그렇다고 하급자의 계획에 항상 동의하는 것은 아니다. 하급자가 세운 계획을 보면 내 계획이 더 낫다는 생각이 들 때가 종종 있다. 물론 나의 자만일 수 있다. 하지만 내가 우리 기동대에 있는 누구보다 경험이 훨씬 많다는 사실에 근거한 생각이기도 하다. 나는 네이비씰 팀에 더 오래 있었기에 계획을 짜고 작전을 수행할 기회와 경험이 더 많았다. 하지만 내 계획이 하급자의 것보다 다소 낫다는 생각이 들지라도 그들의 계획을 기각하지 않았다. 그 계획대로 따랐다. 그들이 그 계획을 수행하도록 허락했다. 만약 내 계획이 문제를 90퍼센트 해결할 수 있을 것으로 보이는데 그들의 계획이 80퍼센트라면, 나는 그래도 내 계획 대신 그들의 계획을 실행하도록 했다. 그들이 직접 세운 계획을 수행할 수 있게 되면 10퍼센트의 효율성 손실은 쉽게 메울 수 있기 때문이다.

내 계획은 90퍼센트인데 반해 하급자의 계획이 70퍼센트 정도일 때도 그 계획을 실행하도록 했다. 하지만 계획의 효율성을 높이기 위해 그전에 살짝 수정을 가한 후 진행했다. 그들의 계획이 더 안 좋다면, 즉 50~60퍼센트 수준이라면 계획을 많이 수정해서 방향을 바로잡아 70~80퍼센트까지 끌어올린 뒤 진행했다. 그렇다 하더라도 이는 여전히 그들의 계획이었기에 그들은 확신을 가지고 수행했다.

그들의 계획이 보완할 여지도 없을 정도로 너무 형편없다면, 나는 얼마나 문제가 심각한지 깨달을 때까지 그들에게 질문을 던졌다. 그들이 세운 계획이 문제해결에 좋은 방법이 아니라면, 그들은 뭐가 부족한

지 쉽게 깨달을 수 있었다. 그때도 나는 내 계획을 밀어붙이는 대신 그들이 처음으로 다시 돌아가 형편없었던 이전의 계획으로부터 배운 교훈을 바탕으로 새로운 계획을 직접 세워보도록 했다. 다시 말하지만, 이렇게 함으로써 대원들은 그 계획을 진심으로 받아들이고 책임의식을 갖게 된다.

따라서 가능하다면 하급자에게 계획을 세우도록 하라. 그러면 그들이 세운 계획에 대해 책임의식을 갖게 될 뿐만 아니라, 당신 역시 문제점을 보기 위해 일정 거리를 둘 수 있게 된다. 현장으로 들어가지 않았기에 당신은 뒤로 물러설 수 있고 전술 천재가 될 수 있다.

그런데 이는 말하기는 쉽지만 실제로 행하기란 어렵다. 하급자가 계획을 세우도록 할 때 가장 큰 장애물은 바로 당신의 자존심이다. 리더는 통제력을 갖기 원한다. 부대가 자기 말을 듣기 원한다. 리더는 실제로 올바른 계획을 세울 수 있는 능력을 갖춘 사람은 자신밖에 없다고 생각할 때가 종종 있다. 이런 생각이나 감정의 저변에는 언제나 자존심이 있다. 하지만 하급자에게 계획을 세우게 했다면 그냥 내버려두어라. 하급자의 계획이 당신 머릿속의 계획보다 좋지 않다고 하더라도 그냥 내버려두어라. 하급자가 적어도 어느 정도는 실행 가능한 계획을 세웠다는 점에 기뻐하라. 사소한 수정이 필요한 경우에는 수정하고, 그런 다음에 그대로 실행하도록 하라. 그들은 계획을 성공시키기 위해 열심히 노력할 것이다.

그들이 계획을 수립하고 당신이 수정해주는 단계를 몇 번 거치다 보면 점차 나아질 것이다. 조만간 당신보다 더 좋아지긴 힘들어도 당신만

네이비씰 승리의 리더십

큼은 해낼 것이다. 그런 시기가 오면 당신은 아래나 안을 보는 대신 리더가 마땅히 해야 할 위나 밖을 볼 수 있게 된다.

주변에 예스맨을 두지 않는다

리더는 자기가 하는 말은 뭐든지 동의하는 사람들에게 둘러싸여서는 안 된다. 하급자여도 예스맨이 되어서는 안 된다. 뭔가 잘못되었을 때에는 자신의 의견을 밝힐 수 있어야 한다.

이는 때때로 리더에게 부담을 준다. 그 이유는 본래 하급자가 자기 리더에게 반박하고 왜 그런 식으로 해야 하는지 리더에게 물으며 최전방에 있는 그들의 관점에서 정보를 제공하고 제안을 해야 하기 때문이다. 그런데 부하가 자신이 시키는 대로만 하는 것을 더 좋아하는 리더는 이런 점을 두려워한다.

이는 잘못된 생각이다. 예를 들어 내가 전장에서 3개 소대를 지휘하는데 대열 후방 쪽에 있다고 가정해보자. 높은 곳에 있는 적군이 견고한 벙커 몇 개와 기관총 몇 대를 가지고 선두 그룹인 1소대를 갑자기 교차 사격하며 집중적으로 공격한다. 1소대는 기관총으로부터 안전을 확보하기 위해 후퇴한다. 그들은 적군의 총격을 받았다고 내게 보고한다. 하지만 나는 전진하고 싶어서 1소대장에게 다음과 같은 명령을 내린다.

"소대를 이끌고 적군의 벙커를 공격해 파괴하라."

이런 내용의 명령은 "공격!"이라고 말하면 충분하다.

하지만 중요한 문제가 있다. 적군이 기관총 여러 대로 교차 사격을 하는데 탁 트인 공간에서 언덕 위에 있는 적군의 벙커 여러 개를 공격하는 것은 단순히 나쁜 계획이 아니라 끔찍한 계획이다. 벙커를 공격하는 사람 모두 전멸하게 되기 때문이다. 단순히 "알았다. 오버!"라고 응답하고 전 소대원을 죽음으로 인도하는 하급자가 되면 안 된다.

명령이라고 해서 무조건 접수해서는 안 된다. 나는 하급자가 자신감이 있고, 나에 대한 신뢰도 있어서 이렇게 말하면 좋겠다.

"지휘관님, 이건 좋은 생각이 아닙니다. 벙커 쪽에 중포를 설치하면 좋겠습니다. 그다음에 우리가 측면으로 이동해 없애겠습니다."

내가 좋은 지휘관이라면 나는 현장에서 직접 경험했기에 문제를 더 잘 파악한 부하의 말을 듣고 그의 제안에 내가 할 수 있는 지원을 해줄 것이다.

이 전술적 예를 통해 계획, 대비 그리고 수행에 이르는 각기 다른 모든 상황을 살펴볼 수 있다. 작전을 잘 수행해내길 원한다면 자신의 지적 능력만을 믿어서는 안 된다. 대신 다른 팀원들이 생각하고 질문하도록 격려하라. 당신 주변에 예스맨만을 두지 마라. 그들은 당신이나 팀에 전혀 도움이 되지 않는다. 팀원이 반발하거나 이의를 제기하는 것이 언짢다면 당신의 자존심 문제인지 고려해보라.

좋은 팀은 반드시 좋은 리더 때문만은 아니다

『네이비씰 승리의 기술』에는 이런 구절이 있다.

"나쁜 팀은 없고 나쁜 리더만 있다."

우리가 가장 먼저 이런 말을 한 것은 아니다. 나폴레옹은 이렇게 말했다.

"나쁜 연대는 없고 나쁜 대령만 있다."

데이비드 핵워스(David Hackworth) 미 육군 대령은 그의 책 『어바웃 페이스(About Face)』에서 이렇게 말했다.

"나쁜 부대는 없고 나쁜 장교만 있다."

그런데 '나쁜 팀' 때문에 결과가 좋지 않았다고 핑계를 대는 사람이 여전히 있다. 절대로 그렇지 않다. 하급자가 결과적으로 팀의 실적에 책임을 지는 상황이나 예외는 있을 수 없다. 모든 것은 언제나 리더의 잘못이다.

물론 나쁜 팀은 없고 나쁜 리더만 있다는 법칙에 예외가 있을 수 있다. 그 예외는 바로 나쁜 리더가 있음에도 뛰어난 성과를 내는 좋은 팀이 있을 수 있다는 가정이다.

팀의 성패를 결정짓는 가장 중요한 요인이 리더십인데 어떻게 이런 일이 있을 수 있을까? 이는 직급에 상관없이 팀에 리더십을 발휘하는 부하가 있을 때 가능하다. 이런 사람은 공식적으로 권한을 부여받지 않아도 어떻게 지휘해야 할지 아는 재능을 지니고 있다. 이런 하급 리더는 명목상 리더 역할을 맡은 사람이 불쾌하지 않게 아랫사람을 이끄는 법을 안다. 왜냐하면 명목상의 리더는 명령체계에서 아랫사람을 어떻게 다루어야 할지 모를 수 있기 때문이다.

명목상의 리더가 자존심이 세면 부하의 말을 듣지 않을 수 있다. 이 때문에 하급자가 지휘해 성공한 팀이라면, 그 팀의 명목상 리더는 부하에게 일을 맡기는 겸손함을 지녔다는 점에서 좋은 평가를 받을 만하다. 겸손하지 않다면 명목상의 리더는 부하가 지휘하는 것을 반대했을 것이다. 이렇게 되면 부하들의 노력에 역행하게 되어 팀은 실패한다.

이런 예외가 있기 때문에 팀의 성적이 좋다고 해서 반드시 리더가 그 성공의 주역이 되는 것은 아니다. 물론 리더에게 뒤로 물러나 다른 팀원이 주도하도록 해주는 센스가 있을 수 있다. 이는 긍정적 자질이다. 하지만 리더가 실제로 그 성공을 주도한 것은 아니다. 그의 몫이 아니다.

이것은 중요한 이야기다. 다음에 리더가 된 사람은 성공한 팀에서 더 잘하기 위해서 무엇 때문에 그 팀이 성공할 수 있었는지 잘 파악해야 하기 때문이다. 리더는 팀의 진정한 저력이 무엇인지 알아야 한다. 왜 그럴까? 팀이나 조직은 늘 그 자리에 있는 것이 아니기 때문이다. 상황이 바뀌고, 업무가 바뀌고, 임무가 바뀐다. 모든 경우에 인원 배치를 바꾸고 팀을 해체해야 하며 다른 사람들로 재구성하거나 승진시켜야 할 때가 있기 때문이다.

리더가 부하팀의 성공 요인을 파악하지 못한다면 이런 변화를 관리할 때 문제가 생길 수 있다. 어떤 리더는 약한 팀을 강화하려고 강한 팀의 리더를 약한 팀으로 이동시키고 싶을 수 있다. 하지만 강한 팀의 리더가 팀 성공의 주역이 아니라면 이렇게 인사이동을 한다고 해서 약한 팀이 달라지지 않는다.

그런데 리더가 강한 팀의 하급자가 실제로 그 성공을 이끌었음을 인식하고 그 하급자를 약한 팀의 리더 자리로 승진시킨다면 상황을 반전시킬 수 있다. 강한 팀은 좋은 성과를 계속 내왔고, 어떻게 해야 성공할 수 있는지에 대해 상세히 잘 알고 있어서 스타플레이어를 잃는다고 해도 계속 좋은 성과를 낼 수 있다.

팀이나 조직의 성공에 리더십이 가장 중요한 요소라는 점을 인식하는 것도 중요하지만, 리더십이 항상 조직도 맨 꼭대기에 있는 리더에게서 나오는 것이 아님을 아는 것은 중요하다. 나쁜 팀이 나쁜 리더 때문이라는 것은 의심할 여지가 없지만, 좋은 팀은 반드시 좋은 리더 때문만은 아니다. 그 사실을 인정하고 잘 활용할 수 있으려면 자기 사람들을 잘 이해해야 한다.

2부

네이비씰 승리의 리더십 전술

1장 능력 있는 리더 되기

리더가 명심해야 할 기본 규칙

일단 리더로 발탁이 되면 사람들을 이끌어야 한다. 가장 좋은 방법은 무엇일까? 다른 많은 것과 마찬가지로 첫걸음을 잘 내딛는 것이 중요하다. 하지만 쉬운 일은 아니다. 지휘할 때 명심해야 할 몇 가지 기본 규칙이 있는데 다음과 같다.

1. 겸손하라. 리더의 자리에 서게 된 것은 영광스러운 일이다. 팀은 당신이 바른 결정을 내릴 것을 기대하고 있다.
2. 모든 것을 다 아는 것처럼 행동하지 마라. 당신이 다 아는 것은 아니다. 팀원들도 그 사실을 안다. 현명한 질문을 던져라.
3. 경청하라. 조언을 구하고 그것에 주의를 기울여라.
4. 사람들을 존중하라. 직위에 상관없이 모두가 동일한 인간이고 팀에서 중요한 역할을 담당하고 있다. 그 마음으로 팀원을 대하라. 팀원을 챙기면 그들도 당신을 챙길 것이다.
5. 실패와 실수에 책임져라.

6. 성공에 대한 공로를 아랫사람에게 돌려라.

7. 열심히 일하라. 리더로서 당신은 팀 내 그 누구보다 더 열심히 일해야 한다. 당신의 격에 맞지 않는 일은 없다.

8. 정직하라. 말한 대로 행동하고 행동한 대로 말하라. 윗사람이나 아랫사람에게 거짓말하지 마라.

9. 균형을 잡아라. 극단적인 행동이나 견해를 보이는 것은 보통 좋지 않다.

10. 결단력을 가져라. 결정을 내려야 할 때 결정을 내려라.

11. 관계를 맺어라. 리더로서 주된 목표다. 팀은 서로 관계를 맺고 신뢰를 쌓은 사람들의 집단이 되어야 한다. 그렇지 않다면 서로 단절되고 융합되지 못한 한 무리가 될 뿐이다.

12. 일을 성취하라. 팀을 이끌어 임무를 완수하는 것이 리더가 존재하는 목적이다. 임무를 완수하지 못한다면 리더로서 실격이다. 결과가 중요하다.

이것은 간단한 규칙이다. 하지만 실제로 리더가 되었을 때 기억하고 실천하기는 어려울 수 있다. 이 규칙들을 자주 떠올려보라. 아침에, 회의 전에, 그리고 어떤 일을 성사시키려고 할 때 이 규칙을 살펴보라. 밤에 잠들기 전에 다시 떠올려보라. 조만간 삶에 자연스럽게 뿌리를 내릴 것이다. 하지만 발버둥치고 어려워하는 자신을 발견하게 된다면 잠시 멈추고 이 규칙들을 다시 읽고 규칙대로 살고 있는지 점검하라.

때때로 잘 모르거나 경험이 없는 자리를 맡아야 할 경우도 있다. 괜찮다. 당신이 모든 것을 다 알 거라고 기대하는 사람은 없다. 처음 해보는 일이다. 배울 시간이 필요하다.

당신이 모든 것을 알 수는 없지만 할 수 있는 준비는 미리 해두어야 한다. 용어를 알고 있어야 하며, 팀이 책임져야 할 기본 원칙을 이해해야 한다. 팀원의 이름과 얼굴도 알아야 한다. 임무를 숙지할 수 있도록 가능한 한 모든 문서를 검토하라. 무지와 준비 부족을 처음이어서 그렇다고 핑계 댈 수는 없다.

공부하고 준비했다면 의미 있는 질문을 던질 수 있고 좋은 반응을 얻을 것이다. 일이 어떻게 진행되는지 보여달라고 요청하라. 장비 작동법을 배워라. 현장 근무자처럼 능숙하지는 못할 것이다. 하지만 더 깊은 차원에서 이해할 수 있도록 직접 작동해보라. 최전방에 있는 부대원과 소통하라. 그들의 어려움을 찾아내라. 그들이 하는 일과 어떻게 하는지를 구체적으로 질문하라. 그들이 하는 일에 관심을 가지면 그들은 당신을 더 존경하게 되고 리더의 목표인 부대원과 관계를 맺는 데 도움이 될 것이다.

리더로 발탁되는 방법

승진하고 리더가 되는 가장 좋은 방법은 간단하다. 바로 성과다. 일을 잘 해내라. 열심히 일하라. 가장 먼저 나와 일하고 가장 마지막까지 남아 있는 사람이 되어라. 재미없고 보상도 없는 일을 비롯해 아무도 하고 싶어 하지 않는 가장 어려운 일, 프로젝트, 임무에 자원하라.

리더로 발탁되기 위해 해야 할 다음 일은 자기 자신에게 초점을 맞추지 않는 것이다.

리더로 뽑히는 것을 목표로 삼지 마라. 대신 팀이 승리하도록 돕는 것을 목표로 삼아라. 모든 것을 책임지려고 할 필요가 없다. 다른 사람이 앞장서서 이끌고 나가면 잘 따라가면 된다. 팀이 잘되도록 도울수록 팀에서 당신을 원하는 팀원이 많아진다. 당신이 겸손하고 스포트라이트를 바라지 않는다는 사실을 아는 사람이 많을수록 당신에 대한 신뢰와 당신의 영향력이 커진다.

물론 당신이 지나치게 겸손한 사람이어서 계속 리더 자리를 고사하고 항상 다른 사람이 앞장서도록 내버려둔다면, 당신이 리더가 되기를 원치 않는다는 인상을 남길 수 있다. 그러면 당신은 리더 자리에 오르지 못하게 된다.

가능하면 언제든지 자진해서 진두지휘하려고 해야 하지만 이것에 우선순위를 두어서는 안 된다. 팀의 목표 달성을 돕는 것이 먼저다. 이런 태도는 결국 주목받게 되고 기회를 얻게 될 것이다.

리더로 발탁되지 않았을 때 대처법

리더로 뽑히지 못할 수 있다. 팀에서 다른 사람이 승진할 수 있다. 다른 팀에서 혹은 다른 조직에서 누구를 리더로 데려올 수 있다. 이런 일이 생기면 발탁되지 못해 좌절감을 느끼거나 화가 날 수 있다. 하지만 이런 감정을 밖으로 표출하지 마라.

네이비씰 승리의 리더십

스스로 화를 내거나 좌절하는 대신 왜 뽑히지 못했는지 스스로 솔직하게 평가해보는 기회로 삼아라. 이렇게 하고 나서(그리고 스스로 진정할 시간을 준 다음), 왜 승진 대상자가 되지 못했는지 상사에게 물어보라. 물론 이때 요령이 필요하다.

- 이렇게 말하지 마라.
  "왜 제가 승진하지 못했습니까? 이번에 승진한 사람보다 더 나은 것은 아니지만 그래도 그 정도는 저도 할 수 있습니다."
- 대신 이렇게 말하라.
  "피드백을 좀 받고 싶습니다. 아시다시피 최근에 승진 발표가 있었는데 저는 되지 못했습니다. 저도 나중에 더 높은 리더 자리로 올라가고 싶습니다. 다음번 기회가 왔을 때 자격을 더 갖추고 잘 준비할 수 있도록 지금 집중해야 할 것이나 더 노력해야 할 것이 무엇인지 알고 싶습니다."

피드백을 받게 되면 제대로 경청하라. 불편한 말을 듣게 되더라도 당신이 요청한 것이다. 사람은 모두 방어적 기제가 강하다. 하지만 그래서는 안 된다. 방어적으로 반응하지 말고 진심을 담아 경청하라. 상사의 관점을 이해하려고 노력하라. 그러한 단점을 받아들이고 지적받은 부분을 책임지고 개선하려고 노력하라.

하지만 모든 리더가 피드백을 잘해줄 것으로 기대해서는 안 된다. 직접적으로 피드백을 주기 어려워하는 사람도 있다. 솔직한 피드백을 요청했지만 받지 못할 수도 있다.

이렇게 말하는 사람도 있다.

"오, 잘하고 있습니다. 아직 때가 안 된 것뿐입니다."

이건 절대로 사실이 아니다. 승진하지 못한 까닭이 분명 있다는 사실을 기억하고 더 엄격하게 자기 평가를 하고 어떤 부분을 향상시켜야 할지 파고들어서 분석해야 한다.

마지막으로, 승진한 사람에게 앙심을 품어서는 안 된다. 자존심이 상한 만큼 그를 지원해주어라. 그들을 돋보이게 하라. 그들이 잘되도록 도와주어라. 그들을 깎아내리면 팀에 해가 되고 당신의 인상이 나빠지고 그 사람과 적대적 관계가 형성된다. 리더 위치에 더 가까이 가기는커녕 오히려 더 멀어진다. 팀플레이를 잘해서 팀과 새 리더가 승리하도록 도와주어라.

가면 증후군을 극복하라

어떤 사람은 자신이 리더가 될 준비가 아직 안 되었다고 걱정한다. 심지어 어떤 사람은 자신이 그 자리에 앉을 자격이 없다고 느끼기도 한다. 이러한 불안은 종종 가면 증후군으로 묘사된다. 이런 감정 때문에 걱정하는 사람이 있긴 하지만 나는 실제로 이것이 좋은 일이 될 수 있다고 믿는다.

리더 자리에 오를 준비가 되지 않았다는 걱정이 들면 이는 당신이 겸손하다는 뜻이다. 긴장했다는 것은 리더 역할을 잘 준비하기 위해 최

네이비씰 승리의 리더십

선을 다했다는 뜻이다. 일단 그 자리에 오르면 말이나 행동도 염려되고, 결정할 때 고민도 많이 될 것이다. 이 모든 것은 긍정적이다.

네이비씰에서 부소대장, 소대장, 기동대장을 맡았을 때 나 역시 같은 심정이었다. 내가 아직 준비가 안 되었거나 내게 요구된 그 일을 감당할 능력이 없는 것처럼 느껴졌다. 지휘에 대한 부담과 내 사람에 대한 책임감, 그리고 임무가 버겁다는 생각이 들었고 내 결정이나 행동에 신경이 쓰였다. 이런 감정을 느꼈기 때문에 준비하는 데 노력을 배로 들였다. 전략, 전술 그리고 리더십을 최대한 많이 배우는 데 집중했다. 일을 잘 해내고 싶었다.

내가 함께 일했거나 훈련을 같이 받은 몇몇 리더는 나와 정반대였다. 그들은 자신이 준비되었을 뿐만 아니라 그 일을 할 자격이 충분하다고 생각했다. 그들 생각에 자신들은 준비할 필요가 없었다. 공부할 필요가 없었다. 말과 행동에 신중할 필요가 없었다. 지휘계통에서 윗사람이나 아랫사람의 말을 들을 필요가 없다고 생각했다. 이런 태도는 가면 증후군과 정반대다. 명백히 오만한 태도로 리더 자신과 팀을 망친다. 극단적으로 너무 자신만만해지면 재앙이 된다.

물론 도를 지나쳐 다른 방향으로 너무 멀리 가버려도 역시 문제가 된다. 리더가 자신이 리더 자리에 있어도 되는지 의문을 품으며 자신감 없는 모습을 보이면 팀원 역시 그렇게 생각하게 된다. 따라서 리더는 자신감 과잉과 자신감 부족 사이에서 균형을 잡아야 한다.

스스로 너무 자신만만해지고 있다는 생각이 들면 뒤로 한 발 물러나라. 다른 사람의 말을 들어라. 판단하지 마라. 부하들이 나서서 이끌도

록 하라. 스스로 너무 건방지고 오만해지고 있다고 인식한다면 이 문제
는 상대적으로 간단히 해결될 수 있다.

이 점을 감지하기 위해서 다음 지표들을 알아차려야 한다.

첫 번째 경고 신호는 팀원들의 태도다. 당신이 자존심이 너무 세서
그들의 자존심에 상처를 입힌다면 마찰이 일어날 수 있다. 이것은 좋지
않다. 부대와 마찰을 일으켜서는 안 된다. 반대나 제안, 더 나아가 의견
충돌이 있으면 안 된다는 말이 아니다. 이 모든 것은 양측 모두 배우고
결과적으로 서로 동의하는 생산적인 대화로 이어져야 한다. 하지만 팀
원들이 당신의 생각에 동의하지 않을 수 있다. 이렇게 되면 당신은 문
제가 생겼다고 생각하게 된다.

팀원들이 특정 방식으로 어떤 일을 하고 싶어 한다면 당신의 목표
는 그들이 그렇게 하도록 도와주는 것이 되어야 한다. 그들의 계획이나
생각이 성공할 가능성이 충분하다면 그대로 실행하게 하라. 물론 성공
가능성을 높이도록 지침을 마련해줄 수 있다. 하지만 원래 그들이 세운
계획의 기조를 지켜나간다면 그들은 책임의식을 갖게 되고 스스로 자
존심을 세울 기회가 된다. 이런 일은 당신이 자존심을 내려놓을 때만
가능하다. 당신이 그렇게 하지 않고 당신 계획을 억지로 밀어붙인다면
팀원들은 수행하긴 하지만 스스로 세운 계획을 수행할 때와 달리 마지
못해 움직일 것이다.

또 다른 경고 신호는 팀원이 전혀 반대하지 않는 것이다. 당신이 지
나치게 자신감이 넘치고 다른 사람을 깔볼 경우 이런 상황이 벌어질 수
있다. 팀원들은 어차피 무시될 것을 알기 때문에 새로운 아이디어를 내

놓거나 제안을 하려고 하지 않는다. 당신이 팀원의 계획이나 아이디어를 아무런 근거 없이 몇 번 부정하게 되면 이런 상태가 된다. 그들은 당신의 자존심이 너무 세서 싸워봤자 이길 수 없다는 사실을 깨닫고 아예 포기한다. 리더 스스로 도를 지나쳐 너무 자신만만해졌고 너무 자존심을 내세웠음을 깨달아야 할 시점이다.

그 반대의 상황은 가면 증후군으로 리더가 자존감이 낮고 자신감이 없는 경우다. 팀은 리더의 아이디어를 존중하지 않고 그를 매번 무시한다. 이때 해결책은 자신의 성격과 반대되는 방법을 사용하는 것이다. 가면 증후군을 가진 사람은 말이 없고 존재감이 약한 경향이 있다. 그러면 팀원이 리더를 무시하게 된다. 가면 증후군을 가진 리더는 마음을 열어야 한다. 질문을 던져라. 어떤 팀원이 언제 어떤 일을 왜 하는지 알아보라. 계획에 대해 의견을 요청하라. 앞으로 나아가는 가장 좋은 방법에 대해 조언을 구하라.

이는 리더에게, 특히 새로운 역할에 첫발을 내디딘 신규 리더에게 중요한 교훈이다. 당신이 모든 것을 다 아는 건 아니다. 아무도 당신이 다 알 거라고 기대하지 않는다. 하지만 다 아는 것처럼 행동한다면 부대원들은 당신이 가면을 썼다는 것을 알게 될 것이다.

겸손하게 행동하고 자신을 드러내며 질문을 던지고 다 아는 것이 아님을 인정한다면 팀으로부터 신뢰를 받고 자신감이 생기기 시작할 것이다.

멍청하게 굴면서 바보 같은 질문을 던지는 것에 면죄부를 주기 위해 하는 말이 아니다. 리더가 많은 시간을 들여 조사하지 않았다면, 매뉴

얼을 검토하고 운영지침서를 읽어보거나 팀의 이름과 기본 이력을 알아보지 않았다면, 다시 말해 기초적인 노력을 기울이지 않았다면 바보 같은 질문을 던지게 되고, 팀은 바로 알아차린다. 임무, 장비와 설비 그리고 가장 중요한 팀원을 알기 위해 충분한 투자를 하지 않았다는 사실을 말이다. 준비 부족은 당신이 팀에 정말로 신경 쓰지 않는다는 사실을 말해준다.

따라서 겸손함을 유지하면서 공부하고 질문하며 배우고 지나친 겸손과 지나친 자신감 사이에서 균형을 잡아라.

비슷한 맥락에서 새로운 리더 자리에 지원하거나 리더 제안을 수락하기 망설이는 사람도 있다. 리더가 될 준비가 아직 안 되었다고 느끼는 것이 비정상은 아니다. 앞서 말했듯이 지극히 정상적인 반응이다. 겸손한 사람이라면 리더 자리에 앉을 준비가 되었다는 확신을 갖기 어렵다. 이때는 자기 자신과 당신에게 리더 제안을 한 상급 리더들을 신뢰해야 한다. 그들은 당신이 준비된 사람이라 생각했고 그 때문에 당신에게 나설 것을 요구했음을 믿어야 한다.

약점을 숨기지 말고 드러내라

가면 증후군에 빠지게 되면 진짜 불안감이 걷잡을 수 없이 빠르게 커지는데, 이는 문제가 된다. 이를 제대로 컨트롤하지 않는다면 리더, 더 나아가 팀 전체가 나락에 빠질 수 있다.

리더십 능력, 경험, 지식에 불안을 느끼기 때문에 문제가 되는 것이 아니다. 바로 겸손함 때문이다. 문제는 부족한 점을 감추려고 할 때 생긴다. 약점을 감추려고 화제를 돌리고 질문을 피하며 다른 속임수를 쓴다. 그래도 당신은 아무도 속이지 못한다. 모두가 다 간파한다. 당신의 약점을 알아차린 팀원은 당신을 공격하기 시작한다. 그들의 공격이 심해질수록 당신은 더 감추려들고 약점은 더 확연히 드러난다. 긍정적이지 않은 상황이다.

불안감을 극복하는 방법은 부족함을 감추는 것이 아니라 겸손하게 인정하는 것이다. 약점을 숨기지 말고 드러내라. 다른 사람에게 도움을 요청하라. 부족한 점과 이를 개선하기 위해 어떻게 하고 싶은지 설명하라.

도를 지나치지 않도록 조심하라. 겸손해지라고 해서 자신을 무능한 사람으로 만들어서는 안 된다. 취약한 분야가 무엇인지 알기 위해 준비하고 충분히 연구해야 한다. 새로운 사각지대가 드러나면 메모를 하고 부족한 부분을 보강하기 위한 최선의 방법을 강구하라.

이는 반드시 숙지해야 할 중요한 개념이다. 겸손과 약점이 함께 작용하여 당신은 더 나은 사람이 될 수 있다. 당신이 어떤 부분이 취약한지 인정할 만큼 충분히 겸손한 사람이라면 약점을 인정하고 보강하며 해결할 수 있다. 이는 약점을 숨기거나 감추고 싶어 하는 본성에 반대되는 것이다. 감추려 해도 효과가 없다. 불안감을 극복하는 진정한 해결책은 스스로 인정하고 팀원에게 공개한 다음, 개선하기 위해 노력하는 것이다.

동료가 나의 리더가 됐을 때 대처법

같은 직급에서 한 사람이 리더 자리로 올라가야 할 때가 있다. 동료 끼리의 끈끈한 관계가 있어서 어려운 변화가 될 수 있다. 일반적으로 리더와 하급자 사이에서는 이런 관계가 생기기 쉽지 않다.

나는 네이비씰 소대 두 곳에서 이런 경험을 했다. 부대원인 젊은 사병 중 한 명이 소대에서 LPO가 되었다. 당시 네이비씰 소대 지휘체계를 보면 담당 장교(OIC), AOIC, CPO 그리고 LPO로 네 번째로 높은 계급이었다.

LPO는 보통 그 소대에서 다른 네이비씰 대원보다 경험이 많았지만 계급이 꼭 더 높을 필요는 없다. 그런데도 권위를 갖는 자리였기에 LPO는 OIC나 CPO 등 지휘관의 의도를 상당 부분 부대원에게 전달하고, 그 일을 실제로 성사시키는 역할을 했다.

네이비씰 소대에서 내 동료가 LPO로 승진했던 두 경우 모두 상황은 비슷했다. 소대가 막 구성되어 아직 LPO가 배정되지 않았다. 그때마다 우리는 LPO가 누가 될지 궁금해했다. LPO는 부대원 사이의 과도한 친밀감을 막기 위해 다른 팀이나 훈련사령부에서 올 때가 많았다.

처음 그런 일이 있었을 때 우리 부사관들은 소대 내무반에 앉아 잡담을 하고 있었다. 내무반으로 들어온 OIC와 CPO는 네이비씰 대원한 명을 호명했다. 그는 다른 사람들보다 경험이 더 많았지만, 우리와 같은 계급으로 여전히 '제군들 중 하나'였다. 그의 이름을 래리(Larry)라고 하자. OIC나 CPO는 래리를 불러 같이 가자고 했고 나머지 사람들

네이비씰 승리의 리더십

은 대기하라고 했다. 그래서 우리는 대기했다.

우리는 래리가 우리 소대 LPO로 선발되어 네이비씰 팀 지휘관과 지휘계장을 만나러 갔다는 사실을 몰랐다.

30분쯤 지나자 래리가 OIC와 CPO와 함께 다시 돌아왔다.

"제군들, 잘 들어라."

CPO가 말했다.

"래리가 우리 소대 LPO로 선발되었다. 이제부터 래리가 너희들을 이끌 것이다. 그에게 지원을 아끼지 말라. 알겠나?"

"알겠습니다."

우리는 대답했다.

래리는 바로 우리가 바퀴책(wheel book: 해군이 발행한 4×6 크기의 단순한 공책)이라고 부르는 것을 꺼내 해야 할 일들의 체크리스트를 살펴보기 시작했다.

"좋아, 친구들. 방금 들은 것처럼 이제 내가 LPO가 되었다. 영광이라 생각한다. 자, 여기 우리가 오늘 해야 할 일들이 있다. 먼저 우리는 모든 무기와 무전기, 야간투시경, 암호기 등 민감한 물품 재고를 정리해야 한다. 이 말은 리튬 배터리, 연료 그리고 군수품을 수송하기 위해 위험물질 서류 작업을 해야 한다는 뜻이다. 그 일이 끝나면 다음 여행을 위한 펠릿을 준비해야 한다. 오후에 즉각 조치 훈련을 하기 위해 점심까지 펠릿을 만들 생각이다. 13시부터 시작한다. 일단 훈련을 어느 정도 끝내면 14시 30분이나 15시까지 일과를 마치려고 한다. 그래야 떠나기 전에 가족들과 시간을 좀 보낼 수 있을 것이다. 어떻게 생각하는가? 빠진 게 있는가?"

래리는 신속하게(약 30분 만에!) LPO 지위로 승진해 책임을 맡았다. 그는 경의와 감사를 표했지만 동시에 자신감이 넘쳤다. 그는 우리에게 지침과 방향을 명확하게 제시했다. 우리에게 꼭 필요한 것이었다. 우리는 래리와 소대를 위해 계속 일했던 것처럼 바쁘게 일을 처리했다. 꽤 잘되었다.

재밌게도 18개월 뒤 바로 다음 소대에서 또 다른 내 동료가 LPO 지위로 승급했다. 조직이 막 구성된 우리는 소대 내무반에 둘러앉아 LPO가 누가 될지 궁금해했다. LPO는 팀을 이끌 때 정말 중요한 자리이기 때문에 LPO가 정해지지 않은 소대에 있는 것은 드문 경우다. 그런데 그런 일이 생겼고 또다시 네이비씰 사격수 중 한 명이 OIC와 CPO의 호출을 받았다. 다시 한 번 소대장과 부소대장을 만나 LPO로 임명을 받았다. 또다시 이 사람(브라이언)이 돌아와 새 LPO라고 소개되었다.

그런데 브라이언은 래리와 달랐다. 그는 체크리스트를 꺼내 우리가 해야 할 일들을 말해주는 대신, 마감이 언제까지라고 일정을 알려주는 대신, 우리가 어떻게 생각하는지 묻는 대신 농담을 던졌다.

"이제 내가 모든 쓰레기들을 책임져야 하는 것 같군."

정말 그랬다. 그는 그런 말을 내뱉었다. 그는 LPO로서 그런 식으로 우리를 통솔하려고 했다. 하지만 전혀 효과가 없었다.

브라이언은 훌륭한 사람이었고 괜찮은 대원이었지만 아직 리더 위치에 올라갈 준비가 되지 않았다. 그가 리더로서 자세를 갖추고 제대로 일을 처리하기 전까지 우리 소대는 몇 달 동안 우왕좌왕했다.

네이비씰 승리의 리더십

하지만 그렇게 우왕좌왕할 이유가 없었다. 한 조직의 구성원에서 그 조직의 리더가 되면 앞장서서 행동해야 한다. 그 말은 당신이 모든 것을 다 알아야 한다는 뜻이 아니다. 당신이 법을 제정해할 필요가 있다는 뜻도 아니다. 하지만 소대원 중 한 명으로 있을 때와 이제 리더가 되었을 때의 구별이 필요하다는 뜻이다.

- 계획을 세워라.
- 간단명료하고 간결한 지시를 내려라.
- 겸손하게 의견을 듣고 경청하라.
- 당연히 이끌어라.

마지막으로 언급해야 할 점이 있다. 일단 리더가 되면 한 단계 올라가야 할 뿐만 아니라 현장에서 발을 빼야 한다. 예전부터 계속해온 익숙하고 편한 일을 그만두고 낯선 일을 시작해야 한다.

리더로서 당신의 목표는 팀에서 아래나 안을 보는 것이 아니라 위와 밖을 보는 것이다. 따라서 리더가 되면 계획 수립을 지도하는 것뿐만 아니라 계획 실행을 감독하는 것도 목표가 된다. 다시 말해 리더는 지나치게 많이 개입해서는 안 된다는 뜻이다. 부대원이 일을 하도록 내버려두어라. 리더가 직접 하게 되면 그것은 지휘하는 것이 아니다. 그 리더는 미래를 위해 위나 밖을 보는 것이 아니라 팀에서 안이나 아래를 보는 것이다. 따라서 부대원이 하게 하라.

물론 여기서도 균형을 잡아야 한다. 리더가 힘든 일을 할 필요가 없다는 뜻이 아니다. 리더는 지금 일어나는 일과 최전방 부대가 씨름하고 있는 문제에 냉담할 정도로 거리를 두어서는 안 된다. 호주머니에 손을 넣고 구경하는 리더가 되어서도 안 되고, 모든 일에 손을 대는 리더가 되어서도 안 된다.

내가 동료의 리더가 됐을 때 대처법

당신이 리더로 승진해 이전 동료들보다 높은 자리에 오르게 될 수도 있다. 어려운 일이지만 잘 해결하면 분위기가 완화될 수 있다. 대부분의 이전 동료는 상황을 받아들이고 적응하겠지만 자신이 승진하지 못한 것을 억울해하고 분한 감정을 표출하는 사람도 있을 수 있다.

이전 동료들의 적대적 태도를 누그러뜨릴 수 있는 몇 가지 방법이 있다. 우선 그들을 억지로 고개 숙이게 하지 마라. 그들의 경험에 경의를 표하고 그들이 팀을 지휘하는 데 도와주리라 기대한다고 말하라. 그들이 계획을 짜고 아이디어를 내도록 만들어라. 그들에게 의견을 구하고 경청하라. 그들의 계획이 확실하다면 그대로 진행하게 하라.

기회가 생기면 그들에게 몇 가지 업무, 프로젝트, 임무를 맡겨라. 그러면 당신이 그들을 신뢰하고 그들의 경험이나 지식에 정말로 고마워하고 있음이 드러난다. 그들이 자존심을 꺾는다면 상황을 극복할 수 있게 된다.

하지만 당신은 신중해야 할 필요가 있다. 어떤 사람은 과민반응을 보일 수 있다. 당신이 그들에게 책임을 맡기는 것에 우쭐해하거나 당신이 뭘 해야 할지 모른다는 증거로 받아들여 당신이 아닌 자신이 승진했어야 한다고 생각할 수 있다. 그들이 푸념을 늘어놓고 나쁜 태도를 보이면, (지식이나 경험이 충분하다는 가정 하에) 그들이 승진하지 못했던 이유는 바로 그들이 리더로서 겸손함과 성숙함이 부족했기 때문일 가능성이 크다. 이런 경우에는 계속 우호적인 태도로 그들을 존중하면서 관계를 형성하려고 애쓰되, 그들이 바로 바뀔 것을 기대하지 마라. 아마 오랜 시간이 걸릴 것이다. 인내심을 가지고 그들 때문에 당신이 임무나 다른 팀원에게 집중하지 못하는 상황이 생기지 않도록 하라.

새로 팀을 맡았을 때 대처법

팀이나 조직에서 리더가 된 이후 변화를 시도할 때 취할 수 있는 방법은 다양하다. 그중 하나는 강하게 밀고 들어와 즉시 변화를 시도하고 팀에게 자신의 의지를 강요하는 것이다. 정반대의 방법은 오랜 시간 동안 관찰한 다음 점진적으로 변화를 일으키는 것이다. 두 극단 사이에 활용할 만한 많은 방법이 있다.

리더가 새로 팀을 맡을 때 어떤 방법이 좋을까?

리더가 처한 상황에 따라 답이 달라진다. 팀을 맡기 전에 임무나 부대에 대해 가능한 한 많이 알아두는 것이 좋다. 일상적 업무와 업무의 성격이 무엇이고 어떻게 수행했는지 상세히 기술한 자료를 달라고 요청하라. 팀의 전임 리더로부터 확실히 인수인계를 받는 것이 좋다. 팀의 상태에 대해 이야기하고, 지금 드러난 문제가 무엇인지 이해하며, 팀원의 장단점뿐만 아니라 성격에 대해 피드백을 받으면 속도를 내는 데 유리하다.

떠나는 상사에게 정보를 받을 때 그가 어디 출신이고 그의 관점에 영향을 주는 것들이 무엇이 있는지 고려하는 것이 중요하다. 그가 해고되었는가? 팀원과 개인적 관계를 맺었는가? 새 리더를 깎아내리려고 할 정도로 자존심이 센 사람인가? 상황이 어떠하든 리더가 떠나면서 만들어놓은 편견을 이해하고 합리적으로 판단하는 것이 중요하다.

팀의 임무와 관련된 문서를 읽고 떠나는 상사와 일에 대해 논의하는 것 외에, 새 리더는 직접 팀원을 만나기 전에 최대한 팀원에 대해 많이 알려고 노력해야 한다. 어떻게 하면 좋을까? 가장 간단한 방법은 자료를 검토하는 것이다. 그들이 개인적으로, 그리고 집단으로 어떤 훈련을 받았는지 파악하라. 팀원의 사진이 들어 있고 지위, 보직, 경험, 개인적 관심사와 가정 상황이 기술된 자료를 사전에 요청해 공부하라.

새 리더는 자신이 맡은 팀의 위상도 고려해야 한다. 성과가 좋은 조직일 수도 있고 실패한 팀일 수도 있다. 사실 이렇게 극단적인 범주에 속하는 조직은 만나기 드물다. 대부분 중간 어딘가에 위치할 것이다. 따라서 리더가 새로 들어가는 상황을 수용할 수 있도록 균형을 잡으며 접근 방식을 조정해야 한다.

그렇기 때문에 영민해져야 한다. 효과가 있는 부분은 바꾸지 말고 효과가 없는 부분은 수용하지 마라. 괜찮은 팀일수록 바꿀 게 없다. 형편없는 팀일수록 조정해야 할 사항이 많아진다.

극단적인 범주에 속한 조직에 사용할 수 있는 방법은 간단하다. 일

처리를 잘하고 태도가 훌륭하며 임무를 절 완수해내는 팀을 맡게 되었다면 나는 상당히 부드러운 태도를 취할 것이다. 자기 소개를 하고 필요한 부분에 개입할 것이지만 팀원들에게 큰소리로 명령하거나 내 뜻을 강요하지 않을 것이다. 팀은 이미 잘 굴러가고 있다. 팀원 간의 관계도 좋다. 성공한 팀이다. 나는 알아서 잘하는 조직에는 간섭하지 않을 것이다. 그저 가까이서 관찰하고 그들이 어떻게 일하는지 가능한 한 모든 것을 배우며, 결과적으로 어떤 부분에서 개선하면 좋을지 살펴볼 것이다. '고장 나지 않았다면 고치지 마라.'라는 옛말이 있다. 현명한 말이다. 팀이 잘 굴러가고 있다면 구태여 고칠 필요가 없다.

일단 성과가 좋은 팀에 새로 합류하게 된다면 그 팀을 알아갈 기회를 확보하라. 시간과 상황이 허락된다면 팀 전체와 공식적인 미팅 일정을 계획하고 그다음에 팀원들과 개별적으로 미팅 일정을 잡아라. 하지만 공식적으로만 교류하지 말고 팀원들이 각자 역할을 수행할 때 비공식적으로 팀원을 방문하고 미팅에 참여하며 팀원들과 그들이 하는 일을 알아가기 위해 여기저기 둘러보라. 지금은 어떤 팀이든 기반이 되어줄 신뢰와 동지애를 쌓아가기 위해 관계를 맺어야 할 때다.

반대로 심각한 문제가 있는 실패한 팀에 합류해 그 문제가 무엇인지 알게 되었다면 나는 좀 더 직접적이고 공격적으로 접근할 것이다. 문제가 무엇인지 조사하고 즉시 실행 가능한 몇 가지 아이디어를 제시할 것이다. 분명한 목표와 새로운 임무를 부여하고 바뀌어야 하는 몇 가지 사항을 구체적으로 짚어 언급할 것이다. 몇 가지 새로운 프로세스를 만들고 각자 다른 보직으로 인력을 재배치하며 중대한 문제의 원인이 되는 몇몇 사람은 해고할 수도 있다. 현재 상황을 그대로 유지할 수 없다는 것은 의심할 여지가 없는 사실이다.

중대한 문제를 안고 있는 팀에 합류했는데 무엇이 문제인지 명확하게 이해하지 못했다면 약간의 변화를 시도해보겠지만 현재 운영 방식에 절대적 영향을 주지 않을 것이다. 통신규약을 바꾸고 회의시간을 변경하고 추가하거나 줄일 것이다. 새로운 복장 규정을 시행하거나 소소한 수준의 조정을 해서 팀의 주의를 끌지만 어떤 것에도 영향을 주지 않을 것이다. 하급 리더 그룹, 중간 관리자 그룹, 최전방 부대와 관계를 발전시키기 위해 개별적인 면담 시간을 가질 것이다. 이런 식으로 실제 상황을 제대로 파악하기 위해 노력할 것이다.

직급별로 신뢰할 만한 사람을 찾기 위해 질문을 많이 하고 개인적으로 알아가려고 애쓸 것이다. 실패라는 충격적인 경험을 했고 그로 인해 고통 받는 사람들은 감정적일 수 있다. 상황이나 다른 사람들에 대해 거짓되고 오해가 될 만한 진술도 할 수 있다. 따라서 나는 마음을 서서히 열면서 사실을 받아들일 것이다. 이런 상황에서는 모든 이야기를 걸러서 들을 필요가 있다.

일단 문제가 되는 영역을 구분해서 그 문제가 무엇인지 추론을 시작할 것이다. 피드백을 받고 변화를 주었을 때 상황이 어떻게 달라질지 생각하면서 확실한 변화를 점진적으로 추진해갈 것이다.

팀원의 자질이 우수하다면 개선이 필요한 영역에서 해결책을 만들어낼 때 팀원의 역할을 키울 것이다. 이상적으로 보자면, 나는 어느 영역에 문제가 있는지만 알아내고 해결책은 팀원 스스로 만들어내는 것이 좋다. 그렇게 한다면 그들은 책임의식을 갖고 일을 실행해나갈 것이다. 그러나 팀이 수준 이하라면 지난 실적을 통해 문제를 파악하고 해결하는 능력이 부족할 것이다. 따라서 그들의 의견을 분명히 듣기는 하겠지만 좀 더 비판적인 태도를 견지할 것이다.

이전 리더가 팀 내 많은 문제의 원인이었을 수 있다는 점에 주의할 필요가 있다. 나쁜 리더가 다른 사람으로 교체되면 부하들이 나서서 일을 성사시키는 경우도 있다. 일단 나쁜 리더에게서 놓여나면 팀원들이 눈에 띄는 활약을 할 수 있다. 이때 내가 그들의 방해자가 되어서는 안 된다.

일단 성과가 좋은 팀과 어느 정도 관계를 맺고 서로 알게 되면 나는 그들이 최대의 효율을 낼 때까지 점진적인 변화를 시도할 것이다. 성과가 나쁜 팀이라면 반대로 행동할 것이다. 극적인 변화로 시작해서 시간이 흘러 모든 것이 제대로 기능하기 시작하면 점차 뒤로 물러설 것이다. 다시 말해 팀원의 흡수 능력과 실제 성과에 따라 리더십 방법을 조절하고 지시를 내리는 정도, 상호 작용, 그들의 행동에 따른 지시사항 등에 변화를 줄 것이다.

너무 나서지 마라

당신은 리더가 되고 싶다. 좋은 일이다. 하지만 공격적으로 행동해서는 안 된다. 무슨 말일까?

"내가 리더다! 내가 책임을 맡았다! 내 말을 들어라! 내가 결정한다!"

이렇게 외치고 다녀서는 안 된다는 뜻이다. 이런 태도는 다른 사람의 기분을 상하게 한다. 이는 "날 봐! 내가 중요해"라고 말하는 것과 마찬가지로 다른 사람들이 받아들이기 어려운 말이다.

람보는 영화 속에서는 멋진 캐릭터일 수 있다. 하지만 팀으로 움직여야 하는 환경에서 람보처럼 다른 사람을 배려하지 않고 단독 행동을 해서는 안 된다.

"내가 리더니 내 말을 들어!"

이렇게 말한다면 다른 사람들의 자존심이 상할 수 있다. 아마 그들은 당신이 책임 맡을 자격이 없다고 생각할 수 있다. 심지어 그들이 자기가 책임자가 되어야 한다고 생각할 수 있는 빌미를 제공하게 되었다. 따라서 당신이 리더라고 큰소리로 외쳐대는 것은 좋은 방법이 아니다. 뭔가 실수를 하게 되면, 아마 그런 일이 생길 텐데, 그때 그들은 즉각 당신의 실수를 물고 늘어질 준비가 되어 있다.

대부분의 경우 아주 절묘하게 리더십을 발휘해야 한다. 물론 과감하고 노골적인 리더십이 필요한 상황이 있을 수 있다. 비상사태가 발생했는데 아무도 조치를 취하지 않는다면 나서서 책임을 져야 한다. 사기가 저하되고 부대가 침체되어 있는데 누군가 행동을 해야 한다면 앞장서서 이끌어야 한다. 하지만 일상적인 상황에서는 대놓고 리더십을 발휘할 필요가 없다. 돌려서 표현하는 방식으로 방향을 제시하고 부대원이 자신들의 생각을 바탕으로 앞으로 나갈 수 있도록 하는 것이 더 낫다.

멘토링과 코치도 마찬가지다. 누군가에게 멘토링이나 코치를 해주고 싶다면 대놓고 해서는 안 된다. 많은 사람이 코치나 멘토가 필요하다고 말은 하지만, 실제로 누군가 나서서 그 일을 해주는 것은 싫어할 수 있다. 당신이 누군가를 지도하거나 조언을 해주겠다는 제안 그 자체에 암묵적인 메시지가 담겨 있음을 받아들여야 하기 때문이다. 즉 다른 사람은 어떤 면에서 부족하고 당신은 그 사람보다 더 낫다는 의미가 내포된 것이다. 그러면 사람들은, 특히 자존심이 센 사람이라면 기분이 나쁠 수 있다. 안타깝게도 대개 자존심이 센 사람일수록 조언이 가장 필요하다.

따라서 당신이 이끌어주겠다, 지도해주겠다, 조언해주겠다고 대놓고 말하지 말고 좀 더 돌려 표현해야 한다.

- "일을 어떻게 추진해야 할지 내가 말해주겠다."라고 하는 대신, "우리가 어떻게 일을 추진하면 좋을까?"라고 말하는 연습을 하라.
- "당신이 어떻게 할지 내가 지도해주겠다."라고 말하는 대신, "왜 그런 식으로 하려는지 설명해줄 수 있겠는가?"라고 말하는 연습을 하라.
- "내가 조언해주겠다."라고 말하는 대신, "당신이 하는 방식과 내가 하는 방식을 서로 비교해보고 싶다."라고 말하는 연습을 하라.

후자처럼 말을 하는 것이 간접적인 접근 방식이다. 그들이 실제 하는 일에서 대화를 시작해 토론의 물꼬를 튼다. 이로써 직접적으로 접근했을 때 나올 수 있는 방어기제를 사전에 차단할 수 있다. 일단 토론이 시작되면 대화 과정에서 당신의 생각이나 아이디어를 제안할 수 있다.

당신의 방법이나 계획이 더 낫다면, 그리고 그 차이가 명백하다면, 당신이 조언을 주려는 대상이 더 쉽게 당신의 생각을 수용할 것이다. 시간이 흐르면 당신의 멘토링이나 코치를 강요하는 것보다 훨씬 더 받아들이기 쉬운 방법으로 상대를 당신의 생각 쪽으로 살며시 끌어올 수 있을 것이다.

때때로 당신에게 지도받기를 갈망하고 조언 듣기를 정말로 원하는 사람을 만날 수 있다. 그런 때에는 물론 더 직접적이고 직설적으로 말할 수 있다. 하지만 그런 상황조차도 신중해야 한다. 사람들이 문제점을 지적해달라고 요청해서 비판해주었는데도 그것을 기분 나빠할 수 있기 때문이다. 따라서 이 점을 주의하면서 항상 처음에는 부드럽게 접근해야 한다.

내게 리더십, 전략이나 전술을 많이 가르쳐준 사람들은 코치나 멘토링을 해주고 있다는 말을 대놓고 한 적이 절대로 없다. 그들은 내 머릿속을 지식으로 가득 채워주면서 에둘러 표현하며 길을 안내해주었는데 나는 그 사실을 거의 인지조차 하지 못했다. 그들이 나를 가르치거나 내 머릿속에 아이디어를 집어넣을 때 얼마나 섬세했는지 나는 그 아이디어가 내가 생각해낸 것인 줄 알 정도였다. 이것이 바로 가르치고 지도하고 조언해주는 가장 강력한 방법이다.

지금까지 내가 같이 일해온 최고의 리더들을 생각해보면 그들은 믿을 수 없을 정도로 영리했다. 그들이 직설적으로 말하거나 정확히 어떤 일을 하고 어떻게 해야 할지 직접적으로 지시하는 경우는 매우 드물었다. 최고의 리더는 대개 명령이 아니라 제안한다. 그들은 가능한 한 자주 자기 생각을 제안한다. 부대원들이 그 아이디어가 최선임을 인지한 다음 자신의 의지를 좇아 그 아이디어를 실행해나가도록 이끈다.

이는 지휘할 때 믿을 수 없을 정도로 강력한 방법이다. 아마도 가장 강력한 지휘법일 것이다. 부대원들에게 믿을 수 없을 정도의 책임의식도 심어줄 수 있다. 왜냐하면 그들은 그들이 실행하는 그 아이디어가 실제로 자신의 아이디어라고 생각하기 때문이다. 간접적 리더십은 거의 대부분 직접적 리더십을 능가한다.

그러나 내가 '거의'라고 말한 것을 기억하라. 직접적 리더십이 필요한 때도 있다. 그런 때는 대개 위협적인 상황으로 중대하고 즉각적인 의사결정이 이루어져야 할 시점이다. 이 시기에는 리더가 나서서 명령을 내리는 것이 더 나은 것이 아니라 반드시 그렇게 해야 한다. 결정을 내리지 못해 우유부단할 때도 그럴 수 있다. 팀이 어느 길로 갈지 결정하지 못한다면, 여러 가지 의견이 서로 충돌하고 논쟁이 벌어졌다면 리더가 나서서 결정을 내려야 한다.

그동안 리더가 조직을 위해 결정 내리는 것을 계속 자제해왔기 때문에 이 모든 경우에 그가 개입해 명령을 내려도 존중받을 것이다. 이런 리더는 모든 결정을 내리고 모든 선택을 주도하며 모든 대화와 결정의 중심에 있어야 한다고 생각하는 리더와 극명한 대조를 이룬다. 후자의 리더는 목소리가 너무 자주 들리기 때문에 가치가 떨어지게 된다.

따라서 너무 나서지 마라. 리더로서나 멘토로서 그리고 코치로서도 그렇게 해서는 안 된다. 람보처럼 굴지 마라. 대신 가능한 한 영리하게 돌려 말하라. 그다음에 이끌어라.

2장 효과적인 리더십 기술

이끌어야 할 때와 따라가야 할 때를 알아야 한다

이끌어야 할 때와 따라가야 할 때 사이에는 여러 변수가 존재한다. 책임자라 할지라도 다른 사람이 올바른 방향으로 나아가기 위해서 좋은 계획을 세우고 방향을 제시한다면 긍정적으로 받아들여라. 뒤로 한 걸음 물러서서 그들이 이끌도록 내버려두어라. 그 뒤를 따라가라.

그런데 리더십 공백이 생길 때가 있다. 아무도 상황을 책임지지 않는다. 좋지 않은 상황이 전개되고 있지만 아무도 행동을 취하지 않는다. 아무도 나서지 않는다.

이때는 누군가 뛰어들어 책임을 져야 한다. 사람들이 그것을 기다리는 것이 보일 것이다. 그들은 리더십을 기다리고 있다. 간단한 계획을 세워 방향을 명확히 제시한다면 그들은 그 지시대로 실행할 것이다.

하지만 언제나 그렇게 간단하지만은 않다. 문제가 있는데도 아무런 대책을 세우지 않아 더 큰 문제로 번질 수 있음을 감지한 사람이 당신 혼자라면, 팀의 다른 사람들은 누군가 나서서 주도하는 것을 기다리지 않을 수 있다. 모든 것이 괜찮다고 생각할지도 모른다. 이때 당신이 나서서 명령을 내리기 시작한다면 사람들은 당황할 수 있다. 그들은 기분이 상하거나 월권행위로 받아들일 수 있다.

따라서 리더십 공백이 생겼을 때는 잠시 시간을 갖는 게 좋다. 나는 그동안 일하면서 리더로서 그런 전술을 사용했다. 물론 즉각적으로 대처해야 할 위협이 있는데도 아무도 움직이지 않는다면 바로 나서서 지시를 내릴 것이다. 내가 리더십의 공백을 메울 것이다.

그런데 상황이 비교적 느리게 전개된다면 나는 급하게 책임을 맡으려고 하지 않는다. 문제가 좀 더 발전하도록 내버둔다. 주위를 둘러보고 감정적으로 거리를 두면서 상황을 관찰한다. 내가 본 것이 정확한지 확인한다. 다른 누군가가 나서서 리더십 공백을 메울 기회를 주기 위해 기다린다. 누군가 그렇게 나선다면 나는 그가 제시한 계획과 방향을 조용히 평가한다. 그들의 지침이 훌륭하다면 그들을 지원한다. 지침이 잘 못되었다면 적절한 시기에 수정할 수 있도록 더 나은 계획이 무엇인지 계속 생각한다.

다른 누군가가 재빨리 나서지 않더라도 그때는 대개 리더십 공백이 있다는 사실을 인지하는 사람이 없다. 사람들은 거리를 두지 않기 때문에 그 사실을 알아차리지 못한다. 마음이 눈앞의 상황에 너무 몰입되어 있기 때문이다. 나는 거리 두기 연습을 해왔기 때문에 일어나고 있는 상황의 세세한 부분에 마음을 빼앗기지 않는다. 보이지 않는 거리를 두고 상황을 살펴보면서 정신적으로 다른 위치에 있기 때문에 문제를 좀 더 빨리 파악할 수 있다.

그렇다고 해서 내가 바로 뛰어들어 리더십을 발휘한다는 의미는 아니다. 시간이 흐르기를 좀 더 기다리면서 리더십 공백이 조금 더 지속되게 함으로써 다른 사람들도 그 사실을 알아차리길 기다린다. 이제 사람들이 문제가 있음을 인지하기 시작한다. 시간이 흘러서 다른 사람들 모두 문제가 있음을 알아차릴 때 내가 어떻게 문제를 해결할지 지시를 내리면 사람들은 듣고 그대로 실행한다.

리더십 공백이 생긴 것을 보자마자 바로 뛰어들지 않고 잠시 시간을 갖는 이유는 다른 사람이 나서는지 여부를 확실히 하기 위해서다. 두 사람이 동시에 리더십 공백을 메우려 한다면 서로 충돌하게 된다. 그들이 해결하려고 나선 문제가 점점 확장되는 상황에서 두 사람은 누가 실제로 지휘할지, 누가 뒤로 물러설지를 정하는 데 귀중한 시간을 써야 한다. 이때 서로 자존심 싸움을 벌인다면 문제는 더 커진다.

나는 그런 상황을 피하고 싶다. 다른 사람이 계획을 세워 뛰어들어도 나는 괜찮다. 그래서 공백이 보이면 나는 잠시 멈추고 주위를 둘러보면서 누군가 나서서 지휘를 하나 살펴보았다. 내가 이렇게 시간을 보내는 동안 문제는 점점 커져서 곧 모든 사람이 알아차리게 되었다. 나는 그때까지 기다린 다음 나서서 지시를 내렸다. 모든 사람이 지시가 필요하다는 걸 알고 지시를 기다리고 있었다. 그러니까 내가 말했을 때 모두가 귀 기울였던 것이다.

리더십 공백을 메우려고 뛰어들기 전에 전술상 일시 정지를 했을 때 얻어지는 또 다른 이점이 있다. 즉 일시 정지하는 잠깐의 시간 동안 상황이 더 전개됨으로써 당신이 더 나은 지시를 내릴 수 있다는 것이다. 일시 정지를 통해 문제와 해결책을 좀 더 명확하게 이해할 수 있게 된다. 그러면 당신이 내리는 지시가 더 핵심을 찌르게 된다. 그 말은 사람들이 당신의 지휘를 따르게 된다는 뜻이다.

리더십 공백과 정반대로 너무 많은 사람이 이끌려고 할 수도 있다. 모든 사람이 자기 의견을 내놓고 조언을 하며 결정에 관여하고 싶어 한다. 이는 의사결정 과정과 리더의 지휘 능력에 방해가 될 수 있다.

전쟁터에서도 비슷한 상황이 벌어진다. 떼를 지어 무리로 모여 있는 것이다. 이것은 좋지 않다. 군인이 무리 지어 몰려 있으면 위치를 잘 잡고 하는 공격이나 우연찮게 날아온 공격에 많은 사람이 죽거나 다칠 수 있기 때문이다. 총알, 박격포, 유탄발사기, 심지어 급조 폭발물이든 뭐든 가능하다.

이를 막기 위해 부대에서는 분산 훈련을 받는다. 당신과 다른 팀원 사이에 공간을 확보하는 것을 의미한다. 소대는 훈련 과정에서 "한데 모이지 마."라는 말을 자주 듣는다. 이는 간단해 보이지만 사람들은 한데로 모이는 강력한 힘이 있기 때문에 실제로 실행하기는 어렵다.

첫 번째 힘은 심리적 안정이다. 겁을 먹게 되면 옆에 사람이 있는 게 위안이 된다. 대부분의 사람이 심리적 위안을 구하기 때문에 무의식적으로라도 어떤 안도감을 찾아 3~4명 모인다. 그렇게 되기까지는 시간이 그리 많이 걸리지 않는다. 집단이 커지면 구성원들은 한 무리가 되어 위험에 처하게 된다.

사람들을 서로 모이게 하는 또 다른 힘은 바로 기회다. 은폐와 은닉을 할 수 있는 지역은 대개 한정되어 있다. 은폐와 은닉을 할 수 있는 곳이 안전한 곳이기 때문에 대부분의 병력이 그 지역에 있고 싶어 한다.

그 말은 그 지역에 병력이 몰려 무리를 짓게 된다는 뜻이다.

사람들을 서로 가까운 범위 내로 끌어당기는 또 다른 힘은 무슨 일이 일어나는지 알고, 보고, 듣고 싶고 다른 팀원과 소통하고 싶은 욕망이다. 이 말은 한 사람이 멈추면 사람들이 몰려들어 얼굴을 맞대고 이야기할 수 있다는 뜻이다.

이처럼 현장에 나가면 한 발의 총알이나 폭탄에 떼죽음을 당하고 싶은 것처럼 사람들을 무리 짓게 하는 여러 힘이 있다. 그런 경향을 이해하고 반복적인 훈련을 해야만 한곳에 뭉치려는 타고난 본능을 극복할 수 있다.

"한데 모이지 마."라는 말은 리더십에도 바로 적용할 수 있다. 많은 사람이 리더 주변으로 몰려들면 리더에게 간섭해서 정신적 영역을 침범하고 기분을 상하게 하며 리더의 권위를 손상시키고 팀의 능력을 폄하한다. 리더 주변으로 사람이 많이 모이는 것은 팀에게 해가 된다.

리더에게 몰려들어 상황에 간섭하고 싶은 주된 이유는 자존심 때문이다. 사람에게는 책임을 지고 싶은 타고난 욕구가 있다. 우리는 결정을 내리고 싶어 한다. 중요한 사람이 되고 싶다. 책임자가 되지 못했을 때 자존심이 상한다. 자존심을 세워주기 위해 실제 리더의 영역을 침범해서 자신이 결정을 내릴 만한 사람임을 증명하고 싶어 한다.

우리는 자신의 아이디어가 최고라고 생각할 때가 종종 있다. 다시 말하지만, 이는 그저 우리 자존심이 그렇게 느끼는 것뿐이다. 듣기보다 말하려고 한다. 리더에게 결정을 내릴 시간과 여유를 허락하는 대신 우리의 생각을 리더에게 쏟아붓는다. 리더를 지원해주기보다 그와 부딪쳐 갈등을 일으킨다.

자존심을 누르고 있을 때조차도 그런 대의명분에 기여하고 싶은 열망을 안고 있다. 자신의 생각이 계획에 포함되도록 강요하는 행위로 발전할 수 있는데, 사실 생각보다 실행이 더 필요한 상황에서 그건 도움이 되지 않는다.

그러니 뒤로 물러서라. 자신의 생각이 계획에 포함되도록 하기 위해 리더 주변으로 몰려가지 마라. 그것은 도움이 되지 않는다. 대신 리더가 지휘할 수 있는 공간을 만들어주어라.

사적으로 받아들이지 않는다

분명히 그렇게 해서는 안 된다는 사실을 모두가 잘 알고 있다. 하지만 어떤 일을 개인적으로 받아들이는 사람들도 있다. 어떤 일이든 사적으로 받아들여서는 안 된다. 이건 어려운 일이다. 사적으로 받아들이지 않으려면 자존심에 맞서 싸워야 한다. 부족한 점을 지적해달라고 요청해놓고는 실제로 그런 비판을 듣게 되면 화를 내는 경우가 많다. 그렇게 하지 마라. 비판을 사적으로 받아들이지 마라.

당신이 세운 계획에 대한 것이 아니다. 당신이 내놓은 생각에 대한 것이 아니다. 당신이 한 프레젠테이션에 대한 것이 아니다. 당신의 내린 결정에 대한 것이 아니다.

심지어 당신의 최대 라이벌이 하는 말이라도 그냥 들어라.

당신이 생각지 않은 누군가가 당신만한 지식, 위치나 지위가 없는데도 당신에게 약간의 피드백을 주고 싶어 할 때조차도 호의를 베풀어 그냥 경청하라. 그들이 하려는 말에 거리를 두고 들어라. 객관적인 시각에서 그들의 비판에서 배울 점을 찾아라. 그다음에 적용해보고 고맙다고 말하라. 마음이 쓰리더라도 그렇게 하라. 자만을 버려라.

이는 말처럼 쉽지 않다. 이렇게 하려면 겸손해야 한다. 하지만 더 좋은 결과로 이어질 것이다.

자신의 아이디어가 최고가 아닐 수 있다

조지 S. 패튼(George S. Patton) 장군이 병사들에게 "고집부리지 말라."고 한 말은 아주 유명하다. 패튼 장군은 부대가 진격, 진격 또 진격하기를 원했다. 고집을 부리면 진격할 수 없다.

고집부리지 말라는 패튼 장군의 생각은 실제로 리더십 관점에서 보았을 때 놀랄 정도로 딱 들어맞는다. 나는 항상 그 말을 마음속에 간직하고 있다. 아이디어, 생각이나 의견이 있을 때 너무 고집부리면 안 된다. 이 말은 아이디어에 집착해서는 안 된다는 뜻이다. 열린 마음으로 자신을 내버려둘 필요가 있다.

내가 네이비씰 팀에서 리더로 있을 때 주변에서 항상 여러 생각을 들을 수 있었다. 임무를 어떻게 수행할지, 어떤 계획을 실행할지, 어떤 전략이 최선일지. 다른 조직들과 마찬가지로 아무도 어떤 것에 동의하는 것처럼 보이지 않았다. 사람마다 다른 생각을 가지고 있을 때 사람들이 최고로 여기며 좋아하는 생각은 언제나 자기 자신의 것이라고 가정하는 것이 안전하다. 자존심 때문일 수도 있고, 프라이드 때문일 수도 있고, 아니면 사람들이 다른 사람보다 자신의 관점을 더 잘 볼 수 있기 때문에 그럴 수도 있다.

네이비씰 팀만 그런 것은 아니다. 다른 조직에 있는 사람들 모두 같은 생각을 한다. 사람들은 자신의 아이디어가 최고라고 생각하는 경향이 있고, 그것을 주장하느라 언쟁을 벌인다.

언쟁은 대체로 나쁜 결과를 낳는다. 언쟁을 하다 보면 앞으로 나아가지 못하고 시간을 낭비하게 된다. 게다가 사람들은 최고의 아이디어가 무엇인지를 놓고 언쟁하는 것이 아니라 자기 아이디어가 최고라고 언쟁을 벌인다. 정말 끔찍한 상황은 사람들이 자기 아이디어를 최고라고 생각할 뿐만 아니라 그 사실을 옹호하려고 고집부린다는 것이다.

사람들은 절대로 뒤로 물러나지 않는다. 자기 생각이 언제나 최고가 될 수 없음을 전혀 받아들이지 않는다. 공격을 받으면 받을수록 더 고집을 부린다. 그들은 생각을 바꾸지 않는다. 전술적 용어로 바꾸어 생각해보면, 사람들이 자기 생각을 주장하려고 고집부리면 전진할 수 없을 뿐만 아니라 움직일 수도 없고 자기 생각을 바꿀 수도 없게 된다. 그들은 자기 아이디어에 집착한 나머지 움직일 수 없게 된다.

네이비씰 소대의 몇몇 지도자와 일할 때 이런 상황이 생기곤 했다. 그들은 아이디어나 계획을 내놓고 그것에 집착해 한 치의 타협 없이 방어만 했다. 끔찍했다. 아무런 소득 없이 몇 시간째 이어지는 언쟁들. 결과적으로 최고의 해결책을 내지 못하고 리더가 고안해낸 해결책으로 끌고 갈 뿐이었다. 그러다 보면 리더가 도리어 궁지에 빠져 결과적으로 부하들에게 자기 계획을 따르라고 명령을 내리는 것 말고는 다른 선택의 여지가 없는 경우가 종종 발생했다.

그렇게 고집부리는 사람이 상관이 아니라 하급자라면 결국 상관은 그에게 다른 방향으로 가라고 명령을 내릴 것이고, 그는 몇 시간 동안 쓸데없이 에너지를 쓰며 헛수고한 뒤 마지못해 그 명령에 따를 것이다.

나는 항상 이런 상황을 피했다. 내 생각, 내 계획, 내 의견을 고집하는 경우는 아주 드물었다. 누군가 반대되는 견해를 가지고 있다면 내 생각이 더 낫다고 증명할 방법을 찾으려 하지 않았다. 대신 어떤 생각이 실제로 더 나은지 알아보았다. 만약 내 생각이 좋지 않다면 그들의 생각을 인정하고 받아들였다. 비슷하다면 그들의 생각을 따랐고, 그래서 그들이 주인의식을 갖도록 했다. 내 생각이 훨씬 낫다면 극명한 차이가 있기 때문에 반대되는 견해를 가진 사람에게 그들이 틀렸음을 납득시킬 수 있었다. 중요한 것은 내가 옳다고 주장한 적이 없었기 때문에 내가 틀렸음을 인정할 필요가 없었다.

내가 정말 고집부리는 경우가 드물게 있는데, 그중 하나는 내가 옳다는 것을 100퍼센트 확신할 때였다. 100퍼센트 확신할 수 있는 일은 거의 불가능하기 때문에 이런 상황은 거의 발생하지 않았다. 만약 부도덕하고 불법적이거나 비윤리적인 활동을 다루어야 한다면 나는 고집을 부릴 것이다.

마지막으로 내가 진리로 여기는 전투의 기본 법칙에 위배되는 행동을 하려는 사람이 있다면 나는 내 입장을 고수할 것이다. 그렇지만 이런 경우조차도 스스로 어느 정도 여지를 남겨두려고 노력할 것이다(불복종에 대한 내용은 68쪽 참조). 빠져나올 수 없는 자리나 상황에 몰리는 것은 좋지 않기 때문이다.

다른 선택의 여지가 없는 한 고집부리지 마라. 그럴 때조차도 항상 여지를 남겨두도록 하라.

물론 전술적 관점에서는 고집부리지 않는 것이 대체로 좋다. 하지만 전쟁터에서 꼼짝할 수 없는 상황이 생겼거나 한 지점을 확실히 지키기로 결정했다면 당연히 당신 생각을 고집해야 한다. 당신이 전쟁터에서 전진하지 못한다면, 어떤 이유로든 이동할 수 없다면 당신은 그 지점을 확실히 방어해야 한다. 이는 리더십에도 그대로 적용된다. 당신이 스스로 방어해야 하는 드문 상황에 처했다면 당신의 입장을 확실히 지킬 수 있어야 한다.

꼭 필요할 때까지 결정을 내리지 말고 기다린다

"결단을 내려라!"

리더들이 자주 듣는 말이다. 많은 네이비씰 리더가 결정을 빨리 내리지 못해 질책을 받는다. 때로는 내가 그런 질책을 하기도 했다. 많은 경우 훌륭한 조언이었다. 우유부단은 끔찍한 상황을 더 악화시킬 수 있다. 네이비씰 팀은 우유부단함을 흔히 '분석 마비'라고 부른다. 이는 리더가 전개되는 상황에 압도당해 뭘 어떻게 해야 할지 결정을 내리지 못한다는 뜻이다. 어떤 리더십 상황에서든 이런 일이 생길 수 있는데 좋지 않다. 당신이 기동하지 않는다면 적군이 기동하게 되고, 적군이 기동하게 허용하면 그들이 우위를 점하는 것을 허용하게 된다.

물론 무슨 일이 일어나고 있는지 충분히 이해하지 못한 채 성급하게 결정을 내리는 것 역시 나쁘다. 적군의 소규모 사격을 받고 즉시 공격 결정을 내리는 경우가 좋은 예다. 상황을 발전시키지 않는다면 적군의 소규모 사격이 당신 팀을 계획된 교전 지역으로 유인해 전원 소탕하려고 한 미끼라는 사실이 밝혀질 수도 있다. 그런 상황에서는 확실히 경솔하게 명령을 내리면 안 된다.

리더로서 당신은 무슨 일이 일어나는지 전체 그림을 충분히 그릴 수 있을 때까지 상황을 발전시키지 않고 기다리는 법을 배워야 한다. 무슨 일이 일어나고 있는지 어느 정도 파악하기 전까지 당신이나 팀이 어떤 행동을 취해야 할지 결정을 내리는 것은 어리석은 일이다.

그렇다고 해서 어떤 결정도 내리지 말라는 말은 아니다. 나는 어떤 상황인지 확신이 서지 않거나 과감하고 명확한 결정을 내릴 수 있을 정도로 충분한 정보가 없는 때일수록 반복적인 의사결정 과정을 활용했다. 즉 상황을 살피면서 어떤 상황인지 최대한 알아보고 작은 결정들을 내리며 앞으로 전진해가지만, 확신할 수 없는 상태에서 무리한 결정은 내리지 않았다.

예를 들어 당신 소대가 반군이 하룻밤 유숙하는 것으로 의심되는 건물을 공격하라는 임무를 맡았다고 가정해보자. 반군은 몇 달째 이동 중이고 그들의 위치를 예측하게 된 것은 이번이 처음이다. 그들이 있는 것으로 의심되는 목표 건물은 현재 당신이 있는 위치에서 300마일(약 483km) 떨어져 있다. 목표 건물에 대공 미사일을 배치했을 수 있기 때문에 헬기를 이용하지 말라는 지령이 내려왔다. 이는 당신 소대가 목표 건물까지 자동차로 이동해야 한다는 뜻이다. 대략 가는 데 5시간, 돌아오는 데 5시간이 걸릴 것이다. 목표 건물을 마지막으로 정찰하고 소탕하는 데 몇 시간이 더 소요될 것이다. 이럴 때는 야간투시경이 있기 때문에 어둠 속 정찰이 가능하고 적보다 더 유리한 야간에 모든 임무를 완수해야 한다. 따라서 일몰 직후에 출발해야 목표지점까지 차를 타고 가서 적을 치고 일출 전에 기지로 돌아올 시간을 확보할 수 있다.

중요한 문제는 반군이 그 건물에 있는지 확실하지 않다는 것이다. 그곳에 있다는 의심을 할 뿐이다. 소대가 차로 이동하는 중에 급조 폭발물이나 매복 공격을 당할 위험이 있음을 명심해야 한다. 단순한 의심에 따른 리스크가 매우 크기 때문에 목표물을 함락시키겠다는 약속을 바로 해서는 안 된다. 대신 소대원들이 직접 계획을 수립하도록 해야 한다. 계획을 수립하는 데 몇 시간 정도 소요될 것이다. 가는 길에 같은 편 전진기지에 몇 번 들르는 것도 포함시키라고 지시를 내릴 것이다. 루트를 계획할 때 전진기지에서 목표에 대해 좀 더 정확한 평가를 하고 있을 것이기 때문이다.

일몰 직전에 소대는 계획을 브리핑하고 정보부로부터 반군 위치에 대한 정보를 확인할 것이다. 그들이 오늘 밤 계속 목표 건물에 있는 것으로 추정된다면 계획대로 진행한다. 그러나 목표물에 바로 가는 것은 아니다. 대신 목표로부터 200마일(약 322km) 떨어진 전진기지로 이동한다. 일단 그곳에 가서 첩보를 확인하고 용의자들이 어디 있는지 알아본다. 임무 수행에 완전히 나서지는 않지만 용의자들이 계속 목표 장소에

네이비씰 승리의 리더십

숨어 있을 거라는 첩보가 입수되면 작전을 계속 진행할 것이다. 100마일(약 161km) 지점에서 이 과정을 다시 하고, 그다음 목표지점까지 12마일(약 20km) 남겨둔 최종 전진기지에 도착해서 이 과정을 다시 밟는다.

어느 지점에서든 반군이 목표 건물에 있지 않다는 첩보가 나오면 잠시 멈춘 다음 상황을 평가하고 다시 돌아간다. 이렇게 함으로써 소대의 안전과 관련된 리스크와 목표물 공격과 관련된 리스크를 어느 정도 줄일 수 있다. 목표물을 공격했는데 적이 거기에 없을 경우 그들이 그 장소로 돌아올 가능성은 거의 제로에 가깝다. 다시 말해 적이 그 지점이 안전지대가 아님을 깨닫게 되었다는 뜻이다. 따라서 앞으로 그곳에서 그들을 사로잡을 기회를 놓치게 된다. 작은 결정을 내리는 단계를 반복적으로 밟아가며 목표를 향해 나아가다 보면 그런 일이 일어날 가능성을 줄일 수 있다.

반복적인 의사결정을 하는 것은 결단력과 거리가 멀다. 하지만 목표물에 대해 듣고 팀에게 공격을 감행하라고 즉시, 그리고 결단력 있게 명령을 내린다면 얼마나 나쁜 결과가 초래될지 알 수 없다. 600마일(약 965km)을 차량으로 이동하는 동안 부하들을 적의 공격 위험에 빠뜨릴 수 있다. 후속 작전을 위해 목표물 폭격이라는 위험을 감수했을 수도 있다.

필요하다면 결단력 있게 행동해야 하지만 필요할 때까지 결정을 내리지 말고 기다려라. 당신이 가진 정보를 바탕으로 능력을 최대한 발휘해서 무슨 일이 일어났는지 파악하라. 그다음에 가장 의심되는 방향으로 최소한의 목표를 달성하기 위한 작은 결정들을 내리는 방법이 좋다.

모든 것을 책임지고 싶다면 아무것도 책임지지 않아야 한다

분권형 명령체계를 유지하기 위해서 리더는 하급 리더에게 업무나 권한을 내려보내야 한다. 그러면 하급 리더는 다시 그 업무와 권한을 최전방 리더와 부대원에게 내려보낸다. 실제로 나는 리더가 모든 것을 책임지고 싶다면 아무것도 책임지지 않아야 한다는 말을 자주 한다. 리더가 아무것도 책임지지 않고 모든 행동을 하급 리더에게 위임했을 때만 리더가 진짜로 지휘할 수 있게 된다. 당신이 별로 중요하지 않아서 하급자도 처리할 수 있는 업무를 직접 지시하고 관리하느라 바쁘다면 팀을 전략적 방향으로 전진시키는 것이 불가능하다. 따라서 리더는 분권형 명령체계를 활용해 하급 리더가 이끌도록 해야 한다.

그런데 리더가 업무, 프로젝트 그리고 권한을 하급 리더에게 위임하게 되면 상관이 아무것도 하기 싫은 것처럼 보일 수 있다. 어떤 상황에서 부대원이 상관을 보고 게으르다거나 힘든 업무, 임무나 프로젝트를 책임지기 싫어한다고 생각하게 될까?

이를 사전에 방지할 수 있는 몇 가지 간단한 방법이 있다. 우선 부대원이 당신이 힘든 임무나 일을 피하고 있다고 생각하는 눈치가 보이면 가장 어려운 일을 맡아 그 생각을 불식시켜라. 모범을 보여라. 앞에서 이끌어라.

특정 업무를 배정받은 하급자가 불만을 토로하는 것을 들을 때도 마찬가지다. 그런 일이 발생하면 그 업무를 넘겨받아 직접 처리하라.

"하기 싫다고? 알았다. 내가 하지."

불만을 가졌던 사람이 자기 일을 당신에게 넘겨주면 실직하게 된다는 사실을 깨닫기까지는 오래 걸리지 않는다. 종종 그들의 자존심이 상할 수 있다. 업무를 당신에게 넘겨주면 통제권을 잃게 되고 책임의식을 포기하게 된다. 그러면 그들은 더 많은 책임을 당신에게 넘겨주게 된다. 그렇게 한 번 된통 당하고 나면 그들은 태도를 바꾼다.

물론 태도가 변하지 않는 사람도 종종 있다. 그들이 하기 싫어해서 그들로부터 업무를 넘겨받게 될 수 있다. 불평만 하는 사람은 어쩌면 게으를 수 있다. 그런 사람은 아무것도 하고 싶지 않기 때문에 책임감을 포기하는 것이 아무렇지도 않다. 그들은 일에 대한 자부심이 전혀 없기 때문에 자존심이 전혀 상하지 않을 것이다. 그들은 신경 쓰지 않는다. 팀원들에게서 이런 반응이 나와도 괜찮다. 이는 그들이 자기가 맡은 일을 하기 싫어하고 실적에 투자하기 싫다는 뜻을 분명하게 보여준 것이다. 그러면 당신은 그들을 지금 자리에서 내보내기 위한 조건들을 찾기 시작해야 한다.

당신이 힘든 일을 안 하려고 지시를 내린다는 인상을 부대에 주지 않기 위해 마지막으로 해야 할 일은 가장 어려운 일을 스스로 맡아 하는 것이다. 위험한 일을 하라. 더러운 일을 맡아 손을 더럽히고 가장 끔찍한 일을 하라. 하지만 시간이 오래 걸리는 일을 해서는 안 된다. 위나 밖을 살펴봐야 하는 중요한 순간에 그 일로 방해를 받아서는 안 된다. 이런 종류의 업무에 모든 시간을 할애할 수는 없지만, 기꺼이 맡아 일을 하는 모습을 보여주면 팀원들이 당신이 일을 기피해서 떠넘긴다는 생각을 더 이상 하지 않게 된다. 당신의 겸손함을 분명히 알게 되며 당신을 존경하게 될 것이다.

하급자의 문제를 다 해결해주지 않는다

특별히 어려운 업무에서 책임의식을 갖는다고 해서 팀이나 하급 리더를 위해 모든 것을 다 해주어야 한다는 뜻은 아니다. 그렇게 계속하다 보면 당신은 '이지 버튼(Easy Button)'이 되기 쉽다. 무슨 뜻일까? 난이도가 조금 있는 문제가 생겨도 팀원들은 당신이 그 문제를 해결해주길 바란다는 말이다. 당신이 이렇게 해줌으로써 팀원이 해야 할 일이나 그들의 삶을 수월하게 만든다.

리더가 개입해서 문제를 해결해야 하는 일이 종종 생길 수 있지만, 리더가 해결하는 것이 당연해지면, 부대원이 리더에게 그걸 바라게 되면 결국 팀에게 해가 된다. 왜냐하면 당신은 위나 밖을 보는 대신 계속 아래를 살펴야 하기 때문이다. 전략적인 그림을 그리고 다음 행보를 어떻게 하면 좋을지 파악해야 할 때 전술적 차원의 문제에 집중하게 되기 때문이다.

그보다 더 나쁜 것은 당신이 팀과 팀을 구성하는 개인들의 집단적 성장과 진보를 저해하게 된다는 것이다. 그들은 생각하는 훈련을 하지 않게 된다. 그저 당신에게 해결책을 요구하는 법만 배우게 된다. 이렇게 되면 그들이 리더로서 진보하고 발전하는 것이 거기서 멈추게 된다.

내가 기동대 지휘관이었을 때 나는 기동대 장교 중에서 경험이 가장 많았다. 사병으로 네이비씰의 다양한 고등 훈련을 가르쳤을 뿐만 아니라 6번이나 해외 파견을 나갔다. 그중 한 번은 이라크로 파견 나가 소대장으로 적군을 겨냥한 특수 작전 임무를 여러 번 수행한 적도 있다. 기동대의 다른 장교들은 그런 종류의 임무를 거의 해보지 않았다. 따라서 나는 하급 장교들보다 특수 작전 임무를 계획하고 실행하는 방법에 대해 이해가 훨씬 깊었다. 이것을 알고 있었던 장교들은 훈련 주기에서 훈련 임무 수행을 위한 계획 수립과 인원 배치를 준비할 때 종종 나를 찾아와 그들이 어떻게 해야 할지 묻곤 했다.

물론 처음 몇 번 물어봤을 때는 지금까지 내가 배운 교훈을 바탕으로 아이디어나 가이드라인을 제시해주었다. 하지만 얼마 지나지 않아 나는 그들에게 이렇게 말했다.

"스스로 생각해보고 좋은 계획이 생각나면 다시 나를 찾아와라."

처음에 그들은 계획을 발표하면서 내가 혹시 그들의 계획이 형편없다고 마구잡이로 비난할까 봐 긴장했다. 하지만 곧 그들을 꾸짖거나 욕하려고 하는 것이 아니라 가르치고 훈련시키는 게 목적임을 깨달았다. 그들이 계획을 발표하면 나는 부족한 부분을 조언해주고 전술적으로 맞지 않은 부분을 지적해주었다. 그러면 그들은 지적받은 부분을 수정해 더 나은 계획을 세워서 가져왔다. 훈련 주기 동안 수십 번 넘게 작전 계획을 짜보면서 그들은 임무 수행을 위한 작전을 수립하는 법을 확실히 이해하게 되었다.

해외에 파견되었을 때 나는 그들이 세운 계획에 대해 더 이상 걱정할 필요가 없게 되었다. 그들이 내가 세운 계획과 비슷하거나 더 나은 계획을 수립할 수 있었기 때문이다. 그러다 보니 나는 전체 작전 상황을 보고 우리와 같은 편인 다른 기동대와의 갈등을 조정하며 우리가 상부의 전체 목표를 확실히 지원하고 있는지 확인하는 데 더 집중할 수 있었다.

내가 리더로서 그런 일을 할 수 있었던 것은 내 밑에 있는 사람들이 자기 일을 어떻게 하고 내 일은 어떻게 해야 하는지 배웠기 때문이다. 그러자 나는 안이나 아래를 보는 대신 위나 밖을 살펴볼 수 있었다. 팀원의 성장을 저해해서는 안 된다. 문제를 가지고 당신을 찾아올 때마다 다 해결해주지 마라. 이지 버튼이 되어서는 안 된다.

선입견 없이 스스로 판단한다

리더로서 당신은 팀을 인수했든, 아니면 새로운 사람이 팀에 합류했든, 아니면 당신이 다른 팀에서 온 사람들과 함께 일하게 되었든 새로운 사람을 계속 소개받을 것이다. 어떤 경우든 사람을 소개받을 때는 그들에 대한 평판도 함께 따라온다. 그들의 역사가 그들을 말해준다. 보통 이전의 성과, 상, 징벌 조치 등을 포함해 평가에 대한 서면 (혹은 가상의) 기록이 있을 것이다.

새 리더로서 듣고 읽은 내용에 근거하여 그들을 판단하려고 하지 말고 열린 마음을 가지고 스스로 판단하려고 노력하라. 어떤 사람에 대한 이전의 기록을 전혀 고려하지 말라는 말은 아니다. 읽고 듣고 메모하라. 하지만 그 사람에게 새롭게 출발할 수 있는 기회를 주어라.

사람들의 이력을 확인했기 때문에 당신 눈에 보이는 것에 대해 더

네이비씰 승리의 리더십

신속하게 판단을 내릴 수 있다. 어떤 사람이 지각한 기록이 있는데 지금도 늦게 나온다면 진짜 문제임을 바로 알 수 있다. 감정적이라는 평가를 받은 사람이 감정에 치우치는 것을 보았다면 그 문제가 사실임을 확인할 수 있다.

하지만 이력서나 기록에 부정적 평가가 있다 해도 그들에게 기회를 주어라. 그들의 마지막 상사가 악몽과도 같은 존재였을 수 있다. 그 일을 할 만한 경험이 없어서 그랬을 수 있다. 미숙해서 실수를 저질렀을 수 있다. 기회가 주어지고 그 사람이 제대로 지도를 받으면 이 모든 문제는 해결되고 극복할 수 있다.

조직의 일원이 되어 영향력을 키운다

리더로서 나는 매우 의욕적이고 적극적이며 일을 완수하기 위해 열정적인 사람들이 내 팀에 있는 걸 좋아한다. 내가 압박을 가해야 하는 사람보다 내 눈길을 끄는 사람을 훨씬 더 좋아한다. 내가 리더였을 때만 그런 건 아니다. 팀에서 후임이었을 때도 다른 팀원이 내게 도전의식을 심어주는 것을 좋아했다.

그러나 모든 사람이 그런 것은 아니다. 어떤 사람은 도전의식을 부담스러워할 수도 있다. 사실 열정적인 사람은 실제로 지휘체계에서 윗사람이나 아랫사람의 기분을 상하게 할 수 있다. 왜 그럴까? 자존심과 관련이 있기도 하지만 다른 이유도 있다. 내가 신참이었던 첫 번째 소대에서 그걸 배울 수 있었다.

나는 신참일 때 의욕이 과도하게 앞섰다. 전쟁에 대비해 가능한 한 열심히 훈련하고 싶었다. 그때가 1992년이었으니 전쟁이 일어나지 않았던 시절이다. 1차 걸프 전쟁이 바로 6개월 전에 끝났는데 전쟁 기간도 고작 72시간밖에 되지 않았다. 네이비씰이 엄청난 명성을 얻어 내가 네이비씰 대원이 되고 싶다는 꿈을 꾸게 되었던 베트남 전쟁은 이미 20년 전에 끝났다. 완전한 평시의 해군이었다.

그러나 나는 어렸고 내가 참전할 전쟁이 조만간 일어날 것으로 판단해 전시를 준비하고 싶었다. 그래서 다른 팀원과는 다소 다른 행동을 했다. 일찍 출근했다. 운동화 대신 무거운 군화를 신은 채로 전투 상황에 맞는 달리기를 했다. 장애물 코스를 달릴 때 40파운드(약 18킬로그램)짜리 모래주머니가 든 배낭을 메고 달렸다. 웹 장비를 장착하고 혼자서 밤바다를 수영했다. 일반적으로 요구되는 수준보다 좀 더 힘든 단계에서 모든 것을 해내려고 노력했다. 그것이 옳다고 생각했다. 그렇게 혼자서 전쟁을 준비했다.

안타깝게도 우리 소대 선임들은 그런 나를 용납하지 못했다. 물론 나를 아는 다른 신참들은 내가 왜 그러는지 이해했다. 왜냐하면 그들은 나와 같이 BUD/S를 받으면서 내가 얼마나 열정적인 사람인지 알았기 때문이다.

하지만 선임들 중 몇몇은 내가 너무 지나치다고 생각했다. 네이비씰에 몸담은 지 6년, 8년, 10년 심지어 12년이 되었기에, 그들은 네이비씰 대원의 삶이 단거리 경주가 아니라 지속적인 성과를 내야 하는 마라톤과 같다는 사실을 알았다. 무릎, 어깨, 발목이나 등의 연골이 닳는 것을 막기 위해 계속 주의 깊게 살피고 조심해야 한다는 것을 알고 있었다. 앞으로 장시간 순찰, 낙하산 타기, 레펠 하강, 다이빙 그리고 강한 체력 소모를 하게 되는 더 진화되고 매우 고된 작업을 다양하게 하게 될 것을 알았다.

이렇게 체력 소모가 심한 업무는 다양한 작업을 수행했고 이미 부대 배치를 받은 사람들에게는 더 힘들게 느껴질 것이었다. 하지만 신참들은 막 BUD/S를 통과했기 때문에 뭐든 할 준비가 되어 있었다. 나는 속으로 다음 단계까지 이렇게 계속해나가야겠다고 마음먹었다.

얼마 지나지 않아 선임들의 투덜거리는 소리가 들려오기 시작했다. 그 말을 듣고 그들이 나와 생각이 다름을 알게 되었다.

"저기 람보가 오시네."

"터프 가이 좀 보게나."

처음에는 농담처럼 들렸다. 하지만 강도가 점점 세져서 얼마 지나지 않아 그들이 내가 그렇게 하는 것을 좋아하지 않는다는 것을 깨닫게 되었다.

나는 상황을 파악하고 그들에게 책임을 돌릴 수 있었다. 이렇게 말할 수 있었다.

"도대체 뭐가 문제지? 나는 더 열심히 훈련한 것뿐인데. 당신들은 약해지고 있어. 나는 아주 강인해. 당신들보다 훨씬 더 강인하지. 나는 전쟁을 준비하고 있어. 당신들은 나처럼 전쟁에 대비해 더 열심히 훈련해야 해. 솔직히 내가 당신들을 믿고 갈 수 있을까?"

젊은 대원이었던 나는 '세상에서 가장 힘든 군사 훈련'을 마친 후 여전히 자신감으로 충만해서 나 자신의 행동을 합리화하고 다른 소대원을 깎아내리기 쉬웠다. 특히 우리 소대의 몇몇 고참은 최상의 몸 상태를 유지하지 못했다. 물론 그들은 추가로 체력 단련하는 것을 원하지 않았다. 그들은 약했고 나는 강했다. 그들은 분명 나에게 겁을 먹었을 것이다. 그들은 자존심이 너무 세서 나 같은 신참이 들어와 전력을 다하는 것을 받아들이지 못했다.

그러나 나는 일단 그들의 관점에서 생각해보았다. 나는 누굴까? 나는 신참이다. 한 번도 배치를 받아본 적이 없다. 지금까지 특기 분석을 받아본 적이 없다. 그런 내가 누구를 판단할 수 있겠는가? 내가 알고 있는 것이 무엇일까?

이어 나는 팀의 관점에서도 생각해보았다. 우리는 한 소대다. 팀이 되어야 하고 함께 일해야 한다. 그런데 지금 나는 나 자신을 팀에서 멀어지게 하고 있다. 몇몇 선임과의 사이에 균열이 생겼다. 그건 잘못된 것이다. 이는 소대의 단합을 방해하고 작전 준비 태세에 부정적인 영향을 줄 수 있었다.

그래서 나는 뒤로 물러섰다. 나 혼자 있을 때는 추가로 훈련을 했지만, 소대와 함께 있을 때는 다른 대원들과 똑같이 행동하려고 했다. 단도직입적으로 말하자면 나는 순응했다.

나는 저들의 뜻을 따랐다. 사람들은 이렇게 생각할 수 있다.

'조코는 너무 강경해. 아마 우리 무리에 절대로 굴복하지 않을 거야.'

하지만 틀렸다. 내가 '절대로 굴복하지 않겠다.'라며 내 입장을 고수했다면 나는 내 감정을 팀보다 우선시한 셈이 된다. 내 자존심이 뒤로 물러나서 팀이 하는 일에 순응해 따라가는 것을 받아들이지 못한다는 말이 된다. 이는 내가 팀의 그 누구보다 더 중요한 사람이라고 생각한다는 것을 만방에 알리는 것이다. 이는 확실히 잘못된 태도다.

의심할 바 없는 사실이다. 팀에서 가장 중요한 것은 팀이다. 어떤 사람은 비겁한 생각이라고 말할 수 있겠지만 그건 그렇지 않다. 팀이 존재하는 모든 이유는 임무를 완수하기 위해서다. 하나로 단결된 팀일수록 그 임무를 더 잘 완수해낼 수 있다. 내가 팀에 불화를 일으킨다면 나는 우리가 임무를 완수할 수 있는 능력에 해를 끼친 것이다.

한 단계 더 나아가보자. 우리 소대원 중 몇 사람이 최상의 신체 조건을 갖추지 못했다고 가정해보자. 만약 그렇다면 확실히 나는 그들이 더 나은 신체 조건을 갖추기를 바랄 것이다. 그렇게 하려면 더 열심히 체력을 단련시켜야 한다. 어떻게 해야 그들이 운동을 시작하게 만들 수 있을까? 그들은 나를 위해 운동하지 않을 것이다. 나는 소대에서 후임이다. 나는 그들에게 어떤 명령도 내릴 수 없다. 다른 방법을 찾아야 한다. 유일한 방법은 그들에게 영향을 주는 것이다. 내가 그들에게 영향력 있는 사람이 되려면 그들과 관계를 맺어야 한다. 아무 관계가 없다면 영향을 줄 수 없다. 영향을 줄 수 없다면 그들에게 아무것도 시킬 수 없다.

나는 중요한 교훈 한 가지를 배웠다. 내가 조직 안에 속하지 않는다면 조직을 변화시킬 수 없다는 것이다. 그러나 내가 조직 안에 속해 있다면 조직을 움직일 수 있다. 어쩌면 내가 원하는 만큼 혹은 짧은 시간에 변화시킬 수는 없겠지만, 적어도 올바른 방향으로 움직일 수는 있다. 조직에 속하려면 지나치게 공격적으로 행동해서는 안 된다. 조직에서 자신을 소외시키지 마라. 조직의 일원이 되어 영향력을 키워나가라.

그렇다고 팀의 일원이 되기 위해 규정을 지키며 무엇이든 다 순응하라는 뜻은 아니다. 절대로 그렇지 않다. 자신만의 개성과 특별한 성격 그리고 관점을 유지해야 한다. 다만 당신의 성격이 조직 내에서 관계를 형성하는 것에 방해가 되지 않게 하라.

그런데 나쁜 조직이라면? 앞에서도 말했지만 부도덕하거나 불법적이고 비윤리적인 일을 한다면 맞서야 한다. 똑똑하게 자신의 입장을 취해야 한다. 그런 행동에 동참했거나 묵인했다면 당신에게도 과실이 있다(68쪽 '리더에게 불복종해야 할 때도 있다' 참조).

조직이 불법적이거나 비윤리적인 일을 하지는 않지만, 임무를 수행하는 데 부정적인 영향을 주는 일을 하고 있다면 어떻게 해야 할까? 팀원이 리더십이나 임무 그 자체에 대해 부정적인 태도를 보인다면 어떻게 해야 할까?

다시 말하지만, 그 점을 물고 늘어져 팀과 적대적인 관계를 형성하는 것은 최선의 방법이 아니다. 당신이 조직에서 자신을 소외시킨다면 다른 사람들은 당신의 말을 듣지 않을 것이다. 그러니 그들과 유대감을 쌓도록 노력하라. 조직 구성원들과 어느 정도 관계가 맺어졌을 때 당신의 말을 듣게 된다. 관계가 끈끈할수록 당신의 말에 귀 기울이는 사람이 많아진다.

관계를 구축하기 위해서는 어느 정도 타협할 필요가 있다. 100퍼센트 타협을 하라는 것이 아니라 관계를 맺을 만큼의 타협을 말한다.

네이비씰 승리의 리더십

당신의 동료가 이렇게 말했다.

"이런 바보 같은 임무가 어디 있어? 사장도 마찬가지야!"

그때 당신이 이렇게 대답했다.

"아니야. 이 임무는 굉장해, 사장도 마찬가지야!"

아마도 그 사람은 이제 당신이 하는 얘기는 무엇이든 듣지 않을 것이다. 만약 그가 듣는다면 그것은 당신이 말하는 내용에서 꼬투리를 잡아 당신에게 반박하기 위해서다. 이런 대화는 좋게 끝나지 않는다.

완전히 다른 방식의 접근법을 들어보자.

당신의 동료가 이렇게 말했다.

"이런 바보 같은 임무가 어디 있어? 사장도 마찬가지야!"

당신은 이렇게 대답했다.

"네 말이 맞아. 정말 바보 같군. 내가 지금까지 해온 일 중에서 가장 바보 같은 임무야. 사장이 우리에게 이런 일을 시키다니 정말 믿을 수가 없군!"

당신은 동료에게 같은 편임을 확실히 보여주었다. 하지만 임무에 너무 반대하는 입장을 취해서 상황이 바뀔 경우 다시 돌아오기 힘들다. 사장과 회사 혹은 조직에도 무례하게 굴었다. 사장이나 본사에 대해 무례한 태도를 보이거나 깎아내리는 것은 결속을 다지는 데 쉽고 간단한 방법이지만 당신의 성격도 어느 정도 드러난다.

리더십이나 위에서 내려온 지침에 관해 이야기할 때는 극도로 조심해야 한다. 그들이 노골적으로 선을 넘는 행동을 할 때 그들을 옹호하기 위해 위험을 자초하지 마라. 그런 순간에도 지혜롭게 처신해야 한다. 리더 부재 시 지휘계통이나 비전을 깎아내리는 사람이 되어서는 안 된다.

좀 더 신중하게 접근할 필요가 있다. 동료의 말에 동의하는 것처럼 말하면서 동시에 부드럽게 대화를 시도한다면 더 나은 방향으로 이끌어갈 수 있다.

당신의 동료가 이렇게 말했다.

"이런 바보 같은 임무가 어딨어? 사장도 마찬가지야!"

이때 정색을 하거나 완전히 동조하는 두 극단 대신 중간 입장을 취해보라.

"음, 우리 입장에서 보면 이 임무는 확실히 이해하기 힘들어. 위에서 왜 우리에게 이런 일을 시킨 걸까?"

이제 당신과 동료에게 토론 거리가 생겼다. 토론이 잘 진행되면 두 사람 사이는 더 돈독해질 것이다. 게다가 방금 당신은 질문을 던졌다. 당신 동료에게 왜 이 임무를 수행해야 한다고 생각하는지, 그가 어떻게 이해했는지를 물었다. 동료의 대답을 들은 당신은 그의 입장을 더 잘 이해할 수 있게 되었고, 그러면 잘 설득해서 일에 합류시킬 수 있다.

관계가 더 발전하고 팀원과 중심을 잃지 않으면서 대화를 많이 나눌수록 그들에게 영향력을 더 많이 행사할 수 있게 된다. 이렇게 하면 팀원과 정면충돌하지 않고 그들의 신뢰를 얻을 수 있다. 조직 내에서 간접적으로 팀원의 마음을 돌이키게 만들 수도 있다. 그러면 사람들을 올바른 방향으로 이끌어갈 수 있는 최고의 능력을 갖추게 된다. 공격적인 태도로 조직의 신념과 정면충돌하는 것과 정반대되는 방법이다. 조직

네이비씰 승리의 리더십

과 충돌하게 되면 당신은 조직에서 고립되고 어떤 식으로든 조직의 방향에 영향을 줄 수 없게 된다. 중심을 잃지 않고 균형을 잡아야 한다. 관계를 맺어야 한다. 그러고 나서 이끌어라.

긍정적이되 현실적으로 바라본다

나쁜 상황이 전개될 수 있다. 그때 리더는 긍정적인 태도를 유지하고 주어진 상황에서 좋은 점을 발견하는 것이 무엇보다 중요하다.

- 우리에게 필요한 자금 지원이 거절됐다고? 괜찮아. 더 효율적인 방법을 배우면 되지.
- 우리가 계획했던 임무가 취소되었다고? 괜찮아. 더 준비할 시간을 확보한 셈이지.
- 고객과 계약이 무산되었다고? 괜찮아. 이제 다른 고객과 더 친밀한 관계를 맺는 데 집중하면 돼.

어떤 일이 잘못된다고 하더라도 난관을 통해 배울 점이 분명 있다. 부정적인 태도는 긍정적인 태도처럼 팀에 전파되기 때문에 리더가 긍정적인 태도를 유지하는 것이 중요하다.

하지만 지나치게 긍정적인 리더도 있다. 리더가 팀에게 언제나 긍정적인 말만 한다면 그 리더는 현실을 제대로 파악하지 못하는 지나친 낙천주의자로 비칠 것이다. 따라서 리더는 현실을 기반으로 한 긍정의 힘을 발휘해야 한다.

- 우리에게 필요한 자금 지원이 거절됐다고? 좋아, 우리가 생각했던 것보다 시간은 좀 더 걸리겠지. 하지만 적어도 프로세스를 간소화시키고 가능한 한 효율적으로 만들 수는 있어.
- 우리가 계획했던 임무가 취소되었다고? 음, 이상적인 상황은 아니지만 적어도 지금 세부적인 부분을 다시 리허설해보고 더 면밀히 준비할 수 있어.
- 고객과 계약이 무산되었다고? 원했던 결과는 아니지만 다른 고객들에게 집중하고 더 친밀한 관계를 구축할 기회가 될 수 있어. 그러면 결국 더 많은 비즈니스로 이어질 거야.

이처럼 신중한 반응은 부대에도 적용될 수 있다. 부대원들이 당신이 지금 상황이 주는 문제점들을 보지 못한다고 생각하면 당신은 신뢰를 잃게 된다.

따라서 일어나는 일에 대해 긍정적인 태도를 유지하는 것은 중요하지만 문제를 무시하지 말고 직면한 시련을 대충 넘어가려고 하지 마라. 긍정적이되 현실적인 사람이 되어야 한다.

네이비씰 승리의 리더십

3장 리더십 활용 전략

리더십을 활용한 교육과 성장

리더의 자리에 오르면 관점이 달라진다. 새로운 관점에서 보면 자신이 지금까지 해온 방식에 어떤 오류가 있는지 드러나기 때문이다. 그래서 나는 리더십에 대해 다양한 요청을 받으면 주로 사람들에게 리더 역할을 맡김으로써 문제를 해결한다. 사람을 가르치고 조언을 하다 보면 다양한 현상이 나타날 수 있다. 이때 기본적으로 처방해주는 방법은 바로 리더의 자리에 앉히는 것이다. 리더십은 여러 종합적인 문제의 해결책이다.

부정적인 태도 교정하기

네이비씰 소대에서 부소대장으로 복무하던 시절에 나는 다른 소대의 부소대장과 친하게 지냈다. 어느 날 퇴근 후 그 친구가 자기 소대에 있는 대원 중 한 명에 대해 불만을 토로했다. 사실 그는 정말 불평하려는 것이 아니라 해결책을 찾고 있었다. 그 대원은 무한한 잠재력을 가지고 있는 것 같았다. 매우 똑똑했고 카리스마가 있었으며 신체 능력도 뛰어났다. 부대에서 중요한 자산이 될 수 있는 존재였다. 이미 파병도 한 차례 다녀왔기 때문에 더 이상 신참이라 할 수 없었고 소대 내에서 긍정적인 영향력을 미칠 수 있는 위치에 있었다.

그러나 안타깝게도 그는 소대에 부정적인 영향을 주었다. 언제나 절차를 무시했고 수행하는 훈련에 대해 불평을 늘어놓았으며 매사에 일관되게 부정적인 태도를 취했다. 똑똑하고 운동도 잘했으며 카리스마가 있었기 때문에 그의 이런 부정적인 태도는 다른 대원들에게 영향을 끼쳤다. 다른 대원들의 태도 역시 조금씩 부정적으로 바뀌기 시작했다. 이는 좋은 상황이 아니었다.

나는 잘 아는 사이는 아니었지만 그 대원이 누군지 알고 있었다. 그 소대 근처에서 본 적이 있었고 같은 팀 모임에서 만난 적도 있었다. 그는 모든 것이 자기 발아래에 있는 것처럼, 혹은 전혀 중요하지 않은 것처럼 얼굴에 자신감이 흘러넘쳤다. 다루기 쉬운 사람이 아닌 것은 분명했다.

부소대장은 어떻게 해야 할지 몰라 난감해했다. 그와 소대장은 몇 달째 그 대원의 행동을 통제하려고 애썼지만 성공하지 못했다. 구두로 권고했지만 문제는 개선되지 않았다. 그의 행동에 대해 '생각'해보라고 주말 근무를 맡겼지만 별 도움이 되지 않았다. 심지어 서면 권고까지 보냈는데도 문제는 더 악화되는 것처럼 보였다. 부소대장은 그 대원에게 넌더리를 내고 있었다.

나는 말했다.

"그를 책임자로 삼아."

"뭐?"

나의 제안을 들은 그는 깜짝 놀랐다.

나는 천천히 또박또박 다시 말했다.

"그를 책임자로 삼아."

"그를 책임자로 삼으라고?"

부소대장은 내 제안에 완전히 당황해서 되물었다.

"응. 그를 책임자로 삼아. 그 사람이 책임을 지게 해봐. 똑똑하고 카리스마 있다며? 그 사람 재능이 낭비되는 것처럼 들려. 그는 아마 도전의식을 느끼지 못해서 지루한 것 같아. 그래서 그런 나쁜 태도를 보일 수 있지. 그렇게 두지 말고 그에게 어떤 일을 책임지게 해봐. 그러면 나서서 잘 해낼 수 있을 거야."

부소대장은 내 말에 반신반의하는 것 같았지만 다른 생각이 떠오르지 않았는지 알았다고 했다.

"좋아. 한번 해보지."

그는 돌아갔고 우리는 각자 자기 소대 일을 계속했다. 몇 주 동안 소대 훈련을 마치고 돌아왔을 때 그 부소대장이 나를 찾으러 왔다.

"요즘 어때?"

나는 지난번에 그와 나누었던 그 소대원의 태도에 관한 대화를 기억하지 못한 채로 그에게 물었다.

"별로야."

나는 그게 무슨 말일까 싶었다. 그러자 그가 말을 계속했다.

"그 사람 더 안 좋아졌어."

나는 그제야 전에 했던 대화가 기억이 났고 깜짝 놀랐다.

"진짜?"

"그래. 진짜라니까. 내가 그를 책임자로 세우고 몇 가지 일을 맡겼는데 더 부정적으로 되었어."

그 말을 듣고 정말 놀랐다. 내가 전에 비슷한 경우에 그렇게 했을 때 몇 번이나 효과를 보았기 때문이다. 나는 전에 네이비씰 1팀 훈련 조교로 일한 적이 있다. 팀이 훈련을 받을 때 우리는 불평이 많은 팀원에게 훈련 임무 책임을 맡겼다. 책임자라는 무게는 대부분 팀원을 바로잡거나 적어도 올바른 방향으로 움직이게 했다.

책임감은 나에게도 동일하게 작용했다. 내가 첫 번째 소대에 있을 때 내 보직은 통신병이었다. 경험이 없는 신참이 통신병을 맡는 것은 드문 경우였다. 통신 설비 준비에서 임무 계획에 이르기까지 통신병이 세부사항을 모두 알고 있어야 했기 때문에 책임이 실로 막중했다. 신참의 입장에서 부담감이 너무 컸다. 이런 부담감이 나를 올바른 방향으로 이끌었다. 나는 선임 통신병 뒤에 숨어 그를 의지할 수 있었을 때보다 더 열심히 일하고 더 많이 준비하며 더 진지하게 업무에 임했다.

이는 나를 비롯한 젊은 사병들이 소대장의 신임을 받아 작전을 계획하고 운용할 수 있었던 두 번째 소대에서 더욱 분명하게 드러났다. 우리 모두는 책임을 맡기자 솔선수범했고 긍정적인 태도를 지님으로써 더 나은 대원으로 활약할 수 있었다.

나는 그 소대원에게 책임을 맡긴 이 전술이 왜 통하지 않았는지 이해할 수 없었다.

"그래? 진짜 이상하네."

나는 말했다.

"그렇다니까. 실제로 그의 태도가 더 나빠졌어. 거의 순식간에 그렇게 되었지. 내가 그에게 책임을 맡기자마자 더 심해졌으니."

난 정말 어리둥절했다. 똑똑하고 카리스마 넘치며 신체 능력까지 뛰어난 사람이 정말로 앞에서 이끌고 싶지 않다고? 말이 안 되는 얘기였다. 나는 이해할 수 없었다. 어떤 생각이 머리를 스쳐 지나갔다.

"잠깐. 어떤 일을 맡겼는데?"

나는 물었다.

"그에게 매일 소대 내무반 바깥에 있는 화장실을 청소하고 쓰레기를 비우라고 했지. 별로 어려운 일도 아니었어!"

그가 대답했다.

나는 고개를 저었다.

"아니지!"

나는 격앙된 어조로 말했다.

"중요한 일을 맡겼어야지. 중요한 일을 주어서 그에게 도전의식을 심어줬어야 했어. 그의 태도가 나빠진 게 당연하지! 화장실 청소를 맡겼다고? 그건 바보 같은 신참들에게나 시키는 일이지, 잠재력 있고 경험 있는 대원에게 시킬 일은 아니라고! 나는 그에게 훈련 여행을 이끌거나 훈련 작전을 지휘하는 일을 맡겨야 한다는 뜻이었어."

부소대장은 멍한 표정을 지었다. 그는 자신이 실수했다는 사실을 바로 깨달았다. 경험을 쌓은 대원에게 화장실 청소는 지휘할 기회가 아니라 처벌이었다. 부소대장은 고개를 저었다.

"이제 어쩌지?"

"화장실 청소를 그만두게 해! 그 일을 하는 것보다 더 큰 잠재력을 가졌다고 그 대원에게 말해. 그가 앞장서면 좋겠다고 말해. 그리고 임무를 책임지게 해."

"음, 이번 주에 전투수영(Combat Swimmer) 완전 임무 개요(Full-Mission Profile, FMP)가 있는데, 그중 하나를 맡기면 되겠다."

"완벽해."

내가 말했다. FMP는 소대가 계획을 짠 다음 시작부터 끝까지 훈련 임무를 수행하는 것을 말한다. 전투수영은 네이비씰 팀에서 스쿠버 작전을 표현할 때 사용하는 용어다. 주로 항구에서 다이빙해서 목표 선박에 지뢰를 설치한 후 다시 낙하지점으로 계속 잠수해 돌아오는 것을 말한다. 이는 어려운 도전이 되겠지만 그가 감당할 수 있을 것으로 생각됐다. 부소대장 역시 한번 시도해보기로 했다.

그 결과를 바로 들을 수 있었다. 며칠 후 태도가 나빴던 그 대원이 완전 임무 개요 훈련 작전을 담당하게 되었다. 나는 팀을 돌아다니던 그를 우연히 발견했다. 그는 실제로 달라 보였다. 그 대원은 분명한 목표의식을 가지고 단호한 태도로 자신이 하는 일에 집중했다.

"어떻게 되어 가는가?"

복도에서 서로 지나칠 때 그에게 말을 건넸다.

"잘되고 있습니다."

그가 대답했다.

네이비씰 승리의 리더십

다음 날 우리 소대에 잠깐 들른 부소대장이 그간의 일을 전했다.

"믿을 수 없어."

그가 사무실로 들어오며 말했다.

"뭐라고?"

"태도가 180도 달라졌어."

부소대장이 대답했다.

"좋은 소식이군."

내가 말했다.

"그게 전부가 아니야. 그는 정말 대단했어. 일을 끝내주게 잘 처리했지. 전체 작전의 계획 수립과 수행을 모두 총괄했지. 나는 많이 도와줘야 할 것이라고 생각했는데 혼자 다 해냈어. 그가 소대장과 나에게 몇 가지 질문을 했지만 전반적으로 그가 다 해냈어. 정말 인상적이었지. 무엇보다 인상적인 것은 그의 태도였어. 정말 달라졌어. 다음 작전을 지휘하지 않았는데도 다음 담당자를 계속 지원해줬어. 효과 만점이었지. 고맙다."

그가 말했다.

"별 말을 다한다. 친구. 일이 잘 풀려 다행이네."

나는 리더가 다른 사람을 성장시킬 때 가장 좋은 방법 중 하나가 바로 리더십 그 자체라는 생각이 더욱 확고해졌다. 사람들에게 책임을 맡기고 그들을 리더 자리에 앉히면 사람들은 더 나은 태도를 갖게 된다. 이 방법을 잘 이해하면 할수록 리더십을 이용해 사람들이 구체적으로 배워야 할 것들을 정확하게 가르칠 수 있다.

겸손 가르치기

우리는 하급 리더가 자신감을 갖기를 바란다. 하지만 자신감은 쉽게 중심을 잃고 지나쳐서 교만으로 이어질 수 있다. 성공의 기쁨을 맛본 젊은 리더들은 자기도취에 빠져서 겸손의 미덕을 잃어버리기 쉽다. 그들은 자신을 과대평가하고 다른 사람으로부터 조언을 듣는 것을 거부하며 그들이 계획하고 준비해야 하는데도 그렇게 하지 않는다.

오만해진 리더에게 어떻게 겸손을 가르칠 수 있을까? 어떻게 해야 그들이 자존심을 누를 수 있을까?

물론 인생을 살다 보면 겸손해질 수밖에 없다. 한 사람이 긴 인생길을 걸어가며 정말 어려운 문제를 겪다 보면 결국 겸손해진다. 그러나 그렇게 되려면 시간이 필요하다. 그런데 우리는 리더로서 하급자가 인생 경험을 통해 겸손을 배우도록 마냥 기다려줄 수 없다.

그러면 젊고 자신만만한 리더들에게 겸손을 가르치기 위해서는 어떤 방법을 취해야 할까? 나는 젊은 리더들이 가진 능력 밖의 임무나 프로젝트를 책임지게 하는 방법을 쓰곤 했다.

"지금까지 잘 해왔으니 이번 임무도 잘 이끌 것으로 기대한다. 알았나?"

나는 이렇게 말하곤 했다.

대개 그들은 오만함 속에서 흥분을 감추지 못했다. 그들은 마침내 책임자가 되었다고 생각했다. 그 책임은 그들 생각에 그들이 맡아야 마땅한 것이었다.

그러나 임무는 어려웠다. 할 수 있고 비현실적인 임무도 아니지만 그들이 충분히 실패할 수 있을 정도로 어려운 임무였다.

일단 그들이 책임을 맡아 계획 과정을 주도하다 보면 2가지 상황이 발생하곤 했다. 하나는 임무를 살펴보고 계획을 짜기 시작하다가 감당할 수 없다는 사실을 깨닫고 도움을 요청하러 오는 것이다. 그러나 겸손한 사람이어야 그렇게 할 수 있다. 오만한 사람은 도움을 요청하기 싫거나, 상황을 감당할 수 있다고 생각하거나, 아니면 둘 다여서 도움을 요청하지 않는다. 그들이 조금이라도 겸손을 아는 사람이라면 단점을 인정하고 겸손을 배워 도움을 요청할 것이다.

그들이 도움을 요청하지 않는다면 두 번째 상황이 연출될 수 있다. 오만한 리더가 도움을 요청하는 것을 거부했다면 그들은 실패를 경험하게 되고 그 실패를 통해 겸손을 배우게 될 것이다. 그들은 자신이 생각했던 것만큼 대단한 사람이 아님을 깨닫게 된다.

그렇다고 내가 목숨이 위태로울 정도로 위험한 임무를 하급 리더에게 맡겨 실패하게 만들었던 것은 아니다. 훈련 임무는 전혀 다른 경우다. 나와 일했던 사람들은 모두 훈련 임무 기간 동안 리더 자리에 앉게 된다. 건방지거나 오만한 사람들에게는 가장 힘든 임무를 주었다. 그 임무가 끝나면 그들은 겸손해진다.

기업에서도 같은 방법을 적용할 수 있다. 교만한 하급자가 중요한 클라이언트나 거래처를 상대하는 데 실패해서 거액의 돈을 날리게 하라는 말이 아니다. 그들을 위해 훈련 프로젝트를 계획하거나 최소한의 결과를 얻을 수 있는 프로젝트를 이끌게 할 수 있다. 이런 프로젝트는 그들이 실제로 그 계획을 수행해 손해를 입히기 전에 중단시킬 수도 있다. 교만한 젊은 리더는 계획을 짤 때 어떻게 함께해야 하는지조차 모를 수 있다. 따라서 서로 의견을 조율해가며 계획을 짜는 시도를 통해서 겸손을 배울 수 있다. 어느 쪽이든 불필요한 위험을 감수할 필요가 없다. 그렇지만 교훈을 배울 수 있다.

이런 질문을 받을 때도 있다.

"오만한 리더가 잘 해내면 어떡하죠? 그때는 어떻게 해야 합니까?"

답은 간단하다. 먼저 실망하지 마라. 팀에 뛰어난 잠재력을 가진 리더가 있는 셈이다. 이것은 좋은 일이다. 하지만 그들은 겸손해질 필요가 있기 때문에 그에게 더 어려운 임무를 주어라. 그 임무도 성공해낸다면 더 어려운 것을 주고, 그 다음에 더더욱 어려운 임무를 주어라. 하급자가 실패해 도움을 요청할 때까지 계속하라. 일단 그들이 겸손해지면 그들의 자존심을 다시 세워주는 작업을 시작하면 된다.

하급자의 자신감 세워주기

하급자가 지나치게 자신만만해 겸손을 가르쳐야 할 때가 있는 것처럼 하급자의 자신감을 세워주어야 할 때도 있다. 리더 자리에 새로 임명되어 사람들을 이끄는 게 어려운 하급자가 있을 수 있다. 임무, 프로젝트나 업무를 잘 수행해내지 못해 자신의 능력에 대해 불안해할 수도 있다.

자신감 부족에 대한 처방도 자신감 과잉에 대한 처방과 매우 유사하다. 즉 그 사람에게 책임을 맡기는 것이다. 자신감이 필요하다는 생각이 들 때 그 사람이 충분히 잘 이끌고 수행할 만한 임무를 맡겨라. 쉽게 성취할 수 있는 임무를 맡겨도 된다.

그러면 그는 나서서 해야 할 일을 하고 좋은 결과를 도출해낼 것이다. 일단 그 임무를 완수하면 그다음에 조금 더 어려운 임무를 주어라. 그 임무도 완수하면 조금 더 어려운 것을 맡겨라. 이렇게 성취해가다 보면 자신감이 커져 결국 자신감 있는 리더가 될 것이다. 그러면 당신은 타당한 수준에서 어려운 임무를 부여해 그들의 자신감을 시험해볼 수 있다.

다시 말하지만, 리스크를 줄이는 것이 중요하다. 자신감이 부족한 사람에게는 중대한 임무를 맡기지 마라. 그 일을 맡을 준비가 되지 않아 실패할 수 있다. 팀에게 피해가 될 뿐만 아니라 그 사람 역시 자신감을 더 꽁꽁 묻어버릴 수 있다.

임무나 프로젝트를 신중하게 선택해야 한다. 적당히 부담을 주지만 전체 전략적 임무를 수행할 때 불필요한 리스크를 감수하지 않아도 되는 정도여야 한다. 하지만 바라는 성장을 끌어낼 수 있을 정도의 리스크는 있어야 한다. 임무가 너무 쉬워도 안 되고 자신감을 가져야 한다는 식으로 스트레스를 강하게 받게 해서는 안 된다. 그들은 당신이 쉬운 일을 시켰다고 생각해서(실제로 그랬지만) 자신이 능력 부족이라는 생각에 더 깊이 빠질 것이다. 따라서 균형점을 찾아 적당한 수준의 압력을 가해 성장을 끌어내라.

업무 수행 능력이 뛰어난 사람 키우기

굳이 리더 자리에 일부러 앉힐 만한 문제가 없는 사람도 있다. 좋은 리더는 아랫사람에게 책임을 맡겨 더 많은 경험이나 지식을 쌓게 하는 식으로 팀을 성장시킨다.

내가 두 번째 소대에 있을 때 우리 소대장은 계속 젊은 대원들에게 훈련 작전을 책임지고 수행하게 했다. 일단 내가 몇 차례 전체 임무를 계획해보니 통신병으로서 내 임무가 수월하게 느껴졌다. 전체 임무에 맞추어 내가 맡은 부분을 기획하는 법을 더 잘 이해하게 되었다.

나는 장교가 된 이후 그 전통을 이어왔다. 내가 부소대장으로 복무할 때였다. 상급 장교는 우리 소대가 수행한 일련의 작전들을 평가하는 중이었다. 첫 번째 작전에서 나는 초짜 장교인 프레디(Freddie)를 임무에 투입했다. 내가 도와주기는 했지만 그가 계획을 짰고 브리핑을 준비했으며 임무를 수행하는 책임을 맡게 되었다.

임무 브리핑을 위해 모였을 때 상급 장교가 점수를 매기고 평가하기 위해 그 자리에 있었다. 시작할 때 나는 일어나서 이렇게 말했다.

"안녕하십니까? 우리는 꽤 어려울 것으로 예상되는 임무를 맡게 되었습니다. 복잡하고 유동적인 변수가 많아 조정할 부분이 상당히 많았습니다. 우리 소대에서 가장 젊고 가장 신참인 장교가 이번 작전의 지상군 지휘를 맡게 되었습니다. 프레디, 이제 자네 차례다."

상급 장교의 표정이 어땠는지 말로 다 표현할 수 없다. 내가 가장 어린 완전 초짜 장교에게 이번 임무의 책임을 맡길 줄 예상하지 못한 게 분명했다. 나는 그의 옆에 앉았다.

"인상적이군."

그가 내게 나지막하게 말했다.

네이비씰 승리의 리더십

"위험해 보이지만 인상적이야."

"그렇지 않습니다. 위험하지 않은 일입니다. 저 녀석들은 지휘가 무엇인지 알고 있습니다."

나는 그를 보고 빙긋이 웃었다.

"알겠네, 조코."

실제로 그들은 지휘가 무엇인지 알고 있었다. 프레디는 브리핑을 훌륭하게 잘 해냈고 훈련 임무도 괜찮게 잘 해냈다.

아랫사람에게 책임을 맡기면 그들이 더 성장한다. 그들의 호봉 윗단계에서 어떤 일이 일어나고 있는지, 그리고 임무의 전략적 측면에서 자기 일을 어떻게 수행해야 할지 이해하게 된다. 지금 맡은 일을 잘 해낼 뿐만 아니라 나중에 더 나은 리더가 되도록 하급자를 성장시키는 것이 가장 좋은 방법이다.

겸손과 자신감을 가르치고 업무 수행 능력이 뛰어난 사람을 키우는 것은 사람들을 리더로 키우는 데 도움이 되는 방법 중 하나다. 리더십으로 당신의 사람을 도울 수 있다. 잘 사용해보라.

동료들을 이끄는 방법

동료를 이끄는 것은 가장 어려운 유형의 리더십이다. 계급과 지위가 동등하다면 좀 더 지혜롭게 접근해야 하고 훨씬 더 끈끈한 관계가 형성되어야 한다. 일단 관계가 구축되면 올바른 방향으로 팀을 이끌 수 있는 영향력을 행사할 수 있다. 영향력은 사람을 이끌 때 가장 선호되는 방식이다. 특히 동료를 이끌 때는 영향력이 중요하다.

동료들끼리는 자존심 싸움이 벌어지기 쉽기 때문에 영향력 행사의 난도 또한 올라간다. 사람들은 자신이 더 낫다고 생각하며 다른 사람을 앞서려는 경향이 있다. 동료들과 함께 일할 때 자존심을 내세우기 시작하면 동료 역시 자존심을 내세우는 최악의 상황이 연출될 수 있다.

자존심을 꺾어야 한다. 자기 자신을 누르는 것에서 시작하라. 자신의 자존심을 누르지 못한다면 동료들과 적대적 관계로 발전하게 된다. 그러면 군사 용어로 아군의 공격을 받는 오인 사격을 당하게 된다. 결국 팀을 망치는 파국을 맞게 된다. 그런 일이 일어나지 않게 하라. 자존심을 내세우지 않도록 주의하라.

자존심을 내세우지 않고 동료와 좋은 관계를 맺는 최선의 방법은 그들의 생각을 인정해주는 것이다. 그들이 당신과 약간 다른 계획을 세웠을 수 있다. 하지만 기능적 차이에 불과하고 그 일을 해낼 수 있다면 그대로 지원해주어라. 그들에게 지휘를 맡겨라. 꼭 당신이 나서서 당신의 아이디어를 갖다 붙이려고 할 필요가 없다. 대신 동료의 아이디어를 지원해주어라. 당신의 아이디어가 더 낫다는 생각이 들지라도 동료의 아이디어가 비슷하다면 그것을 따라라. 그들이 동기부여가 되지 않아 당신의 계획을 억지로 수행하는 것보다 자신들의 계획을 성공적으로 수행하기 위해 열심히 노력하는 것이 훨씬 낫다.

더 중요한 것은 당신이 그들의 계획을 받아들이면 그들의 아이디어에 당신의 마음이 열려 있음이 드러난다. 그러면 대부분의 경우 그들 역시 당신의 아이디어에 귀 기울이게 될 것이다. 그들의 아이디어에 몇

네이비씰 승리의 리더십

가지 부족한 부분이 있다면 그것을 설명하고 팀원이 문제를 개선할 수 있도록 도와주어라. 아이디어를 제시해서 성공적인 솔루션을 찾는 데 도움을 주었다 하더라도 동료가 당신을 신뢰할 것으로 기대하지 마라. 당신이 동료들에게 신뢰를 주어라. 이는 관계의 시작이며 그들에 대한 당신의 영향력이 커질 것이다.

다음으로 업무를 분장할 때 당신이 먼저 어려운 것을 맡아라. 팀을 위해 무거운 짐을 져라. 추가 업무를 해야 하면 그 일을 책임지고 해내라. 물론 균형을 잡아야 한다. 당신이 가능한 한 나서서 많은 책임을 지려고 할 때 어떤 동료는 당신이 모든 것을 통제하려고 한다고 생각하고 위협으로 간주할 수 있다. 그러니 너무 지나쳐서는 안 된다. 동료의 반응을 보면서 과도한 자원봉사가 공격적으로 비치지 않도록 하라. 만약 그들의 기분이 상한 것처럼 보이면 바로 뒤로 물러서라.

일이 잘못되었을 때는 당연히 문제에 책임을 지고 고치도록 하라. 이는 '극한의 책임의식'의 기본이다. 하지만 여기에도 균형을 잡아야 할 부분이 물론 있다. 너무 많은 업무를 떠맡아서 누군가의 기분을 상하게 할 수 있는 것처럼 당신이 모든 문제를 해결하려고 하면 누군가는 기분이 상할 수 있다. 당신이 책임을 지거나 문제를 해결하려고 나서기 전에 항상 주의를 기울여 다른 사람의 태도를 인지하라.

동료 중 한 명이 자아가 너무 강해서 자기가 멋있어 보이도록, 혹은 당신이 나쁘게 보이도록 조종하기 시작했더라도 자존심 싸움에 빠지지 마라. 그들을 공격하지 말고 계속 자기 일을 성실히 해내고 임무를 우선시하라. 그들은 자신의 이기적인 행동으로 처음에는 관심을 받을지 모르지만 결국에는 모든 것이 드러날 것이다.

팀과 임무를 자신보다 우선시하고 자존심을 내세우지 않는다면 동료들과 관계를 형성해나갈 수 있다. 이것이 궁극적인 목표다. 관계가 형성되면 그다음에 동료들에게 영향을 줄 수 있다. 이것이 리더십이다.

자존심을 내세우지 않기란 매우 어려운 일이다. 나는 자존심을 평가하는 게임을 좋아한다. 게임 방법은 여러 가지가 있다. 일명 '누구를 고용하고 누구를 승진시킬까' 게임이다.

이런 식으로 생각을 전개하는 것이다. 2명의 하급 리더가 있다고 가정해보자. 동료인 두 사람은 서로 다르지만 유사한 프로젝트를 각각 진행하고 있다. 2명 모두 프로젝트를 제시간에 성공적으로 완수하는 데 실패했다. 첫 번째 리더를 데려와 무엇이 잘못되었는지 물었다.

"여러 가지가 잘못되었습니다."

그는 단호하게 대답했다.

"자재가 제때 공급되지 못했습니다. 하청업체가 프로젝트에서 자신들이 맡은 부분을 제시간에 끝내지 못했습니다. 날씨가 너무 안 좋아 며칠이나 허비해야 했습니다. 무엇보다 팀원 둘 사이에 약간의 갈등이 빚어져 서로 정보를 공유하지 않았습니다."

이 리더는 어느 것도 책임지지 않았다. 상사로서 당신은 이런 태도에 절대로 기뻐해서는 안 된다.

또 다른 리더를 불러 프로젝트에 무슨 문제가 있었는지 물었다. 그의 태도는 달랐다.

"여러 문제가 있었습니다."

네이비씰 승리의 리더십

그가 설명했다.

"먼저 자재를 일찍 주문하지 못해서 공급이 일부 늦어졌습니다. 앞으로는 자재를 일찍 주문하도록 하겠습니다. 하청업체가 일을 제대로 하고 있는지도 확인하지 못했습니다. 그래서 하청업체가 프로젝트에서 맡은 부분이 제때 진행되지 못했습니다. 다음에는 업체가 일을 잘하고 있는지 매일 체크해서 일이 잘 진행되도록 확인하겠습니다. 만약 하청업체 쪽 일 진행이 늦어지면 문제가 없도록 조정해서 제때 마치도록 하겠습니다. 날씨도 문제가 되었습니다. 안타깝게도 날씨에 관한 비상대책을 세우지 못했습니다. 다음 프로젝트에서는 날씨 때문에 주간에 일을 못했다면 주말에 일하겠다고 사람들에게 말하겠습니다. 그러면 일이 늦어지지 않을 수 있습니다. 마지막으로 팀원 중 둘의 사이가 안 좋았습니다. 그들이 잘 지내는지 확인해야 했습니다. 다음에는 우리 팀 모두가 잘 어울리고 완전히 통합되어 함께 협력할 수 있도록 좀 더 적극적으로 개입하겠습니다. 이상이 다음번에 제가 고쳐야 할 부분입니다."

두 사람은 책임의식이나 문제해결에서 전혀 다른 태도를 보였다. 이제 스스로 질문을 던져보라. 두 사람 중 누구를 승진시키겠는가? 답은 뻔하다. 책임의식을 갖고 문제를 해결하려는 사람을 승진시킨다.

너무 뻔한 답인데도 사람들은 동료들과 함께 일할 때 그런 관계를 맺지 못할 때가 종종 발생한다. 공공연히 책임을 다른 사람에게 떠넘긴다. 일이 잘되면 그 공을 취하려고 한다. 그리고 자기가 잘하고 있다고 생각한다. 사람들은 자기가 동료보다 더 멋지게 보이려고 노력한다는 사실을 다른 사람이 알지 못한다고 생각한다. 하지만 윗사람과 동료들은 그 사람이 누군가에게 책임을 떠넘기고 책임지지 않으려 한다는 것을, 자기가 멋지게 보이도록 하는 게 최대 관심사라는 것을 다 알아차린다. 그렇게 해서는 안 된다. 자신을 너무 내세우려고 하지 마라. 동료를 인정해주고 책임의식을 가져라. 그러면 긴 게임에서 올바른 길로 가게 될 것이다.

그렇다고 해서 모든 상사가 자기 잇속만 차리는 하급자를 바로 구별해낼 수 있는 것은 아니다. 때로는 시간이 걸린다. 때로는 자기 잇속만 차리는 동료가 다른 사람이 차려놓은 판 때문에 승진하기도 한다. 상처가 될 수 있지만 흘려보내라. 조급해하지 마라. 장기전을 해야 한다. 진실은 밝혀진다.

정당한 이유를 가지고 올바른 일을 하라. 동료들을 지원해주어라. 겸손한 사람이 돼라. 문제가 생겼을 때 책임의식을 가져라. 다른 팀원에게 공을 넘겨라. 관계를 쌓아라. 이것이 동료들을 이끄는 방법이다.

유형별 상사 대하는 방법

사람들이 제각기 다른 것처럼 상사들도 역시 제각기 다르다. 어떤 사람은 완벽함과 거리가 멀고 리더십 관점에서 아쉬운 점이 많다. 흔히 볼 수 있는 3가지 유형의 상사를 대하는 방법에 대해 알아보자.

간섭하는 상사
가장 익숙한 유형은 하나부터 열까지 모두 간섭하는 사람이다. 그들

네이비씰 승리의 리더십

이 그렇게 간섭하는 데에는 여러 가지 이유가 있다. 가장 주된 이유는 믿지 못하기 때문이다. 간섭하는 상사는 하급자를 신뢰하지 않는다. 그렇다면 일일이 다 간섭하려는 상사를 어떻게 대해야 할까? 신뢰를 쌓아야 한다. 그런 상사에게 신뢰를 얻는 방법은 가능한 한 모든 정보를 다 제공한 다음 일을 잘 해내는 것이다.

이렇게 하려면 자존심을 극복해야 한다. 내 관점에서 내가 뭘 하고 있는지 알고 있기 때문에 상사가 나에게 어떻게 하라고 말해줄 필요가 없다. 또 내 세상에서 일어나는 사소한 일들에 관한 정보를 요구할 권리가 상사에게는 없다고 생각한다. 하지만 자존심 때문에 이런 생각을 하는 것이다.

내 머릿속의 생각을 재구성해야 한다. 상사는 왜 그렇게 많은 정보를 원하는 것일까? 왜냐하면 내가 하는 일의 결과에 신경을 쓰기 때문이다. 왜 그들은 정확하게 어떻게 일해야 하는지 말해주려고 하는 것일까? 왜냐하면 그들은 현장 경험을 해봤고 그 지식을 통해 내게 유익을 주고 싶기 때문이다.

그들은 주로 내가 그들에게 말한 내용에 근거해 지금 무슨 일이 일어나고 있는지 판단하게 된다. 따라서 지금 상황을 분명히 파악할 수 있을 만큼 충분한 정보를 주지 않았다면 그것은 내 잘못이니 그 부분을 바로잡아야 한다.

마지막으로 상사와 신뢰를 쌓는 것은 내가 해야 할 일이지 상사가 할 일이 아니다. 나는 상사에게 신뢰를 받도록 해야 한다. 상사에게 정보가 필요하다면 나는 요청한 것보다 더 많은 정보를 제공해준다. 내 계획을 알고 싶어 한다면 나는 더 물어보지 않아도 될 정도로 정확하고 상세하게 알려준다.

이 과정을 반복하다 보면 상사는 결국 내 사고 과정이 매우 주도면밀하다는 사실을 인정하게 된다. 내가 그들처럼 세세한 부분까지 생각한다는 것을 알게 되고 나 스스로 임무를 수행할 수 있는 자유재량을 주기 시작한다.

이후 임무를 수행할 때 잘 해내야 한다. 이는 간섭쟁이 상사에게서 숨 쉴 여지를 확보하기 위해 가장 중요한 부분이다. 당신은 임무를 성공적으로 잘 수행해내야 한다. 다시 말하지만, 상사는 자기 방식대로 일을 진행하라고 요구할 수도 있다. 상관없다. 상사가 시키는 대로 하라. 상사가 알려준 세세한 지시사항을 모두 나무랄 데 없이 그대로 따라라. 만약 일이 잘못되면 그것에 책임을 지고 상사에게 당신이 어떻게 수정할 것인지 보고하라. 그다음에 문제를 수정하고 다음번에 다시 잘 해내라.

이렇게 계속해나가라. 일일이 간섭하기 좋아하는 상사가 하루아침에 태도를 바꾸지는 않는다. 지속적으로 성과를 보여주어야 상사가 뒤로 물러나게 된다. 좌절하지 마라. 당신의 자존심을 가장 우선시하지 마라. 상사에게 정보를 제공하고 일관성 있게 일을 해나가라. 상사와 관계를 쌓아라. 시간이 흐르면 상사가 당신을 신뢰해서 스스로 움직일 수 있는 재량을 주게 된다.

우유부단한 상사

우선순위를 정하지 못하고 우유부단한 상사는 어떨까? 우유부단한 상사의 공통된 단점은 우선순위를 정하고 행동에 나설 때 주저한다는 것이다.

그들은 이렇게 말할 때가 많다.

"모든 것이 중요하다."

"모든 일을 다 해야 한다."

문제는 제한된 자원을 여러 우선순위로 나누게 되면 실제로 아무것도 할 수 없게 된다는 것이다. 한 곳에 집중해야 한다. 그런데 상사가 무엇이 가장 중요하다고 말해주지 않는다면 팀이 어디에 집중해야 할지 모르게 된다.

나는 그런 상관을 대할 때 상당히 솔직한 방법을 취했다. 해야 할 일의 목록을 평가해 우선순위를 정한 다음 상관의 자존심을 상하지 않게 겸손한 태도로 눈치껏 상관에게 그 목록을 보여주었다.

나는 이렇게 말했다.

"해야 할 일이 많다는 것을 잘 알고 있습니다. 그 일들을 다 끝내야죠. 하지만 효율성의 측면에서 자원을 좀 더 집중해야 할 것 같습니다. 그래서 이 우선순위 항목들을 먼저 처리하고 싶습니다. 그런데 그전에 제가 우선순위를 잘 정했는지, 계획한 목표를 잘 반영하고 있는지 확인받고 싶습니다. 그래야 제가 목표를 최대한 잘 지원할 수 있을 것 같습니다. 제가 정한 우선순위가 맞는지 말씀해주실 수 있을까요?"

보통 이렇게 하면 효과가 있다. 상관은 내가 작성한 리스트의 사소한 부분을, 때로는 중요한 부분을 수정해주었다. 어느 쪽이든 지금 나는 일을 추진할 수 있는 우선순위 목록을 갖게 되었다.

효과가 없을 때도 있었다. 상관은 여전히 이렇게 말했다.

"모든 것이 중요하다."

그러면 나는 한 번에 모든 것을 다 해낼 수 없고 어떤 순서에 따라 업무를 추진해야 하므로 내 사람들과 자원들을 적절히 집중해 일을 진행해야 한다고 설명하려고 노력했다. 그렇게 하다 보면 상관이 내게 우선순위를 정해줄 때도 있었다. 그렇게 되지 않는다면 나는 상관의 말에 어느 정도 동의한 다음 내 능력껏 우선순위를 정해서 그것에 따라 일을 추진해갔다.

나만의 우선순위를 정할 때 나는 상관을 배제하거나 무례한 행동을 하지 않았다. 오히려 정반대였다. 내가 상관을 위해 일을 잘 처리하고 싶다면 팀의 노력을 한 곳에 집중시키는 것이 맞았다. 무엇이 가장 중요한지 모르면 이 일을 할 수 없기 때문에 나는 내 생각에 가장 중요해 보이는 일을 선택한 다음 그 방향으로 나아갔다.

다른 업무나 프로젝트를 무시한 것은 아니다. 팀의 노력을 한 곳에 집중해서 진척을 이룬 다음, 결과적으로 상관이 요구한 모든 일을 수행하도록 하기 위해서였다. 다시 말하지만, 나는 공격적인 태도를 취하지 않았다. 상관에게 내 생각을 강요하지 않았다. 나는 조용히 그리고 지혜롭게 우선순위에 따라 일을 처리해갔다.

우유부단한 리더가 결정을 내리도록 하기 위해 나는 나름의 전술을 사용했다.

네이비씰 승리의 리더십

"지금 지시를 내리지 않으시니 나는 이걸 하겠습니다."

이렇게 말하는 대신 다음과 같이 말하려고 노력했다.

"진행해야 할 일이 많다는 것을 알고 있습니다. 저는 상관이 정한 목표를 적극 지원하고 싶습니다. 그래서 어느 방향으로 가야 할지 살펴보니 제 생각에 이쪽 방향으로 이동하면 좋을 것 같습니다. 그렇게 하면 궁극적인 목표 달성에 가장 효율적일 것 같습니다. 어떻게 생각하십니까? 아시다시피 앞으로 나가지 않으면 프로젝트를 제시간에 완수할 수 없기 때문입니다."

나는 결정권을 상관에게 주었지만 결정내리기 쉽게 상황을 조성했다. 내가 복잡한 세부사항들을 다 꼼꼼히 살펴보았기 때문에 그는 그 작업을 할 필요가 없었다. 상관이 "좋다."라고 말하기만 해도 될 정도로 결정의 범주를 모두 좁혀두었다. 하지만 상관이 여전히 의사결정권자가 되도록 일을 진행했다. 나는 상관의 감정을 상하게 하거나 자존심을 건드리지 않았다. 나는 하급자의 입장에서 말하고 행동했기 때문에 그들을 무장해제시키고 내 계획(정확하게 말하자면 상관의 계획에서 파생되어 나온 것처럼 보여야 한다.)대로 진행하도록 승인을 받을 수 있었다. 우유부단한 상사를 대할 때 이런 전술은 아주 효과적이다.

유약한 상사

마지막 유형으로 유약한 상사가 있다.

"우리 상관은 유약해. 끔찍하군!"

나는 이런 불평을 수도 없이 들었다.

나는 유약한 상관이 끔찍하다고 생각한 적이 절대 없다. 언제나 유약한 상관을 기회로 여겼다. 상관이 계획을 세우지 않는다면 어떻게 해야 할까? 내가 하면 된다. 상관이 임무를 분명하게 설명하지 않는다면 어떻게 해야 할까? 내가 하면 된다. 상관이 책임 지지 않는다면 어떻게 해야 할까? 내가 하면 된다. 상관이 지휘하지 않는다면 어떻게 해야 할까? 내가 하면 된다.

하지만 주의할 사항이 있다. 간섭쟁이 상사나 우유부단한 상사와 마찬가지로 유약한 상사와 같이 일할 때 앞장서서 이끌게 되면 신중해야 한다. 아무리 연약하고 유약한 상사일지라도 자존심이 있다. 따라서 그들은 마음이 상하면 당신에게 비난을 퍼부을 수 있다. 따라서 추진하기 전에 상대를 불쾌하게 만들거나 지나치게 자신만만하게 굴어서는 안 된다. 상사의 자존심을 건드리지 않고 오히려 자신감을 불어넣어 주는 부드러운 말투와 방식으로 접근하라.

"해야 할 일이 많다는 것을 알고 있습니다. 그래서 제가 이 프로젝트에 뛰어들어 추진시키면 도움이 되지 않을까라는 생각을 해봤습니다. 그렇게 해도 괜찮을까요?"

"빨리 이해하지 못해 죄송합니다만 제가 목표를 잘 이해하고 있는지 확인하고 싶습니다. 제가 제대로 하고 있는 걸까요?"

"좀 더 성과를 내고 싶습니다. 제가 좀 더 경험을 쌓을 수 있도록 다음 프로젝트 계획을 짜도 될까요?"

나는 상관에게 내가 무엇을 하고 있는지, 내가 어떤 결정을 내리는지 겸손하고 부드러운 태도로 말해 그들의 마음을 상하지 않게 했다.

상관의 마음이 상하게 되면 파워 게임으로 받아들이게 된다. 나는 그런 결과를 원하지 않았다. 내가 전술적으로 행동하고 자존심을 누른다면 유약한 상관과 아무런 문제가 발생하지 않는다.

어떤 사람은 자기 상사가 사소한 것까지 모두 간섭한다거나 우유부단하다거나 유약해 보인다고 한탄하기도 한다. 나는 그런 걱정을 한 적이 전혀 없다. 사실 그런 것은 모두 괜찮다.

사사건건 간섭하는 상사와 같이 일한다면 그것은 일을 잘 해내기 위해 애쓰고 신경 쓰는 사람과 일하고 있다는 뜻이다. 그거 아는가? 나 역시 이 점을 신경 쓰고 있다. 내가 같이 일하는 사람이 우유부단하다면 내가 우선순위를 정할 수 있고 결정을 이끌어낼 수 있다는 것을 의미한다. 리더가 유약하고 사람이 착하다면, 그래서 상사가 나서서 이끌지 않는다면 내가 나서서 이끌 수 있다는 뜻이다.

상사가 어떤 단점을 가졌는지는 중요하지 않다. 상사와 관계를 맺어라. 팀이 임무를 완수하는 데 도움이 되는 일을 하라. 그렇게 하면 팀도 이기고 당신 자신도 이길 것이다.

자기 할 일을 하지 않을 때는 간섭이 필요하다

내가 네이비씰 지상군 지휘관, 즉 지상에서 임무 책임자로 순탄한 작전들을 이끌 때 소대에 내린 지시는 오직 '수행, 수행, 수행'뿐이었다. 내가 그 말을 내뱉자마자 우리 소대나 기동대 대원들은 바로 행동을 취했다. 외부 보안이 설정되고 부대가 들어갔다. 출입구와 문이 뚫리고 건물, 복도와 방을 점거했다. 의심되는 저항세력을 감금하고 수색에 돌입했다. 내가 시키지 않아도 이 모든 일이 진행되었다.

왜? 대원들이 뭘 해야 할지 다 알고 있었기 때문이다. 그들은 계획을 세우고 작전 규정을 따랐다. 임무 목표를 달성하기 위해 필요한 조정을 가하고 임무를 완수했다. 아주 이상적인 상황이다. 부대가 임무를 이해하고, 그 안에서 작동하는 매개변수를 알고, 수행할 수 있는 기술을 갖추게 되면 리더는 가만히 앉아서 결과를 기다리는 것 말고는 할 일이 많지 않다. 팀이 뭘 하는지 아래와 안을 들여다보는 대신 리더는 팀의 시야 밖에서 무슨 일이 일어나는지 관찰하고, 앞으로 일어날 일을 살펴보며, 팀의 다음 움직임을 계획할 수 있다. 이것이 바로 최상의 분권형 지휘 방식으로, 간섭쟁이 지휘 방식과 정반대다.

그러나 분권형 지휘 방식이나 불간섭주의 리더십이 언제나 통하는 것은 아니다. 간섭하는 것밖에 다른 방법이 없고, 간섭이 필요할 때가 있다. 개인이나 조직이 자기 할 일을 하지 않을 때는 간섭을 해야 한다.

물론 간섭하는 것이 첫 번째 선택이 아니다. 하나하나 직접 감독하기 전에 정상적인 리더십 절차가 이루어져야 한다. 각 개인에게 임무, 목표 그리고 각자의 역할을 설명해야 한다. 그들에게 요구된 업무와 그 업무에 대한 모든 기대를 확실히 이해시켜야 한다. 이 모든 것은 관계를 형성하는 긍정적인 방식으로 이루어질 수 있다. 그러나 그 방법이 통하지 않는다면 리더는 여전히 간접적이지만 좀 더 구체화된 방식을 사용해야 한다.

"내가 분명히 말했는지, 그리고 자네가 자네 역할이 무엇이고 전략

네이비씰 승리의 리더십

적 목표에 따라 어떻게 수행할지를 확인하고 싶은 것이다."

이렇게 말한다면 상대가 불쾌할 일은 없을 것이다.

그런데도 여전히 성과를 내지 못한다면 조언의 폭은 확장될 것이다. 리더는 결국 아주 직접적으로 말을 해주어야 한다.

"자, 이게 바로 자네가 해야 할 일이야. 어떻게 해야 할지는 여기에 있다."

이 시점에서는 말로 조언을 해주는 것 외에 리더로서 개인이나 팀의 활동에 일일이 간섭해야 할 수 있다. 정확히 어떤 일을 해야 하는지 보여주고, 심지어 그들에게 무엇을 기대하는지를 직접 눈으로 확인시켜주어야 한다. 그런 다음에 그들을 주의 깊게 관찰하고 그들이 해야 할 일들을 어떻게 하는지 지켜봐라. 후속 조치를 취하라. 연락을 취하라. 소소한 것까지 다 챙겨라. 그들이 어떻게 반응하는지에 따라 당신이 뭘 하고 있는지, 그들을 세세히 간섭하고 있다는 사실을 정확히 설명해주어야 할 수도 있다.

"주목, 나는 내가 여러분을 감시하고 일일이 간섭하는 것처럼 보일 수 있음을 알고 있다. 하지만 여러분이 어떻게 수행해야 하는가를 정확히 알고 있는지 확실히 하고 싶을 뿐이다. 일단 일을 제대로 수행하게 되면 내 감독에서 벗어나 스스로 운영할 수 있는 재량과 자유를 부여할 것이다."

그런 다음에 그들이 일단 궤도에 올라 해야 할 일을 성공적으로 해내기 시작하면 살짝 뒤로 물러날 수 있다. 그들이 계속 성공하면 당신은 더 뒤로 물러날 수 있다. 하지만 그들이 궤도를 벗어나면 통제를 다시 강화해야 한다. 그러나 본 궤도로 돌아오면 그들 스스로 운신할 수 있는 여지를 더 허락하라. 최종적으로 그들이 제대로 해내면 당신은 뒤로 물러서서 그들 스스로 수행하게 할 수 있다.

물론 일일이 간섭해도 개인이나 팀이 시간이 지나도 개선되지 않을 수 있다. 간섭하는 것은 확실히 영구적인 해결책이 될 수 없다. 리더는 한 명의 개인이나 하나의 팀에 오랫동안 모든 초점을 고정할 수 없다. 관심을 기울여야 할 다른 사람, 다른 팀, 다른 이슈가 또 있다. 리더가 오랜 시간에 걸쳐 한 사람이나 한 팀에 집중해 간섭하다 보면 다른 일들이 제대로 진행되지 않을 수 있다. 이는 용납할 수 없다. 이런 일이 일어난다면, 즉 한 개인이나 한 팀이 자기 일을 효율적으로 해내지 못해서 리더가 한 사람이나 한 팀에게 너무나 많은 시간을 투자해야 한다면, 리더는 무엇을 기대하고 있고 그 기대를 충족시키지 못한 결과가 무엇인지 명확하게 알려주어야 한다.

"이 일에 속도를 내지 못한다면, 계획대로 일을 잘 수행해내지 못한다면 당신은 더 이상 이 일을 하지 못하게 될 수 있다. 해고될 수 있다."

실적이 좋지 않은 팀의 경우 그 팀의 리더에게 공지해야 한다.

"당신 팀이 속도를 따라잡지 못하고 기대되는 실적을 내지 못한다면 당신은 리더 자리를 내놔야 할 것이다."

이처럼 기대하는 내용을 구체적으로 분명하게 전달하고, 그래도 그들이 충족시키지 못한다면 다음 단계는 분명하다. 그 사람을 해고시키거나 리더 자리를 내놓게 해야 한다.

간섭하는 것은 일이 잘 진행되지 않을 때 끌고 가는 방법이 될 수 있

네이비씰 승리의 리더십

지만 영구적인 해결책이 될 수는 없다. 이 방법을 사용하되 언제가 한계인지를 알아야 한다. 그 다음에 문제해결을 위해 사람을 해고시키거나 인력을 교체하는 방법을 써야 한다.

상사가 모든 공을 가져가길 원한다면 그렇게 해준다

상사가 모든 공을 독차지하고 싶어 하면 답은 간단하다. 그렇게 해주어라. 사실 이게 문제가 되는 것은 바로 당신의 자존심 때문이다. 당신이 모든 공이 상사에게로 돌아가는 걸 원하지 않기 때문이다. 당신은 속으로 일을 많이 한 사람은 바로 당신이라고 생각한다. 긴 시간 동안 고생한 사람은 바로 당신이라고 생각한다. 어쩌면 실제로 당신이 모든 것을 다 했다고 생각한다. 그런데 왜 상사가 인정받는 것일까?

이 답 역시 간단하다. 상사이기 때문이다. 그것이 이유다. 리더로서 그들은 당신이 원하든 원치 않든 간에 인정받을 것이다. 당신이 어떻게 할 것인가? 손들고 이렇게 말할 것인가?

"사실 모든 공로를 인정받아 마땅한 사람은 접니다."

아니다. 그건 통하지 않는다. 어떤 상황에서든지 인정해달라고 요구하는 것은 끔찍한 행동이다. 상사가 공을 요구하는 상황에서는 더 나쁜 행동이다. 당신의 상사가 인정받기를 요구한다면 이는 그가 불안감을 느낀다는 의미가 되기 때문이다. 그는 사람들에게 인정받음으로써 자존심을 세우고 싶은 것이다. 그런데 당신이 그것을 빼앗으려 하면 상사의 자존심을 공격하는 게 되고 그는 불편해할 것이다. 상사는 당신을 신뢰하지 않게 되고 그러면 당신은 그와 적대적인 관계를 맺게 된다.

상사가 공을 가져가길 원한다면 가져가게 하라. 질투하거나 속상해하지 마라. 상사가 무엇을 했든 안했든 간에 상사로서 팀이 임무를 완수하도록 허락해주었다는 점을 받아들여라. 모두에게 각별히 신경 쓴 상사일 수도 있고, 사사건건 간섭한 상사일 수도 있지만, 그건 중요하지 않다. 그들이 무엇을 했든 간에 임무에 성공했다면 효과가 있는 것이기 때문이다. 그러니 그들에게 공이 돌아가게 내버려두어라.

어떤 사람은 이 문제로 정말 괴로움을 겪을 수 있다. 그들은 이런 질문을 할 것이다.

"그 사람이 특별히 좋은 리더가 아니었고, 프로젝트가 완성될 수 있었던 유일한 이유가 팀에 개인적으로 기여한 이들 때문이라면?"

바로 이 때문에 우리는 긴 경기를 해나가야 한다는 것이 내 답이다. 리더가 정말 완전히 서툰 사람이어서 항명이 필요한 때가 아니라면(68쪽 '리더에게 불복종해야 할 때도 있다' 참조), 당신이 모르는 악마보다 아는 악마가 더 낫다. 당신과 관계가 좋은, 그렇지만 별 볼 일 없는 리더는 당신이 팀원들과 신뢰를 쌓고 있는 한 당신과 팀에게 유익이 될 수 있다. 그 관계를 바탕으로 일을 해내고 팀과 상사가 인정받게 된다.

어떤 사람은 실력 없는 리더가 인정을 받아 실력이 없어도 승진하게 되면 어떡하느냐고 걱정한다. 이것은 사실이다. 상사가 계속 프로젝트나 임무를 성공적으로 이끌게 되면 아마 승진할 것이다.

그러나 기억하라. 그들이 승진하게 되면 그 자리를 대신할 사람이 필요하다. 자신이 믿을 만한 사람을 뽑아 공석을 채울 가능성이 있다.

네이비씰 승리의 리더십

그를 지원해준 사람, 팀의 노력에 따른 공을 그에게 돌릴 만큼 겸손한 사람. 당신이 둥글게 잘 대응해왔다면 그 사람은 바로 당신이 될 것이다. 기억하라. 이 승진은 당신 자신을 위한 것이 아니라 팀을 위한 것이다. 일단 당신이 상사의 지위에 오르게 되면 당신은 최선의 방법으로 팀을 이끌고 임무를 수행할 수 있다. 팀원이 당신을 신뢰하기 때문에 당신은 팀을 계속 이끌고, 상사에게 좋은 영향을 주어 팀을 위해 좋은 결정을 내리게 할 것이다.

상사에게 모든 공이 돌아가면 아무런 인정도 받지 못할 거라고 두려워하는 사람도 있다. 이런 두려움을 극복하려면 먼저 자존심을 내려놓아야 한다. 당신이 인정받고 싶은 주된 이유는 자존심을 세우기 위해서다. 일단 그렇게 되면 마음을 편히 가져라. 열심히 일해서 일을 성사시키면 결국 인정받게 될 것이다. 인내심을 가져라. 당신이 요구하지 않았지만 인정을 받게 되면 그것은 2배로 가치 있다. 왜냐하면 당신은 매우 유능하면서도 겸손해 보이기 때문이다. 이는 승리의 조합이다.

만약 당신의 상사가 공을 가져가기를 원한다면 자존심을 누르고 그에게 공을 돌려라. 긴 경주에서 당신의 겸손함과 리더십은 결국 보상받을 것이다.

무조건 상사를 보호할 필요는 없다

리더를 인정해주는 것은 항상 옳다. 하급 리더인 당신이 리더를 깎아내리면 그에게 해가 될 뿐만 아니라 부대 사기에도 해가 될 수 있다.

당신이 지휘계통을 무시하는 사례를 만들었다면 당신 역시 아랫사람에게 동일한 일을 겪을 수 있다.

꼭 동의할 필요가 없는 계획을 부대원에게 제시한다면 이렇게 말할 수 있을 것이다.

"음, 나는 이 계획에 동의하지 않지만 상관이 우리에게 하라고 말한 것이니 어쨌든 해야 한다."

분명히 이런 방식은 좋은 접근이 아니다. 부하들은 당신이 그 계획을 믿지 않는다는 걸 알 것이다. 당신이 믿지 않는데 팀원 중 누가 그것을 믿을 것인가? 아무도 믿지 않는다면 도대체 왜 팀이 그 계획을 수행해야 하겠는가?

지휘계통에서 어떤 결정이나 방책이 내려오면 내가 내린 결정인 것처럼 그 일을 수행해야 한다. 물론 당신 생각에 어떤 방법이 최선인지 비공개적으로 상관과 토론할 수 있다. 하지만 일단 결정이 내려지면 일에 착수해 능력껏 최선을 다해 그 일을 수행해야 한다. 그리고 부대원들에게는 이렇게 말해야 한다.

"상관과 나는 이 문제를 놓고 상당히 오랫동안 논의했다. 여러 각도에서 보았을 때, 특히 더 큰 그림을 고려했을 때 이렇게 실행하는 것이 최선의 해결책이라 생각한다. 일에 착수하자."

부대원들에게 계획을 발표하는 방식은 상관을 대하는 태도와 비슷하다. 상관의 결정이 언제나 최선이 아닐 수 있다. 상관이 서툴거나 적절치 못한 시점에 틀린 말을 할 수도 있다. 어쩌면 부대원이 그의 등 뒤에서 그 지시사항을 놓고 이러쿵저러쿵하며 콕콕 찌르는 말을 던질 수도 있다. 그런 대화에는 참여하지 마라. 그렇다고 당신을 희생해서 무조건 상사를 보호하라는 말은 아니다. 대신 이렇게 설명하라.

"상사는 여러 가지를 고려했다."

"상사는 기업을 경영하는 사람이지 우리를 즐겁게 해주는 사람이 아니다."

팀원들은 이런 말을 들으면 상사가 완벽하지 않은 사람이지만 그가 하는 일을 존중해줄 필요가 있다는 사실을 알게 된다.

그러나 변명의 여지가 없는 상사인 경우도 있다. 이기적이거나 거만한 사람일 수 있다. 부대원에게 거들먹거릴 수 있다. 혹은 계속해서 나쁜 결정을 내릴 수도 있다.

이런 경우에 상사를 무조건 옹호하게 되면 팀원들과 반목하게 된다. 팀원들은 상사가 끔찍하다는 것을 보아서 안다. 그럼에도 당신이 맹목적으로 그를 변호한다면 당신에 대한 신뢰가 사라질 것이다. 그렇다고 해서 상사를 대놓고 얕잡아보거나 험담하는 것은 좋은 선택이 아니다. 당신이 그런 행동을 하게 되면 팀원들은 완전히 무례해지고 결국 좋은 질서와 규율이 모두 무너지게 된다. 상사를 변호해주는 것과 부대원들 사이에서 균형을 잡아야 한다.

다음은 상사를 아주 존중하지는 않더라도 임무 완수의 중요성에 가치를 두고 올바르게 내용을 전달하는 몇 가지 문구이다.

- "주목, 상사가 완벽하지 않을 수 있다. 하지만 그는 우리가 이루고자 하는 전략적 목표와 같은 방향으로 우리를 이끌고 있다."

- "자, 상사가 이상적이지 않을 수 있다. 하지만 우리가 필요로 하는 지원을 여전히 제공해주신다. 우리가 좋은 성과를 낼수록 더 많은 지원을 받을 수 있다."
- "상사가 다소 변덕스럽긴 하지만 우리는 그의 입장을 알고 있다. 따라서 우리가 최선을 다해 그와 일을 하면 된다. 즉 그런 부분만 잘 처리하게 되면 우리 일을 잘 완수할 수 있다."
- "상사에 대한 불만은 우리에게 아무런 도움이 되지 않고 그렇다고 해서 일이 더 쉬워지지도 않는다. 지금 우리가 할 수 있는 것은 상사와 좋은 관계를 맺어 올바른 방향으로 영향을 주도록 노력하는 것이다."

이런 말들은 무조건적으로 상사를 인정해주는 것과 어느 정도 주저함을 보이는 것 사이에서 균형을 잡는다. 거의 변명의 여지가 없는 상사가 있을 때 리더가 정확히 짚어야 할 일이다.

물론 리더가 실제로 방어하기 불가능할 수도 있다. 드문 경우이긴 하지만 리더가 불법적이거나 비도덕적인 혹은 비윤리적인 일을 하거나 임무나 부대원 모두를 실제 위험에 빠뜨릴 잘못된 결정을 내릴 때는 하급 리더와 하급자들이 지휘계통에서 상사의 지시를 따르지 않는 것도 고려하게 된다. 극히 드문 경우이긴 하지만 이때는 항명을 고민하게 된다(68쪽 참조).

네이비씰 승리의 리더십

하급자의 스트레스를 줄여준다

일을 하다 보면 어느 정도는 스트레스를 받기 마련이다. 영업사원은 화가 난 고객을 상대한다. 경찰은 매일 범죄자들을 대면한다. 건설 노동자들은 신체적 위험과 프로젝트에 내재된 복잡성을 마주한다. 교사들은 제멋대로인 학생들을 다룬다. 소프트웨어 엔지니어들은 마감일에 쫓긴다. 요리사들은 스테이크가 너무 익었다고 화를 버럭 내는 적대적인 고객들과 씨름해야 한다. 어느 직업이든 스트레스가 있다. 사람들이 스트레스에 굴복하면 개인이나 팀 그리고 임무에 치명타를 입힐 수 있다. 리더는 어떻게 해야 개인이 과도한 스트레스를 받지 않도록 할 수 있을까?

리더가 우선시해야 할 일은 하급자와 관계를 맺는 것이다. 내가 리더십 원칙을 얘기하면서 관계를 형성하라는 말을 왜 이렇게 반복하는 것일까? 윗사람이나 아랫사람과 좋은 관계를 유지하는 것이 성공적인 팀에서 가장 중요한 리더십 요소이기 때문이다. 관계가 중요한 또 다른 이유는 리더가 하급자들의 스트레스를 관리하는 데 도움이 되기 때문이다.

리더로서 당신이 하급자와 관계가 좋다면 당신이 그에게 이야기하고, 그가 당신에게 이야기하고, 당신이 귀담아들을 것이다. 그들이 과도한 스트레스를 받고 있다면 대화를 통해 당신에게 그 사실을 알려줄 수 있다. 팀 내 누군가가 압박을 받고 있다는 사실을 인지하는 데 가장 간단하고 확실한 방법이다.

한편 그들이 스트레스를 받고 있다는 사실을 말해주지 않을 가능성도 있다. 어쩌면 그들은 당황했을 수 있다. 어쩌면 승진이 어려워질 거라고 생각할 수 있다. 어쩌면 스트레스를 받지만 그런 경험을 해본 적이 없어서 그 사실을 인지하지 못할 수도 있다. 이는 하급자가 당신에게 스트레스를 받고 있다는 말을 하지 않는 여러 가지 이유 중 일부에 불과하다.

이를 통해 관계가 얼마나 중요한지 알 수 있다. 당신이 사람들과 좋은 관계라면 당신은 그들을 알기에 그들이 평소처럼 행동하지 않는다는 사실을 알 수 있다. 평소보다 말수가 줄거나, 작은 일에 쉽게 화를 내거나, 흐트러진 모습을 보인다. 어떤 형태든 분명 변화가 있다. 이런 행동의 변화는 스트레스의 징후가 될 수 있다.

HBO의 미니시리즈 「밴드 오브 브라더스(Band of Brothers)」(제2차 세계대전 당시 유럽 전선에서 506 낙하산 보병연대 2대대의 활약상을 그린 드라마)로 유명해진 딕 윈터스(Dick Winters) 소령은 506 낙하산 보병연대 2대대 지휘관이었다. 그는 한 남자가 한계점에 도달했음을 나타내는 징후를 발견했다. 윈터스 소령은 그의 저서 『비욘드 밴드 오브 브라더스(Beyond Band of Brothers)』에서 누군가 헬멧을 벗고 두 손으로 머리를 감싸 쥔 모습을 보고 문제가 있음을 알았다고 했다. 처음에는 그가 어떻게 그렇게 확신할 수 있는지 잘 이해되지 않았다. 하지만 시각적으로 어떻게 보이는지 생각해보니 그의 말이 전적으로 옳음을 깨닫게 되었다. 한 사람이 고개를 푹 숙인 채 손으로 얼굴을 감싼 장면을 본다면 그는 진절머리가 난 상태임이 분명하다.

그렇다면 스트레스로 힘들어하는 사람에게 어떻게 해주어야 할까? 쉴 수 있게 해주어라. 휴식을 주어라. 스트레스를 유발하는 환경에서 빼내라. 윈터스 소령은 한계점에 다다른 사람을 보면 최전선에서 멀리 떨어진 곳으로 임시 파견을 보냈다. 윈터스 소령은 그들에게 휴식이 필요하다고 생각했기 때문에 자신이 일부러 파견 보낸다는 말을 하지 않았다. 만약 그 이야기를 듣는다면 수치심을 느끼고 가고 싶지 않을 수 있기 때문이다. 대신 윈터스 소령은 후방에서 필요한 업무를 찾아낸 다음 문제의 사람을 보내 그 '임무'를 맡겼다.

나는 소대장이나 기동대 지휘관을 맡았을 때 똑같이 했다. 부하 중에 스트레스로 인해 부정적인 영향이 나타나기 시작한 사람을 보면 며칠 동안 본부의 물류 담당으로 파견 보내거나 환경이 상대적으로 좋아 휴식을 취할 수 있는 부대에 연락책으로 파견 보냈다. 윈터스 소령처럼 나도 부하들에게 휴식이 필요해서 파견 보낸다는 이야기를 하지 않았다. 나는 해야 할 중요한 업무가 있고 그들이 그 일을 해낼 수 있을 것으로 믿는다고 말하곤 했다. 그러면 그들은 작전상 휴식기를 며칠 가진 다음 충전되어 다시 돌아왔다.

전투 스트레스와 다른 모든 스트레스를 치료하는 가장 좋은 방법은 스트레스 유발 환경에서 벗어나게 하는 것이다. 얼마 동안 휴식을 취한다면 대개는 정상으로 돌아온다. 나는 스트레스 받은 사람의 마음을 갑자기 엔진 점검등이 켜진 차로 비유하곤 한다. 물론 엔진 점검등이 켜져도 얼마 동안은 계속 달릴 수 있다. 하지만 지금 필요한 것은 엔진 정비를 받는 것이다. 정비를 받아 괜찮아지면 다시 정상으로 돌아올 수 있다. 하지만 정비를 받지 않고 운전자가 계속 차를 몰고 다니면 결국 그 엔진은 다 소모되어 고장 나게 된다. 그러면 완전히 망가져버린다.

휴식을 취하지 않고 스트레스를 계속 받는다면 사람의 마음에도 같은 일이 일어날 수 있다. 이 점을 명확히 이해하기 위해 제1차 세계대전으로 포탄 쇼크(전쟁 상황에 오랫동안 노출되거나 장기적인 전투에 참가한 것이 원인이 되어 생긴 정신병적 전쟁 신경증—옮긴이)를 앓는 군인들을 다룬 영화를 보라. 그들은 휴식을 취하지 못한 채 극한으로 내몰렸고 결국 정신이 망가졌다. 더 이상 제대로 기능할 수 없게 되었다.

당신 사람들에게 그런 일이 일어나지 않게 하라. 그들을 이해하라. 지켜보라. 그리고 휴식이 필요할 때 쉬게 하라.

하급자의 행동에 언제나 책임을 진다

처벌을 거의 하지 않는 리더가 좋은 리더다. 하지만 처벌해야 할 때가 있다.

리더가 무슨 일을 해야 하고, 어떻게 해야 하는지, 왜 필요한지, 그리고 제대로 하지 않았을 때의 결과가 무엇인지 명확한 지침을 준다면 부대원들은 자신들에게 요구된 것을 수행할 수밖에 없다.

부대원들이 어떤 이유로 그 계획을 수행하지 않는다면 먼저 자신을 들여다봐야 한다. 부대원들이 주어진 임무를 수행하지 않기로 결정했다고 생각하지 마라. 대신 당신이 적절한 지시를 주지 않은 것이 명령 위반의 원인이라고 생각하라.

규칙을 어기거나 지시를 따르지 않은 것을 확인했다면 이해가 되는 행동일지라도 어느 정도 처벌을 해야 한다. 하지만 이런 일은 드물어야 한다. 리더가 자신의 일을 제대로 했다면 팀원이 자신이 하는 일이 무엇이고, 어떻게 해야 하고, 왜 해야 하는지 이해하고 적절하게 수행할 수 있기 때문이다. 팀 내 누군가를 처벌해야 하는 경우는 대부분 리더가 제대로 이끌지 못했기 때문이다. 이는 극단적으로 보일 수 있다. 사실상 그렇다. 이것이 바로 극단적 책임의식이다.

- 팀원이 늦었다면 리더가 제 시간에 오는 것의 중요성을 제대로 설명하지 못했기 때문이다.
- 팀원이 프로젝트에서 자기가 맡은 부분을 끝내지 못했다면 리더가 제대로 지원해주지 못했기 때문이다.
- 팀원이 술을 마시고 경찰과 문제를 일으켰다면 리더가 음주에 대해 명확한 기준을 제시하지 못했기 때문이다.

나열하자면 끝이 없다. 리더는 하급자의 행동에 언제나 책임을 져야 한다. 만약 팀원 중에 트러블 메이커가 있다면 리더가 팀에서 그 사람을 제외시켜 문제를 사전에 해결해야 한다는 말까지 확대해서 해석할 수 있다.

극단적 책임의식을 가지고 팀 내에서 규칙을 준수하지 않는 대부분의 문제를 사전에 근절할 수 있다 하더라도 팀원 중에 태만하고 악의적이거나 고의로 불복종하는 사람이 있을 수 있다. 이런 일이 일어났을 때와 선을 넘었을 때에는 반드시 처벌이 이루어져야 한다. 여기서 핵심은 선을 넘었을 때라는 점이다. 이는 실제로 명확하게 정의가 이루어져야 하고 규칙을 명확하게 이해시켜야 한다는 뜻이다.

이성적인 사람이라면 도가 지나치다고 여길 만큼 심각한 행위가 아닌 이상 어떤 사람이 불문율의 법칙을 위반했다고 그를 처벌하는 것은 대개 부적절한 처사다. 그런 식의 위반 문제를 제하고 규칙이 명확하고 문서화되지 않는 한 개인의 판단이 아무리 잘못되었다고 한들 그 사람을 처벌하기란 어려운 일이다.

그렇다고 해서 당신이 리더로서 그릇된 행동에 조언할 수 없다는 말은 아니다. 당신은 분명하게 조언을 해주어야 한다. 하지만 명확하게 정의되지 않은 위반사항에 대해 누군가를 처벌하는 것은 좋은 관행이 아니다.

위반사항의 결과를 정리해두는 것도 좋은 방법이다. 처벌을 받을 때 아무도 놀라서는 안 된다. 처벌이라는 측면에서 자신이 어떤 위험을 감수하고 있는지 알게 된다면 처벌의 필요성이 상당 부분 사라질 것이다.

일단 규칙과 위반사항에 대한 처벌이 명확하게 정립되면 규칙을 어겼을 경우 처벌 문제를 처리하기 쉽다. 물론 어느 정도 상황을 고려해줄 수 있지만 자비가 약점으로 보여서는 안 된다. 처벌 수위를 낮추려고 요건을 고려하는 리더는 관대한 사람이 아니라 분별력 있는 사람으로 보일 것이다. 관용을 베푼다는 건 만만한 사람이 아니라 이해심 많은 사람이 되는 것이다.

내 팀의 대원들도 가끔 규칙을 어기곤 했다. 한 명은 시내에 나갔다가 싸움을 했다. 다른 한 명은 교육 행사에 필요한 서류를 제출하지 않았다. 어떤 위반사항이든 간에 나는 각 개인의 지난 성과에 비추어 그 행동의 경중을 판단했다. 만약 그동안 성적이 훌륭했고 이번 위반사항이 평소의 행동에 맞지 않았다면 느슨하게 규정을 적용했다. 반면에 상습적으로 규칙을 위반하는 사람이라면 응분의 처벌을 받게 했다. 이미 규칙을 위반했고 그에 대한 정당한 이유가 없거나 고려할 만한 상황이 아니라면 선을 긋고 규정대로 처벌을 내렸다.

처벌을 가하는 것은 리더십에서 매력적인 부분은 아니지만 필요할 때가 있다. 사람들을 잘 이끌수록 징벌 조치를 덜 취하게 된다. 그럼에도 여전히 필요할 때가 있다. 그때는 공평하게 처벌을 내려라.

일을 진행하다가 중단해야 할 때도 있다

네이비씰 팀에서 중요하게 여기는 것 중 하나는 이것이다.

"절대로 중단하지 말라."

네이비씰 기초 훈련 기간 동안 자주 듣게 되는 말인데, 훈련을 받는 동안 정말 뼈저리게 다가온다. 왜냐하면 훈련을 어떻게든 이겨내야 하기 때문이다. 어떤 훈련이 전개될지라도, 아무리 힘들지라도, 아무리 피곤하고 낙담하며 지치거나 약해질지라도 '중단하지 않는다.'

그렇게 훈련을 통과하고, 마침내 네이비씰 대원이 된다. 그러나 실제 팀에 들어가면 그런 극단적 태도는 조정이 필요하다. 조정하지 않는다면 큰 참사로 이어질 수 있기 때문이다.

네이비씰 기초 훈련을 통과해 씰 팀에 나타난 젊은 리더를 대표적인 예로 들 수 있다. 그는 "절대로 중단하지 말라."는 말을 수천 번 넘게 들었다. 그는 동료들에게 이 말을 외쳐댔고 자기 자신에게 되뇌었다. 이 말이 머릿속에 완전히 박혔다.

이제 그는 팀의 훈련 임무를 수행하기 위해 계획 수립 업무를 맡게 되었다. 그는 최선을 다했지만 경험 부족으로 계획을 제대로 세우지 못했다. 분대에 계획을 브리핑하고 임무 수행을 위해 떠났다. 곧 계획이 효과가 없음으로 판명되었다. 잘못된 경로나 잘못된 접근 방식을 택했거나 적이 그렇게 완강히 저항할지 계산에 넣지 못했을 수 있다. 기상이 악화되어 일정을 취소하게 됐을 수 있다. 임무에 영향을 미칠 수 있는 수많은 변수 중 하나를 잘못 판단했을 수 있다. 변수가 무엇이든 계획이 제 효과를 발휘하지 못하게 되었다.

그런데 이 젊은 리더는 중단하지 말라고 교육받았다. 그는 포기하지 않았다. 계획대로 추진하기 위해 모든 자원과 에너지 그리고 시간을 쏟아부으며 전진했다. 분대는 계속 임무에 실패했다. 단순히 임무 실패를 넘어서 완전히 소모되거나 지쳐서 더 이상 아무것도 할 수 없는 상태가 되었다. 그들은 다른 임무를 지원하는 것조차 해줄 수 없었다.

잘못되었다. 그는 중단하고 기지로 돌아와 계획을 재정비하고 부대원을 쉬게 하는 등 임무 수행을 위해 일보 전진을 위한 이보 후퇴를 했어야 했다.

나는 훈련 과제를 통해 젊은 리더가 이 사실을 절실히 깨닫도록 했다. 이 훈련 시나리오는 도시를 배경으로 한다. 커다란 건물이 있고 긴 복도를 따라 방이 여러 개 있다. 썰 소대가 들어간 입구 반대쪽 복도 끝에 커다란 방이 하나 있다. 복도 끝에 있는 방에 바리케이드 슈터(barricaded shooter)라고 부르는 저격수를 배치한다. 그는 격발 시 맹렬한 불꽃을 튀기는 묵직하고 강력한 페인트볼 총을 가지고 있으며 사실상 총알을 무제한 사용할 수 있다.

저격수는 벙커 안에도 들어가 있다. 모래주머니와 합판으로 만들어진 토치카 모형에 들어가 페인트볼 총을 쏘기 위한 구멍 하나만 남겨두고 몸을 완전히 숨기고 있다. 그 구멍으로 페인트볼 총을 내밀고 복도 쪽을 조준하고 있다.

소대는 그 건물을 점령하는 업무를 맡았다. 예상대로 리더는 표준 방법론에 따라 간단하면서도 일반적이고 효과적인 계획을 재빨리 생각해낼 것이다. 2명의 대원을 복도로 보내 첫 번째 방을 접수하게 하고, 그다음 방으로 2명을 더 보내고, 또 그다음 방으로 2명을 보내고……. 이렇게 모든 방을 접수할 때까지, 즉 전체 건물을 접수할 때까지 그렇게 할 것이다.

하지만 복도에 들어선 첫 번째 대원 2명이 좋은 위치를 선점한 바리케이드 슈터의 총에 맞아 쓰러진다. 전투 상황을 진행하기 위해 거기에 있던 훈련 교관이 첫 번째 대원 2명에게 '사망'이라고 말한다. 그러면 그들은 누워 있어야 한다.

젊은 리더는 소동과 총성을 듣고 무슨 일이 일어나는지 알고 싶어 복도 쪽 출입문으로 살짝 내다본다. 그는 첫 번째 대원 2명이 움직임 없이 바닥에 널브러져 있자 '사망'했음을 깨닫는다.

그렇다면 그는 이제 어떤 지시를 하게 될까?

"2명 더! 가서 첫 번째 방을 접수하라!"

강습부대의 다음 2명이 젊은 리더를 지나쳐 복도로 들어선다. 그들은 '죽은' 2명의 대원을 간신히 지나쳤지만 그들 역시 무자비한 페인트볼 총격 세례를 받고 사살된다. 훈련 교관이 '사망' 선고를 내리면 그들 역시 바닥에 드러눕는다.

리더는 또다시 총격전이 벌어지는 소리를 듣고 어떤 상황인지 확인하기 위해 코너 쪽에서 살짝 고개를 내민다. 이제 4명의 대원이 페인트볼 자국이 가득한 복도에 널브러져 있다. 이제 그는 어떤 결정을 내릴까?

"2명 더! 출동!"

이 말을 들은 다른 대원이 리더를 지나쳐 문을 통과해 복도에 들어서고 역시나 페인트볼을 맞고 사망한다.

이제 문제의 심각성이 명백하게 드러난다. 엄청난 위협세력이 있음이 확실하다. 이제 어떻게 해야 할까? 젊은 리더는 자신이 방법을 알고 있다고 생각한다.

"2명 더! 당장!"

또 다른 2명의 대원이 죽음의 복도를 지나자마자 바로 페인트볼이 두 사람의 몸을 벌집으로 만들어놓는다. 리더가 이번에는 몸을 더 빼서 대원들이 복도 안으로 들어가 복도끝 쪽 방에서 총에 맞아 쓰러지는 것을 지켜본다. 그는 바리케이드 슈터의 실루엣을 확인한다. 이제 어떤 상황인지 확실히 이해한다. 리더는 어떤 결정을 내릴까?

"바리케이드 슈터, 복도 끝."

리더는 다음 명령을 내리기 전에 무슨 일인지 상황을 알려준다.

"2명 더! 출동!"

2명의 대원이 다시 복도로 들어가자 바로 바리케이드 슈터에게 사살된다. 그러면 리더는 다시 다음 2명을 보내고, 또 2명을 보내고, 이렇게 리더 자신을 제외하고 아무도 남지 않을 때까지 계속 사람을 보낸다. 그는 뭘 해야 하는지 자신이 알고 있다고 생각하고 숨을 한 번 크게 쉰 다음 복도로 몸을 던진다. 그리고 다른 사람들과 마찬가지로 페인트볼을 그대로 맞고 영광스럽게 '죽는다.'

그가 마지막 사람이었다. 이제 그의 소대원 전원이 사망했다. 팀은 실패했다. 하지만 적어도 젊은 리더는 중도에 포기하지 않았다. 그렇지 않은가?

하지만 이는 틀렸다!

중단해야 할 때가 있다. 이런 시나리오 훈련이 끝나면 나는 젊은 장교와 훈련 과정을 되짚어보는 시간을 가진다.

결과는 분명했다. 목표를 달성하지 못했고 전원 사망했다. 정말 끔찍한 결과였다. 그는 다시는 이런 결과를 마주하고 싶지 않을 것이다. 나는 그에게 전략적 목표와 전술적 목표의 차이를 설명해주었다. 전술적 계획이 별 효과가 없고, 특히 전술적 계획이나 목표를 중단하지 않음으로써 큰 피해를 입게 되어 전략적 목표에 도달하지 못하게 된다면 전술적 계획을 중단하는 것이 좋다고 말했다. 전원이 사망한 그의 소대가 전략적 임무에 얼마나 도움이 되었을까? 결과는 뻔하다. 아무런 도움이 되지 않았다.

다음번 훈련에서도 똑같은 상황이 연출되게 했다. 때로는 정확히 같은 건물에서 똑같은 시나리오가 전개되기도 했다. 같은 일이 일어났다. 먼저 투입된 두 사람이 복도에 들어서자 사살됐다. 다음 두 사람에게도 같은 일이 일어났다. 젊은 리더가 그 과정을 반복하려고 할 때 내가 개입했다.

"뭐하려는 거지?"

"복도를 접수하고 있습니다."

"지난번에도 똑같이 했지."

"그렇지만 건물을 접수해야 합니다. 그러려면 이 복도를 지나가야 합니다."

"우리가 전에 무슨 이야기를 했지?"

나는 전에 언질을 주었는데도 실제로 적용하지 못하는 것에 놀라며 이렇게 물었다. 그는 눈을 깜박이며 기억을 더듬었다.

"그러면… 중단하라는 말씀이신가요?"

젊은 리더가 조심스럽게 말을 이었다.

"이 계획을 중단해야 한다. 효과가 없는 계획이다. 자네는 이미 4명의 대원을 잃었다. 이건 훈련일 뿐이고 이 과정이 끝나면 기적적으로 부활할 것을 나도 알고 있다. 하지만 실제라면 4명의 대원은 진짜 죽게된다. 정말 죽은 거야. 자네는 이 일을 다시 생각해봐야 한다."

"하지만 그냥 도망칠 수는 없습니다. 임무가 있습니다."

"좋아. 한 걸음 뒤로 물러서서 거리를 두어라. 주위를 둘러보아라.

네이비씰 승리의 리더십

여기 다른 선택지가 있다는 생각을 해보았나?"

"이 복도를 접수해야 합니다. 복도를 통해 건물의 모든 방으로 들어갈 수 있습니다."

"이 건물을 접수해야 한다. 그리고 복도를 통해 방으로 들어갈 수 있다. 그런데 방, 특히 바리케이드 슈터가 있는 복도 끝의 방으로 갈 수 있는 다른 방법은 없을까?"

그 젊은 장교는 몇 초 동안 어리둥절해했다. 내가 창문 하나를 보고 고개를 까딱했다.

"창문. 그 방에는 창문이 있습니다. 거기로 들어가면 되겠습니다."

젊은 장교가 말했다.

"좋은 생각."

나는 웃으며 대답했다. 그러자 젊은 장교는 바로 사격지원팀 1~2명에게 건물 밖으로 돌아가 창문 쪽으로 침투해 바리케이드 슈터가 있는 방을 접수하라고 지시를 내렸다.

그 부대는 재빨리 행동을 취해 타깃이 있는 방에 마일즈 수류탄 몇 개를 던졌다. 바리케이드 슈터는 부상을 입거나 적어도 깜짝 놀랐을 것이다. 이어 부대는 창문을 통해 방으로 진입해 슈터를 제거했다. 이제 부대는 문제를 해결하는 새로운 접근법을 배우게 되었다. 사실 측방 전술은 새로운 접근법이 아니다. 더 중요한 것은 젊은 장교가 중단해도 괜찮다는 것을 배웠다는 점이다.

나는 중단한다는 표현이 잘못되었다고 생각한다. 후퇴라고 해야 정확한 표현이다. 우리는 완전히 포기하지 않았다. 항복하지 않았다. 다른 접근법을 시도하기 위해 효과가 없는 접근법 하나를 포기한 것에 불과하다.

전술적 관점과 전략적 관점에서 살펴보면서 작전을 구성해가는 것이 중요하다. 군사 용어로 전술이란 눈앞에 닥친 긴급한 상황으로, 지금 여기서 벌어지고 있는 실제 전투를 말한다. 전략은 더 넓은 의미로 장기적으로 성취하고자 하는 전반적인 목표를 뜻한다. 예를 들어 전술적 목표는 언덕이나 도시의 한 구역을 차지하는 것이다. 반면에 전략적 목표는 자신이 있는 지역의 안정을 위협하는 폭군을 제거하는 것이다. 이는 명백하고 현실적인 위험을 야기한다.

전술적인 목표를 중단하는 것은 괜찮다. 지금 당장 언덕을 접수하거나 도시의 한 구역을 정리하지 않아도 괜찮을 수 있다. 적이 너무 강해서 언덕과 도시를 확실히 방어하고 있을 수 있다. 목표를 확보하는 데 사람이나 물자가 너무 많이 들 수 있다. 그러면 당신은 그 목표를 우회하거나 나중으로 연기하는 방법을 취해야 한다. 이처럼 전술적 목표는 중단할 수 있다.

하지만 전략적 임무는 중단해서는 안 된다. 당신 나라의 안전과 안보를 위해 폭군을 제거해야 한다는 전략적 평가와 결정을 내렸다면 계속 추진해야 한다. 전략적 목표는 중단해서는 안 된다.

심지어 전략적 임무를 성공적으로 수행해내기 위해 전술적 임무를 중단해야 하는 경우도 있다. 조지 워싱턴(George Washington) 장군은 뉴욕에서 미국 대륙군의 후퇴를 이끌었다. 이는 혁명군이 나중에 계속 교전할 수 있도록 하기 위한 결정적인 도피였다.

갈리폴리 반도에서 오랫동안 군사 작전을 펼치면서 영국, 호주, 뉴질랜드, 프랑스 군대에 엄청난 사상자가 발생했던 제1차 세계대전 중에도 비슷한 상황이 발생했다. 연합군은 이 군사작전을 포기하기로, 즉 중단하기로 결정했다. 그러나 갈리폴리 반도에서 후퇴한 병력을 분쟁이 발생한 다른 전장에 투입함으로써 궁극적으로 연합군의 전략적 승리에 기여할 수 있었다.

던커크에서 영국해협을 가로질러 후퇴했던 사건에 대해 모르는 사람은 거의 없다. 30만 명 이상의 연합군은 후퇴했지만 이에 굴하지 않고 열심히 싸웠다. 그들은 전술적 전쟁은 중단했지만 추축국(제2차 세계대전 당시 연합국과 싸웠던 나라들이 형성한 국제동맹을 가리키는 말로 독일, 이탈리아, 일본의 세 나라가 중심이다.-옮긴이)과 싸워 이길 수 있었다.

이는 리더가 대열을 정비해 다시 싸워 전략적 승리를 쟁취하기 위해 계획 중단, 후퇴, 포기 등의 결정을 내리고 전술적 패배를 받아들어야 하는 수많은 사례 중 하나다.

단기적인 전술적 목표를 중단하고 후퇴해야 하는 경우가 있다. 그러나 전략적 임무는 절대로 중도에 그만두지 마라. 장기적인 전략적 목표는 절대로 포기해서는 안 된다.

4장 리더의 의사소통 기법

팀원들과 정보를 공유한다

도보 순찰은 네이비씰 대원에게 가장 기본적인 이동 방식이다. 물론 항공기, 헬리콥터와 보트 역시 장거리 이동 시 사용할 수 있는 이동수단이다. 하지만 우리가 타깃에 최종적으로 접근할 때 열에 아홉은 지난 수천 년 동안의 전투와 마찬가지로 발로 직접 움직인다.

어떤 작전이냐에 따라 이동거리가 달라진다. 헬리콥터로 이동해 타깃에서 100야드(약 90미터) 떨어진 지점일 수도 있고, 순찰대가 며칠 밤낮을 이동해야 커버할 수 있는 수십 킬로미터의 거리일 수도 있다.

영화나 드라마를 보면 군대가 도보 순찰하는 것이 마치 공원을 산책하는 것처럼 쉽고 편안한 일처럼 묘사된다.

하지만 도보 순찰은 공원을 산책하는 것과 다르다. 신체적으로나 정신적으로 너무 힘들다. 때때로 작전에서 가장 힘든 부분이 될 수 있을 정도로 점점 고통스러워진다. 순찰대원들은 모두 무기, 탄약, 방탄모와 방탄복, 무전기, 배터리, 수류탄, 의료기기, 식량과 물, 그리고 특수 작전을 위한 특수장비를 메고 이동해야 한다. 그 무게는 1명당 최소

50~70파운드(약 23~32kg), 최대 120파운드(약 54kg)에 달한다. 저시정(低視程: 목표물을 명확하게 식별할 수 있는 최대 거리가 얼마 되지 않는 상태-옮긴이)의 야간시간대에 무거운 짐을 메고 가파르고 힘든 지형을 장시간 이동한다. 적의 동태를 주시해야 하기 때문에 스트레스가 고조된다. 이런 상황에서 순찰대는 간단한 걷기에서 시작했지만 작전을 위한 에너지와 사기가 저하될 정도로 고통스러운 시간을 보내게 된다.

젊은 대원이었던 나는 네이비씰 1팀으로 배치된 다른 신참들과 함께 씰 전술 훈련(STT)을 받게 되었다. 이는 우리가 팀으로서 처음 한 일이었다. 이 훈련은 우리가 소대에 배치되었을 때를 준비하도록 BUD/S에서 배운 가장 기본적인 내용을 바탕으로 설계되었다. 훈련 교관은 우리가 기본에 충실하도록 훈련시킬 뿐만 아니라 다양한 보직을 맡겨 소대에서 우리가 맡게 될 역할들을 파악하게 했다.

이 말은 대원들이 각각 기관총 사수, 의무병, 척후병, 후방 경계병이나 순찰대 지휘관으로 순찰을 나가야 한다는 뜻이다. 순찰을 나갈 때 보직에 따라 분대 행렬에서 다른 위치에 서게 되었다. 나는 운 좋게도 첫 번째 소대에서 통신병으로 고정되기 전까지 순찰을 많이 돌면서 여러 보직을 다 경험해볼 수 있었다.

분대가 도보 순찰을 나설 때는 척후병이 맨 앞에 서서 길을 인도하고 순찰대 지휘관이 그 뒤를 따른다. 순찰대 지휘관 다음에 통신병이 있고 기관총 사수, 의무병, 다른 기관총 사수가 순서대로 그 뒤를 따른다. 그 뒤를 순찰대 부지휘관이 따르고 맨 뒤에는 후방 경계병이 있다. 두 분대로 이루어진 하나의 소대가 함께 순찰에 나설 때에는 1분대가 선두에 서고 2분대가 후방을 순찰하는 식으로 분대가 돌아가며 순찰을 한다.

따라서 순찰을 나설 때 대원의 위치는 소대나 분대 내에서 맡은 보직이 무엇이냐에 따라 달라진다. 나는 모든 위치를 다 경험해봤기 때문에 리더십에 대해 매우 귀중한 교훈을 얻을 수 있었다.

순찰할 때 척후병이 되면 먼저 길을 트며 나가야 하기 때문에 육체적으로 더 힘들지만 무슨 일이 일어나고 있는지 알 수 있다는 것은 좋은 점이다. 척후병이 되면 실제로 순찰대를 인도하게 된다. 앞쪽에 서서 계속 지도를 보면서 사전에 공부해온 지형을 확인하고 얼마나 이동했는지 거리를 가늠하기 위해 걸음수를 세며 지금 위치가 정확하게 어디인지, 그리고 앞으로 얼마나 더 가야 하는지 확인한다.

대열의 두 번째 사람은 순찰대 지휘관이다. 순찰대 지휘관이 되면 자신이 있는 위치를 정확히 알 수 있다. 지휘관은 척후병과 긴밀히 협력하며 함께 지도를 열심히 들여다보며 현 위치와 얼마나 더 가야 할지를 알려줄 주요 지형물을 찾는다. 순찰대가 1시간에 10분씩 휴식을 취할 때마다 척후병과 지휘관은 함께 지도를 연구하며 나침반으로 방향을 확인하고 순찰대의 정확한 위치를 삼각측량하곤 한다.

지휘관 바로 뒤에 통신병이 따라간다. 통신병은 순찰대 지휘관과 항공기나 포병 같은 외부 지원 간에 의사소통을 돕는다. 따라서 정보에 빠삭하다. 척후병과 지휘관이 지도를 연구하는 모습을 보고 타깃으로부터 얼마나 떨어져 있는지, 순찰대가 어떤 지형에 접근하고 있는지, 순찰대가 언제 다시 멈출지 등을 논의하는 내용을 듣는다. 게다가 순찰대 지휘관이 지휘계통의 상사에게 순찰대의 위치나 타깃까지의 거리 등 정보를 전달할 때에는 반드시 통신병을 통한다. 따라서 통신병은 무슨 일이 일어나고 있는지 언제나 잘 알고 있다.

통신병의 뒤를 첫 번째 기관총 사수가 따르는데, 여기서부터 순찰대 사이의 단절이 시작된다. 기관총 사수는 순찰대 지휘관의 목소리가 들리지 않는 지점에서 따라가기 때문에 척후병과 지휘관 사이의 이야기를 전혀 들을 수 없다. 의무병은 앞에서 다섯 번째로 대열을 따라간다. 그는 무슨 일이 있고 지금 위치가 어디인지 거의 파악할 수 없다.

의무병 뒤로 두 번째 기관총 사수가 따라간다. 두 번째 기관총 사수는 앞쪽에서 일어난 일들을 전혀 모를 때가 많고 거의 맹목적으로 앞 사람을 따라갈 뿐이다. 그 뒤를 다음 사람이 따라가고, 그 다음 사람, 또 그 다음 사람이 따라간다. 뒤로 갈수록 척후병과 순찰대 지휘관으로부터 멀어져서 들을 수 있는 정보 역시 점점 적다.

순찰대 대열 맨 마지막에 있는 사람이라면 정보를 거의 들을 수 없게 된다. 순찰대에서 들은 정보가 없을수록 더 우울해진다. 지금 어디에 있는지, 타깃까지 얼마나 더 이동해야 하는지, 다음 쉬는 시간이 언제인지, 주변에 어떤 지형이 있는지 알 수 없다. 거대한 언덕을 올라가야 하는지, 강을 건너야 하는지 전혀 알지 못한다. 그저 한 발 한 발 내디디며 고통만 느낄 뿐이다. 사기가 떨어지고 더 이상 순찰을 하지 못할 것처럼 느껴진다.

그러나 고통과 사기 저하보다 더 심각한 문제가 있다. 최악은 전술적 상황이다. 지금 어디에 있는지를 전혀 알지 못한다. 적이 공격해왔을 때 어디로 가야 할지도 모를 수 있다. 다른 소대원들과 갈라졌다면 길을 잃게 된다. 전장에서 현 위치를 파악하는 것은 가장 중요한 정보인데 그것을 확보하지 못한다.

나는 다양한 위치를 모두 경험해봤기 때문에 순찰대에서 뒤쪽에 있을수록 아는 정보가 줄어든다는 사실을 깨닫게 되었다. 척후병, 순찰대 지휘관이나 통신병을 할 때에는 무슨 일이 일어나고 있는지 파악할 수 있기 때문에 모든 것을 더 명확하게 이해할 수 있었다. 순찰대 대열의 마지막에 있을 때에는 마치 가방을 머리에 이고 들판에 있는 기분이 들었다. 그 기분이 정말 싫었다.

따라서 나는 순찰대 지휘관이 되었을 때나 대원으로 훈련 작전에 참여할 때, 그리고 나중에 장교가 되어 분대장, 소대장 그리고 기동대 지휘관으로 근무할 때 순찰대 전원이 현재 무슨 일이 일어나고 있는지 정확히 알도록 하는 것을 내 임무로 삼았다. 임무 브리핑을 하면서 순찰을 돌 때 신호 전달의 중요성을 강조했다. 대원 모두가 우리가 가는 순찰 루트를 알고 이해하도록 하기 위해서 모두가 쉽게 인식할 수 있을 것으로 여겨지는 주요 지형적 특징을 강조하곤 했다. 그런 다음 일단 순찰에 나서면 휴식을 취할 때마다 지도를 가지고 각 사람과 팀의 리더에게 우리가 어디에 있고, 타깃까지 얼마나 더 가야 하며, 어떤 지형물이 나와야 하는지를 설명했다. 그러면서 물이 얼마나 남았는지, 발 상태가 어떤지, 얼마나 피곤한지 등 대원들의 상태까지 확인했다.

단순히 대원들의 복지를 신경 써서 편안하게 해주려고 그런 것만은 아니었다. 전장에 대한 지식 부족은 분대나 소대 혹은 부대 등 어떤 규모의 조직에게나 모두 전술적으로 불안 요소가 된다. 무슨 일이 일어나고 있는지 알고 있는 부대는 사기가 높아 많은 일을 효율적으로 수행하고 잘 준비하며 작전을 진행할 수 있는 능력을 갖춘다. 정보가 없는 부대는 재앙이 닥치지 않기만을 바랄 뿐이다.

이는 전술적 순찰에만 적용되는 것이 아니다. 어떤 상황이든 리더가 팀원 모두에게 가능한 한 많은 정보를 전달하는 것이 중요하다. 정보가 없으면 팀원이 지금 어디에 있는지, 어디로 가는지, 혹은 목표에 도달하기 위해 얼마나 더 가야 하는지 모른 채 움직이다가 길을 잃을 수도 있다. 길을 잃어도 어디로 이동해야 할지 모른다. 그들의 노력이 전략적 임무에 어떤 영향을 주는지 이해하지 못한다. 더 이상 효과적으로 일을 할 수 없다. 사기가 바닥을 친다.

리더의 관점에서 가장 어려운 점은 당신이 보는 것을 팀원은 보지 못할 수 있다는 사실을 이해하는 것이다. 팀원들에게는 당신이 받은 정보가 없기 때문에 그들이 그 정보를 알고 있다고 가정하는 것은 경솔한 생각이다. 팀원들에게 업데이트된 정보를 제공하는 데 적극적으로 나서야 한다. 팀원들이 지금 일어나는 일을 실시간으로 알 수 있도록 해야 한다. 팀원들이 당신에게 질문할 것이라고 기대해서는 안 된다. 그들은 어쩌면 무엇을 모르는지조차 모를 수 있다. 그들이 어떤 것을 알고 있을 것이라고 생각하지 마라. 오히려 그 반대로 그들이 아무것도 모른다고 가정하고 리더로서 책임을 지고 계속 팀원들과 정보를 공유하라.

네이비씰 승리의 리더십

소문은 빠른 시간 내에 바로잡는다

조직 내에 유언비어가 확대된다면 이는 당신이 소문이 걷잡을 수 없이 번지도록 허용한 셈이다. 정보 부족으로 유언비어가 생겨난다. 사람들에게 어떤 일이 일어나고 있다고 말해주지 않으면 사람들은 혼자 결론을 내리게 되고, 그런 결론은 바람직하지 않다.

유언비어가 만들어지기 전에 먼저 말을 꺼내라. 순찰을 하는 것처럼 팀원들에게 정보를 공지하라. 몇몇 사람을 해고할 필요가 있다면 그 이유를 설명하라. 어떤 제품의 생산을 중단해야 한다면 그 이유를 설명하라. 사무실 문을 닫아야 한다면 그 이유에 대해 소통하라.

이런 주제는 얘기하기 쉽지 않다. 사람들에게 이야기하지 않아도 될 핑계를 찾는 것이 더 쉽다. 입을 다물고 아무도 알아채지 않기를 바라는 것이 확실히 더 편하다. 하지만 사람들은 분명 알아차리게 되고 자신들의 생각대로 그 이유를 만들어갈 것이다. 몇몇 사람을 해고해야 한다면 "사업이 망했다!"는 소문이 퍼질 것이다. 어떤 제품의 생산을 중단해야 한다면 역시나 "사업이 망했다!"는 소문이 돌 것이다. 사무실 문을 닫아야 한다면 이번에는 확실히 "사업이 망했다!"는 소문이 난무할 것이다.

이런 상황이 발생하지 않도록 하라. 나쁜 소식에 대한 소문을 사전에 차단하고 어떤 일이 벌어지고 있는지 팀원들에게 알려주어라. 돌려서 말하지 말고 솔직하게, 그리고 시기적절하게 대응해라. 시간이 많이 지날수록 소문은 더 무성해져 수습하기 어려워진다. 현 상황에 대한 진실을 빨리 공유할수록 결과가 더 좋을 것이고, 소문과 관련된 문제도 덜 나타날 것이다.

명확한 지침을 내린다

하급 리더나 최전방 부대가 당신이 원하는 일을 하지 않는다면 가장 먼저 당신 자신을 확인해야 한다. 이런 문제를 유발하게 된 첫 번째 원인은 지침이 불명확했거나 제대로 전달되지 않았기 때문일 가능성이 높다.

부대원에게 간단하고 명확하며 간결한 지침을 내려라. 지침을 많이 준다고 해서 더 명확해지는 것은 아니다. 사실 지침사항이 많아질수록 더 혼란스럽고 복잡해질 수 있다. 리더십 단계별로 동일한 지침이 내려지도록 확인하는 것 역시 중요하다. 조직의 각 단계에서 세부사항에는 차이가 있을 수 있지만 메시지의 기초가 되는 지침은 동일해야 한다.

나는 브루저 기동대의 소대장으로 이라크 라마디에 파견되었을 때 부대원들에게 언제 어떻게 살상 무력으로 적과 교전해야 하는지를 설명해야 했다. 이러한 교전 규칙은 이해하기가 아주 복잡하고 어렵다. 교전 규칙이 적힌 문서는 몇 페이지에 걸쳐 법률 용어로 가득 차 있다.

이 메시지에는 '적군과 준군사병력'이나 '요청 표적(예정된 시간에 사격하지 않고 요청에 의해서 사격을 하기 위해 계획된 표적-옮긴이)이 합법적인 군사 타깃임을 상당히 확신할 수 있어야 한다.'는 문구가 여기저기 적혀 있다. 이런 문구들은 이쪽에 익숙한 사람이 편안한 장소에 앉아 읽는다면 다 이해될 만큼 간단한 내용이지만, 젊고 최전방에 있는 작전대원들이 스트레스를 받는 전투 상황에서 상대편을 살릴 것인가 죽일 것인가 결정을 내려야 하는 순간에 기억하는 건 힘든 일이다.

그래서 나는 교전 규칙을 대원들이 더 쉽게 이해할 수 있게 단순한 말로 다시 썼다.

'방아쇠를 당겨야 할 때 죽이려는 상대가 나쁜 사람인지 확인하라.'

이런 식으로 간단하면서도 규칙의 뜻을 잘 전달하는 말로 교전 규칙을 정리했다. 동기와 의도를 알 수 없는 사람들이 적대적인지 아닌지를 판단하는 것은 항상 어려운 일이다. 그들이 의심스러운 행동이나 예상치 못한 행동을 할 때가 종종 있다. 하지만 연합군을 향해 공격적인 행동을 하기 시작한다면 그것은 적대적인 행위임이 분명하다. 일단 누군가 선을 넘어 적대적이고 공격적인 행동을 하기 시작하면 그는 나쁜 사람이고 교전할 필요가 있음이 분명해진다. 그렇다면 전방의 사격수가 결정을 내리기 쉬워진다.

교전 규칙을 따르는 것이 왜 중요한지를 팀원들에게 이해시키는 것도 중요하다. 그래서 나는 그들에게 다시 한 번 매우 명확하게 설명했다. 그들 중 한 명이 무고한 시민을 죽이거나 다치게 한다면 우리 작전에 중대한 부정적인 영향을 끼치게 된다. 우리는 민간인을 보호하기 위해 그곳에 있기 때문에 민간인에게 위해를 가하는 것은 우리 임무와 정반대되는 것으로 절대 용납될 수 없다는 사실을 주지시켰다.

지침의 원래 의도대로 우리 기동대 전원에게 지침이 분명하게 전달됐다. 하지만 모든 사람이 그 지침을 실제로 이해하기란 쉬운 일이 아니다. 이때 사람들이 이해했는지 여부를 확인하는 방법은 단순하게 이해했는지 물어보는 것이 아니다. 그렇게 되면 사람들은 자신의 이해력 부족을 인정하고 싶지 않아 그냥 고개를 끄덕이게 된다. 가장 좋은 방법은 대원들에게 자기가 이해한 대로 지침을 다시 설명해보라고 요청하는 것이다. 지침을 제대로 이해했는지 알아보기 위해 어떤 상황을 주고 퀴즈를 낼 수도 있다. 대원들이 대답을 잘 해낸다면 제대로 이해한 것이다.

가능한 한 여러 채널을 통해 지침을 전달하는 것도 중요하다. 서면 형식으로 전달하라. 대면해서 직접 말하라. 반복해서 볼 수 있도록 영상을 찍어라. 전화 회의로 메시지를 반복해서 전달하라. 하급 리더 역시 동일한 작업을 하게 하라. 여러 사람이 다양한 방식으로 정보를 받아들일 수 있도록 하라. 가능한 한 여러 방식으로 지침을 전달하면 팀내 다양한 사람이 자신에게 가장 편한 방식으로 지침을 이해해 전원이 숙지하게 된다.

"시키는 대로 해."라고 말하지 않는다

"시키는 대로 해!"

부모들은 아이들에게 종종 이런 말을 한다. 시키는 대로 방을 치워라. 시키는 대로 10시까지 집에 와라. 시키는 대로 설거지를 하라. 시키는 대로 스케이트보드를 탈 때 헬멧을 써라.

이런 말을 자주 하는 부모라면 자칫하면 직원이나 하급자에게도 그 말을 하기 쉽다. 그건 잘못된 것이다. 사실 아이들에게도 이런 말을 하면 안 된다.

스케이트보드를 예로 들어보자. 나는 스케이트보드가 아주 대중화된 남부 캘리포니아 해변가에 산다. 묘기에 가까운 플레이를 보면 정말 보고도 믿기 힘들 정도로 위험했다. 그중 가장 위험한 경우는 노면에 머리를 탁 부딪치는 것이다. 그러니 헬멧을 꼭 써야 한다.

아이에게 이렇게 말한다면 어떨까?

"아빠가 시키는 대로 헬멧을 써."

그 말이 얼마나 효과적일까? 물론 그 자리에 서서 지켜보면서 규칙을 강요한다면 아이는 헬멧을 쓸 것이다. 그렇지만 나이를 두어 살 더 먹고 친구들과 스케이트보드를 타러 갈 때는 어떨까? 그때도 당신 말을 따를까? 헬멧을 쓰면 불편하고 덥고 거추장스러운 데다 가장 중요한 것은 '멋있어 보이지 않는다.'는 것을 깨달을 날이 멀지 않았다. 아이는 당신 시야에서 벗어나자마자 헬멧을 벗는다. "시키는 대로 해."라고 말해도 내가 그 자리에 없으면 아무 소용이 없다.

그런데 만약 아이에게 "시키는 대로 해."라고 말하는 대신에 왜 헬멧을 써야 하는지 설명하면 어떨까? 스케이트보드에서 떨어져 머리를 부딪쳤을 때 얼마나 위험한지를 설명한다면? 아이를 병원에 데리고 가서 스케이트보드에서 떨어져 머리를 다쳐 심각한 뇌손상으로 지금 병상에 누워 걷거나 말하지도, 먹지도 못하는 다른 아이를 보여주면 어떨까? 아이를 공동묘지에 데리고 가서 스케이트보드에서 떨어져 머리를 부딪쳐 죽은 열 살이나 열한 살 아이의 묘지를 보여주면 어떨까? 아이가 자극을 받을까? 확실히 그렇다. 아이가 스스로 헬멧을 쓸 뿐만 아니라 친구들에게도 헬멧을 쓰라고 말할 가능성이 높아진다. 차이가 있다면 이유를 설명했다는 것이다. 다시 말해 당신이 아이에게 왜 그 일을 하는 게 중요한지 설명해주는 것이다.

"시키는 대로 해."라고 말하는 것은 다른 사람에게 일을 시킬 때 최선의 방법이 아니다. 리더로서 사람들을 이끄는 좋은 길이 될 수 없다. 다들 안다고 생각할 수 있다. 하지만 말만 달라졌을 뿐 "시키는 대로 해."라고 하는 경우가 부지기수다.

"내 결정이다."

"내 계획이다."

"내가 너보다 낫다."

이는 모두 "시키는 대로 해."의 다른 버전일 뿐이다. 이런 말들은 모두 결과를 보면 전혀 효과적이지 않다. 어떤 식으로 표현한다 해도 부하들이 그 임무를 완수하기 위해 최선을 다하게 만들지 못할 것이다. 그들은 그저 명령을 따를 뿐이다. 지금 하고 있는 일을 왜 해야 하는지 전혀 알지 못하기 때문에 일을 수행할 때 어떤 열정이나 끈기라고는 전혀 찾아볼 수 없다.

사람들을 그런 식으로 이끌어서는 안 된다. 대신 부하들에게 왜 그 일을 해야 하는지 설명하라. 왜 그런 식으로 일해야 하는지 설명하라. 왜 업무·기동·절차가 중요한지, 팀과 회사·임무에 어떤 영향을 주는지, 더 나아가 자기 자신에게 어떤 영향을 주는지도 설명해주어라.

"시키는 대로 해."라고 말하지 말아야 하는 또 다른 중요한 이유가

네이비씰 승리의 리더십

있다. 당신 역시 틀릴 수 있기 때문이다. 하급자 중 한 명이 왜 그런 일을 해야 하는지 물었을 때 "시키는 대로 해."라고 답을 한다면, 그것은 당신이 그 이유를 모른다는 뜻이 된다. 왜 해야 하는지도 모르면서 왜 그 일을 하고 있는가?

전에 첫 번째 주요 프로젝트를 론칭하려는 기술 분야 하드웨어 회사와 같이 일한 적이 있다. 수많은 신생기업처럼 그 회사 역시 인력이 부족했지만 해야 할 일이 있었다. 나는 많은 엔지니어와 CEO를 비롯한 경영진에게 지금 하고 있는 일을 왜 해야 하는지 아는 것이 얼마나 중요한지에 대해 설명하고 있었다. 나는 일선에서 근무하는 엔지니어들에게 지금 하고 있는 일을 왜 해야 하는지 모른다면 상사에게 물어야 한다고 말했다.

엔지니어 중 한 명이 이렇게 질문했다.

"상사가 모르면 어떡하죠?"

내가 대답했다.

"그러면 그 상사의 상사에게 물어보십시오."

"그들도 모른다면요?"

엔지니어가 쏘아붙였다.

"그러면 그 위의 상사에게, 그다음에는 그 위의 상사에게, 그다음에는 또 그 위의 상사에게 물어보십시오."

그다음에 나는 CEO를 향해 이렇게 말했다.

"이 장비를 시장에 출시하려는 이 회사의 CEO로서 팀에서 단 한 사람도 이 일이 왜 중요한지 설명하지 못한다면, 그런 사람이 이 조직에서 일하기를 원하십니까?"

"절대로 아닙니다."

CEO가 대답했다.

"절대로 아닙니다. 이번 론칭을 성공시키기 위해 필요한 작업들이 있고, 우리 각자가 중요한 업무를 맡아 처리해야 합니다. 회사 상하 체계 속에서 한 사람도 이 임무를 수행하는 것이 왜 중요한지 설명하지 못한다면 그 사람은 이 일을 하지 않는 게 좋겠습니다."

이유를 설명해주면 최전방부대가 필요성을 인지한 채 일할 수 있도록 도울 수 있을 뿐만 아니라 중요하지 않은 일에 시간과 자원을 낭비하지 않도록 도울 수 있다. "시키는 대로 해."라고 말하면 앞서 말한 그런 좋은 점들을 전혀 기대할 수 없다. 따라서 "시키는 대로 해."라고 말하는 자기 자신을 발견한다면 멈추어라. 생각하라. 그리고 하급자와 자기 자신에게 진짜 이유를 설명해주어라.

일하는 사람과 연관된 내용으로 설명한다

함께 일했던 대기업의 많은 직원을 대상으로 강연을 한 적이 있다. 그때 전투의 법칙과 극한 책임의식의 원칙을 설명했다. 내 강연이 끝나자 그 뒤를 이어 회사의 CEO가 일어나 연설을 하며 회사 실적이 반등해 2년 만에 수익이 났다고 설명했다. 상당히 큰 액수였다. 그는 주주들이 이 수익으로 아주 기뻐했다고 전했다. CEO는 아주 고무된 모습을 보였다. 하지만 청중에게서 기대했던 반응을 얻지 못했다. 그의 열정에 상응하는 어떤 환호나 박수도 없이 사람들은 그저 가만히 앉아서 조용히 듣고 있을 뿐이었다. 어색한 침묵만 흐를 뿐 그의 열정에 전혀 반응을 보이지 않았다. CEO의 연설이 끝났을 때 그와 청중의 태도 사이에는 확연한 차이가 있었다.

CEO는 직원들의 반응에 당황하며 무대에서 걸어 내려왔다. 나는 그의 얼굴에서 당혹스러움을 읽을 수 있었다. 직원들은 회사가 어려움을 이겨내고 믿을 수 없는 반전을 이루었고 그 수익이 주주들에게 돌아갔다는 사실에 전혀 흥분하지 않았다. CEO와 COO 그리고 나는 CEO의 사무실에 돌아가 회의를 했다.

"내가 기대했던 반응이 아니었습니다."

CEO가 말했다.

"나도 그랬습니다."

COO가 동조했다.

"내 잘못입니다."

내가 말했다.

"연설문을 미리 보고 생각을 좀 했어야 했습니다."

"내 연설에 무슨 문제가 있었죠?"

CEO가 물었다.

"그냥 좋은 뉴스이지 않습니까? 우리는 경비를 절감했습니다. 불필요한 인력을 감원했죠. 심지어 당신이 말한 대로 그 이유까지 설명했습니다. 그러니까 수익을 얻기 위해 이 모든 일을 했다는 걸 설명했죠! 그 결과 우리는 2년 만에 첫 수익을 내는 데 성공했습니다! 싫어할 이유가 뭐가 있습니까?"

CEO의 말은 틀린 게 없었다. 그의 관점에서 모두 좋은 소식이었다. 문제는 그의 말이 사람들에게 어떻게 전달되는지를 이해하지 못했다는 점이다. 나는 그가 연설할 내용을 미리 듣고 평가하지 못했다. 그래서 나는 그에게 이렇게 말했다.

"문제는 그게 좋은 소식이 아니었다는 게 아닙니다. 그들의 관점에서 다르게 들렸을 수 있습니다. 지난 몇 달간 일선에서 일하는 리더들, 매니저들과 함께 일해보니 그들이 다르게 보고 듣더군요. 당신이 '원가를 절감했다.'고 말하면 그들은 '일을 하는 데 필요한 물자나 자원을 없앴다.'고 듣습니다. 당신이 '불필요한 인력을 감원했다.'고 말하면 그들은 '내 친구가 해고됐으니 이제 우리는 전보다 훨씬 더 인력부족에 시달리게 됐다.'고 듣습니다. 심지어 당신이 이유를 설명하며 '우리가 2년 만에 처음으로 수익을 냈다.'고 말하면 그들은 '우리가 힘들게 일하고 희생해서 일을 완수해내면 돈은 몇몇 주주가 번다.'고 듣습니다. 직원들의 관점이 당신과 아주 다르기 때문에 그들의 입장에 맞추어 말을 해야 합니다."

CEO가 내 말의 뜻을 이해하는 것처럼 보였다.

"그런데 전달될 메시지는 이것입니다. 사실은 사실이고, 이는 긍정적인 메시지입니다. 어떻게 해야 이보다 더 좋아질 수 있죠? 회사가 돈을 벌면 그 돈이 주주들에게 돌아간다. 이게 회사가 굴러가는 방식입니다."

나는 이렇게 답했다.

"그들의 관점에서 이야기의 틀을 짤 필요가 있습니다. 그들과 연결

네이비씰 승리의 리더십

고리가 있어야 합니다. 그 연결고리는 이렇습니다. 우리는 2년 만에 첫 수익이 났다. 그러면 우리는 광고에 더 많은 돈을 투입할 수 있다. 광고를 더 많이 하게 되면 더 앞서갈 수 있다. 더 앞서가게 되면 더 많은 고객을 유치할 수 있다. 고객이 많아진다는 것은 판매가 늘어난다는 뜻이고 판매가 늘어나면 제품 생산원가가 낮아진다. 생산원가가 낮아지면 우리 제품의 가격이 낮아져 가격경쟁력이 높아진다. 가격이 떨어지면 더 많이 팔리고 다시 생산원가는 더 낮아진다. 그러면 우리는 훨씬 더 많은 돈을 광고에 투자할 수 있게 되고 판매량이 훨씬 더 많아지게 된다. 여기 앉아 있는 모든 사람에게 이런 사이클은 회사가 성장한다는 뜻이고 회사가 성장하면 장기적인 고용안정뿐만 아니라 또 다른 기회도 가능하게 된다. 즉 책임감 증대, 리더십 강화 그리고 더 많은 돈을 벌 수 있는 그런 기회 말이다. 그렇기 때문에 여기에 있는 모든 사람에게는 수익성이 중요하다. 회사가 성공하면 팀원 모두가 함께 맡은 일에서, 그리고 재정적으로 성공한 셈이다. 따라서 여러분의 수고와 헌신에 진심으로 감사드린다. 여러분 각자가 성공했을 때 팀이 성공한다. 그리고 팀이 이기면 여러분 각자도 이기게 된다."

보충 설명은 필요 없었다. CEO는 내 말의 뜻을 이해했다.

"좋습니다. 직원들에게 이메일을 보내 그 이유를 설명하는 게 낫겠네요. 필요하다면 영상을 찍죠. 중요한 점을 놓쳤지만 바로잡도록 하겠습니다."

"잘하실 겁니다."

나는 그렇게 말했다. 그리고 회사 전체에 그 이유를 자세히 설명하기 위해 함께 소통하며 일했다.

리더라면 다 이 교훈을 알아야 한다. 이유를 설명하는 것은 중요하다. 하지만 그 이유가 지휘계통에 속한 모든 사람을 하나로 묶고 끈끈히 연결시켜야 한다. 성공의 이유가 '협력'이나 '주주들을 위한 수익'이라면, 이는 모두에게 좋은 동기부여가 되지 못한다. 임무와 성과가 팀 전체에게 어떤 혜택이 돌아갈지 생각해보고 그 점을 설명해주어야 한다. 일선에서 일하는 사람들은 주주들의 주머니에 얼마의 돈이 들어갈지 신경 쓰지 않는다. 그들은 그 수익이 자신들의 고용 안정과 전문성 성장의 기회에 도움이 되는지 여부를 더 신경 쓸 것이다.

군사 작전에서도 마찬가지다. 어떤 임무가 나라의 전략적인 면에서만 중요한 것이 아니라 최전방 부대에는 어떤 영향을 미치는지 설명해야 한다.

"이 임무는 적이 박격포로 우리 기지를 공격하는 것을 교란시키는 것이다."

"이 임무가 적의 정보 수집 능력과 공격 능력에 타격을 줄 것이다."

"우리가 여기에서 적을 저지할 수 있다면 그들은 우리 진지를 공격할 기회를 얻지 못할 것이다. 이는 우리 가족이 안전하다는 것을 의미한다."

이런 식으로 이야기할 수 있다.

임무나 목적이 무엇이든 부대는 그 일이 자신들에게 어떤 긍정적인 영향을 미칠지 이해할 필요가 있다. 따라서 명확한 용어로 그 이유를 설명할 수 있어야 한다.

네이비씰 승리의 리더십

비판할 때는 진심을 담아 말한다

누군가를 지적해야 할 때에는 신중히 생각하고 배려하는 자세가 중요하다. 누군가의 면전에 대고 비난을 퍼부으면 그들은 방어적으로 바뀌어 비판을 받아들이지 않을 것이다. 따라서 조금 돌려 간접적으로 접근할 필요가 있다.

첫째, 당신의 사람들을 보살펴야 한다. 당신이 진심으로 그들을 보살핀다면 그들도 그 사실을 알고 당신이 하는 지적을 좀 더 쉽게 받아들일 것이다.

둘째, 책임의식을 가지고 문제를 해결하라. 물론 어느 리더든 극한의 책임의식을 기본 원칙으로 적용해야 한다. 하급자를 지적할 때에도 극한의 책임의식 전술을 펼쳐야 한다. 피드백을 제공하면서 극한의 책임의식을 이용해 이렇게 말하면 좋다.

"프로젝트를 기한 내에 끝내지 못했다."라고 말하는 대신 "제 시간에 프로젝트를 끝내려면 어떤 지원이나 자산을 제공해 줄까?"라고 묻는다.

"임무 목표를 달성하지 못했다."라고 말하는 대신 "내가 미션 목표를 잘 설명하지 못한 것 같다. 제대로 이해했는가?"라고 묻는다.

"자네가 전문성이 부족해서 고객을 경쟁자에게 뺏겼다."고 말하는 대신 "내가 전문성 면에서 너무 느슨해지도록 용인한 것 같다. 그것이 경쟁자들에게 마지막 고객마저 뺏긴 이유 중 하나라고 생각한다."라고 말하라.

이는 성가신 하급자들을 잘 따라오도록 하는 단순한 기술이 아니라는 점을 기억해야 한다. 지금까지 얘기한 것들의 핵심은, 그리고 책임의식을 가지라고 말한 핵심은 당신 스스로 자신이 하는 이야기들을 진짜 믿어야 한다는 것이다. 앞서 예를 들어 얘기한 모든 것이 단순히 립서비스가 되어서는 안 된다. 진심을 담아 그렇게 말해야 한다.

- 리더가 팀원들과 호흡을 맞추며 제 시간에 업무를 완수하는 데 필요한 모든 지원과 자산을 확실히 지원해준다면 일이 제때 끝날 것이다.
- 리더가 임무를 간단하고 명확하며 간결한 방식으로 설명해 팀을 확실히 이해시킨다면 팀이 그 임무를 완수할 수 있을 것이다.
- 리더가 전문성의 중요성을 강조하지 않았다면 하급자가 전문적으로 행동하지 못하는 게 당연하다.

사람들은 리더가 팀의 실적을 전적으로 책임지지 않아도 되는 상황이 있냐는 질문을 많이 한다. 내 대답은 "아니요."다. 만약 팀이 일을 제대로 해내지 못한다면 그것은 리더의 잘못이다. 리더가 팀원들이 임무를 잘 완수하도록 훈련시키고 지도하지 않았기 때문이다. 팀이 훈련할 시간이 없다면 이는 리더가 훈련을 우선순위에 올려놓거나 필요한 지원을 얻기 위해 지휘체계에서 실행하지 않았기 때문이다. 만약 팀원들이 해야 할 임무를 수행할 능력이 없다면 이는 리더가 능력이 안 된 사람들을 팀에서 제외시키지 않았기 때문이다.

책임의식이 필요하고, 책임의식을 바르게 사용해야 책임의식이라는 개념이 다른 사람들에게 확산된다.

"프로젝트를 제 시간에 끝낼 수 있도록 어떤 지원을 제공해주어야 했나?"

리더가 이렇게 묻는다면 하급자는 대개 이렇게 말할 것이다.

"음, 프로젝트의 어떤 부분에 다른 사람이 들어왔으면 더 좋았을 것 같습니다. 하지만 사실상 제가 계획을 더 잘 세우고 시간을 더 효율적으로 활용했다면 제 시간에 끝냈을 것입니다. 다음번에는 이런 일이 없도록 하겠습니다."

이렇게 전개되면 문제가 해결된다.

물론 문제가 되는 하급자가 간접적으로 비판한 내용에 반응하지 않는 상황이 생길 수도 있다. 그런 경우에는 비판의 강도를 높여 좀 더 직접적인 말로 표현할 필요가 있다. 그렇다고 해도 지나치게 혹독한 표현은 피하는 것이 좋다. 리더는 직접적인 말로 비판을 가할 때조차도 요령 있게 말해야 한다. 공격적인 말투를 쓰지 않으면서 살짝 더 직접적인 접근법의 예를 몇 가지 들어보겠다.

- "어떤 지원이나 자산을 제공해주어야 제 시간에 프로젝트를 끝낼 수 있겠나?"라고 묻는 대신 좀 더 직접적인 비판을 가한다면 다음과 같다.

  "이것은 당신의 프로젝트이고 나는 당신이 제 시간에 완수할 것으로 믿는다. 당신이 그렇게 해내려면 무엇이 필요한가?"
- "내가 미션 목표를 잘 설명하지 못한 것 같다. 제대로 이해했는

가?"라고 묻는 대신 좀 더 직접적인 비판은 이렇다.

"당신은 이번 임무의 리더였는데 우리는 그 목표를 달성하지 못
했다. 목적이 무엇이고 그게 얼마나 중요한지 제대로 이해하지
못했는가? 그랬다면 다음번에 당신이 100퍼센트 제대로 이해하
기 위해 내가 어떻게 해야 할까?"

- "내가 전문성 면에서 느슨해지도록 너무 용인한 것 같다. 그것
이 경쟁자들에게 마지막 고객마저 뺏긴 이유 중 하나라고 생각한
다."라고 말하는 대신 비판의 수위를 살짝 높여야 한다.

"내가 너무 느슨해지는 것을 용인했다는 생각이 든다. 리더로서
당신은 선을 지킬 수 있어야 한다. 비즈니스를 할 때 전문성 부족
은 절대 용인될 수 없다."

이처럼 좀 더 직접적인 접근법을 사용하면 문제해결이 쉬워질 수 있
다. 하지만 그렇지 않고 강도를 훨씬 더 높여야 할 필요가 있을 경우, 리
더는 상황이 개선되지 않는다면 하급자에게 이 내용이 기록으로 남을
것이라고 설명해야 할 수도 있다. 그래도 효과가 없다면 리더는 결과대
로 하급자에게 조언해주었던 내용에 대한 기록을 남겨야 한다. 하급자
의 문제가 정확히 무엇이고, 그에게 어떤 기대를 했으며, 어떻게 시정해
야 하는지, 그리고 기대를 충족시키지 못했을 때의 결과가 무엇인지 문
서화해두어야 한다.

이런 식으로 강도 높은 조언이 이루어지면 이제 리더가 할 수 있는
일은 별로 없다. 개인이 기준을 계속 충족시키지 못한다면 그 사람을

그 자리에서 빼고, 그 사람의 능력에 맞는 자리로 이동시키거나, 팀에서 완전히 제외시켜야 한다. 이것은 리더의 의무다.

이유가 확실할 때 적절히 칭찬한다

내가 브루저 기동대 지휘관이었을 때 우리는 배치 전 훈련 주기를 수행하고 있었다. 이 훈련에는 전투 배치를 대비해 다양한 전술 훈련 과정이 들어가 있다. 그중 가장 역동적이고 강력한 훈련 과정은 CQC(close-quarters combat)라는 근접 전투 과정이다. 이번 훈련에는 전술적으로 건물까지 이동해 적군을 소탕하고 민간인을 한데 모으며 인질을 구출하고 안전하게 철수하는 내용이 포함됐다. 실탄을 사용하며 실제로 폭발물을 사용해 진격했고 저격까지 했다. 팀원 모두에게 최고의 성적이 요구되어 훈련 스트레스가 상당히 높았다.

우리 기동대는 팀 조직이 탄탄했다. 영민하고 적극적인 리더십이 세워졌다. 중간 레벨의 대원은 전투 배치에서 막 돌아왔다. 신참들은 겸손하고 열성을 보였다. 우리는 훈련을 준비하는 데 시간과 노력을 배로 들였다. 훈련이 아직 시작되기도 전에 건물을 소탕할 때 사용할 작전 예규를 검토하고 리허설했다. 우리는 4가지 전투의 법칙을 따랐다. 항상 엄호와 이동을 했고, 계획과 소통을 단순화시켰으며 가장 큰 문제를 찾아 우선순위를 정해 행동했다. 분권화된 명령체계를 세워 팀원 모두가 임무와 지휘관의 의도를 잘 이해해 행동하고 임무 완수를 위한 결정을 내릴 수 있도록 했다.

원칙대로 잘 이루어졌다. 킬하우스에 투입되었을 때 우리 기동대는 실제로 잘 해냈다. 킬하우스는 네이비씰 팀이나 다른 특별 작전 팀이 CQC 리허설을 하기 위해 탄도벽으로 되어 있는 커다란 건물이다. 물론 개인 실수가 많이 나왔고 한 팀으로 완벽하게 잘 해낸 것은 아니었다. 하지만 우리는 실수했을 때, 즉 개인이나 리더십의 관점에서 실수했을 때 항상 실수를 감쌌고 해결책을 찾아 가능한 한 재빨리 이를 실행했다. 한 개인에게 문제가 생기면 팀 전체가 그 사람을 중심으로 추가시간을 투자해 속도를 높이도록 했다.

2주차가 끝날 무렵 훈련 교관이 우리에게 엄청나게 복잡한 문제를 던져주었다. 여러 채의 건물, 동시 침투, 동적 이동 등이 혼재되어 정말 혼란 그 자체였다. 하지만 기동대는 혼란을 바로잡고 통제해가기 시작했다. 문제를 해결하고 타깃을 저격했다. 문제를 신속하고 신중하게 그리고 효과적으로 해결했다. 우리는 잘 해냈다.

그리고 나서 재앙이 시작됐다. 적군이 쳐들어왔거나 더 복잡한 문제가 던져진 게 아니라 팀원들에게 자만이라는 재앙이 닥친 것이다.

우리는 복잡한 문제를 해결한 후 훈련 교관에게 보고하기 위해 한자리에 모였다. 교관들은 몇 가지 소소한 실수를 지적했다. 그 다음에 경험이 많고 존경받는 원사였던 선임 교관이 벌떡 일어나 이런 말을 불쑥 내뱉었다.

"여러분은 이 훈련을 통과한 팀 중에서 최고의 기동대다! 정말 끝내주게 잘했다!"

기동대에서 두어 번의 야유 소리가 터져나왔다. 교관의 말은 귀가

솔깃할 정도로 듣기에 좋았다. 그러나 그 말을 들은 나는 등골이 오싹해졌다. 팀원들의 자존감이 하늘로 치솟아 집중력을 잃게 될까 걱정됐다. 그래서 나는 원사를 지나가면서 이렇게 말했다.

"그런 말은 안 하는 게 더 좋았는데. 이제 경계심을 풀게 될 거야."

그는 고개를 가로저으며 대답했다.

"잘할 겁니다."

나는 그의 말이 맞길 바랐지만 그렇지 않았다.

다음번 킬하우스 훈련에서 대참사가 벌어졌다. 팀원들은 타깃을 놓쳤다. 코너를 소탕하거나 다른 작전예규를 따르지 못했다. 인원 파악도 제대로 하지 못했다. 공격수는 복도와 방에서 옴짝달싹 못했다. 소탕하는 데 영겁의 시간이 걸렸다. 작전은 실패했다. 직전에 수행했던 훈련은 거의 완벽했지만, 이번에는 엉망진창이었다.

이번에도 역시 결과 보고를 위해 훈련 교관 앞에 모였다. 교관들은 개인이나 리더십 관점에서 발생한 수많은 실수와 실책을 놓고 맹비난을 퍼부었다. 하지만 그들 중 누구도 진짜 문제를 건드리지 않았기 때문에 내가 맨 마지막에 끼어들었다.

"뭐가 문제인지 알고 싶나?"

기동대에게 물었다. 아무도 대답하지 않았다.

"내가 말해주겠다. 여러분은 안일해졌다. 원사가 마지막 훈련을 마치고 엄청난 칭찬을 해주었다. 그는 참 좋은 사람이다. 긍정적인 피드백을 듣는 것도 때로는 좋다. 하지만 중요한 문제가 있다. 여러분이 그 칭찬을 마음에 담아두었다는 점이다. 그 말만 믿고 집중력을 잃었다.

여러분 모두. 나도 마찬가지였다. 우리는 모두 겸손하지 못했다. 우리 모두 방심했고 결국 무너졌다. 이제 다시 돌아가 타깃을 전멸시키자. 공격적으로 정확하게. 그리고 복수해주자. 절대로 경계를 풀어서는 안 된다. 절대로. 다른 질문 있나?"

모두 한마디도 하지 않았다.

"좋다. 그러면 준비를 완료하고 계획한 대로 일을 처리하러 가보자."

이게 바로 우리가 하려고 했던 것이다. 우리는 다시 제자리를 찾았고 우리 능력대로 일을 수행했다.

내가 네이비씰 팀에서 복무하는 동안 이런 일이 일어나는 것을 몇 번이나 경험하면서 교훈을 얻었다. 아니 다시 배웠다고 말해야 정확하다. 칭찬할 때에도 주의해야 한다는 것이다. 지나친 칭찬을 듣게 되면 사람들은 의식적이든 무의식적이든 노력을 덜 하게 된다. 팀원 전체가 모두 그렇게 되면 부정적인 영향을 받게 된다.

물론 양면성이 있다. 칭찬은 이유가 확실할 때 현명하게 해야 한다. 목표를 위해 팀을 압박해야 할 때 팀을 단련시키는 도구로 사용해야 한다.

"너희는 우리가 지금까지 경험했던 기동대 중 최고다."

이렇게 표현하는 대신 다음과 같이 말하는 것이 좋다.

"너희는 우리가 지금까지 경험했던 기동대 중 최고다. 좀 더 열심히 노력한다면 너희는 새로운 기준이 될 것이다. 너희가 통과 시간을 2분 더 단축할 수 있는지 함께 확인해보자."

그렇게 팀원들이 더 갈망하도록 만들어야 한다. 그들은 더 어려운 임무도 해내고자 할 것이다.

네이비씰 승리의 리더십

동시에 결코 만족할 줄 모르는 지도자가 되지 않는 것도 중요하다. 만약 팀원들이 무언가를 하고자 할 때마다 당신이 골대를 더 멀리 이동시킨다면 그들의 사기는 떨어질 것이다. 팀원들은 결국 지칠 것이고 결코 이길 수 없다는 것을 알기 때문에 최선을 다하지 않게 될 것이다.

과도하게 칭찬하는 것을 방지하기 위해 내가 주로 했던 방법은 팀보다는 개개인을 직접 칭찬하는 것이었다.

"우리 팀 작전은 정말 훌륭했다."

이렇게 말하는 대신 나는 특정한 사람을 지명해서 얘기했다.

"마이크, 장애물이 가득한 그 방을 확보하는 임무를 완수했군. 훌륭해. 그리고 짐. 민간인을 한곳으로 모으는 일은 매우 중요한 일인데 넌 그걸 완벽하게 처리했어. 그리고 너희 셋은 그 목표물의 뒤편을 차단하는 작업을 훌륭히 해냈어."

개개인에게 칭찬을 해주면 내가 그 일이 잘 처리된 것에 만족스러워한다는 사실을 모두에게 알려줄 수 있다. 하지만 이는 모든 팀원이 함께 누릴 수 있는 종류의 기쁨은 아니다. 나에게 인정받으려면 자신만의 특별한 결과물이 필요했다. 퇴역한 후 나는 팀원들이 얼마나 내 칭찬을 갈구했는지 듣게 되었다. 그들은 칭찬을 듣기 위해 최선을 다하려고 노력했고 임무를 완수했다. 내가 칭찬을 해주면 그들은 인정받았다고 생각했다. 그들은 계속 최선을 다하며 인정받고자 노력했다. 팀 전체에 걸쳐 그런 태도들이 시너지 효과를 낳았고 결과는 확실히 좋았다.

그러니 명심해야 한다. 칭찬은 도구로 이용하고 조심해서 휘둘러야 한다. 지나치면 사람들은 지금의 영광에 취해 느슨해질 수 있다. 너무 적으면 팀은 희망을 잃어버릴 수 있다. 팀원들이 희망을 잃고 사기가 저하되어 있을 경우 적절한 칭찬은 꽤 유효하다. 그러나 만약 부대가 지나치게 자만해 있을 경우에는 어느 정도의 비판을 통해 그들이 점검할 수 있도록 해야 한다. 리더라면 당신의 말이 생각보다 훨씬 더 크게 당신의 부하와 팀에 영향을 미칠 수 있다는 사실을 기억해야 한다. 고심해서 말하고 단어를 신중하게 선택하라.

희망이 없다면 의지는 굴복당하고 만다

군대에는 이런 말이 있다.

"희망은 작전 코스가 아니다. 희망을 기대하지 마라. 계획을 세우고 우발적인 상황에 대비하라. 당신에게 유리한 쪽으로 판을 짜라. 계획이나 실행에서 희망은 배제시켜라."

그러나 팀을 이끌고 승리하는 데 희망이 하는 역할이 있다. 희망은 작전 코스에 포함돼서는 안 되고 계획을 짤 때 중심이 되어서도 안 되지만, 임무를 수행하는 팀원들의 마음에 심겨 있어야 한다. 만약 구조될 수 있다거나 성공할 수 있다거나 승리할 수 있다는 것에 대한 희망이 없다면 의지는 굴복당하고 만다. 희망이 없으면 포기가 찾아온다.

이 때문에 팀원들에게 희망을 심어주어야 한다. 팀원들에게 승리가 가능하다고 말하라. 그리고 그것을 어떻게 성취할 것인지 설명하라. 만약 승리가 너무 멀어 보인다면 먼저 달성 가능한 단기적 승리를 제시하고 계속 희망을 가질 수 있도록 하라.

네이비씰 승리의 리더십

승리할 수 없고 후퇴도 할 수 없는 경우, 그래서 패배가 임박한 상황에서도 어떻게 하는 것이 최선의 승리인지 설명하라. 전선을 사수해 모든 것을 던지는 것이 적어도 팀원으로서 명예를 지키는 길임을 말하라. 그 명예를 위해 모든 구성원이 머리를 들고 다음 전장으로 전진하며 새로운 도전을 준비하게 된다. 그 태도는 계속 싸울 수 있는 희망이 된다.

더 이상 방법이 없을 때 최후통첩을 한다

최후통첩은 적절한 리더십 도구가 아니다. 땅 밑을 파고 들어가는 것처럼 최후통첩을 하게 되면 더 이상 운신할 수 있는 여지가 사라진다. 어느 누구도 갇히거나 통제되는 것을 좋아하지 않는다. 그러나 최후통첩을 해야 하는 극히 예외적인 경우가 있다. 해도 해도 너무 한 시점이 바로 그때다. 이때 최후통첩을 할 수 있는데 리더는 반드시 선을 지켜야 한다. 만약 그 선을 지킬 수 없다면 절대로 최후통첩을 내려서는 안 된다.

상관으로서의 최후통첩

부하직원에게 최후통첩을 해야 한다는 생각이 들면 우선 스스로에게 먼저 물어봐야 한다. 내 리더십이 어디에서 실패했을까? 왜냐하면 리더는 최후통첩이 아닌 견고한 리더십을 통해 부하들로부터 필요한 것을 얻어낼 수 있어야 하기 때문이다. 전략적 임무를 위해 이 일이 왜 중요한지, 그리고 그 임무를 어떻게 달성할 것인지 설명하는 것은 팀원들의 동기부여에 큰 도움이 된다. 그것은 쉬운 일이 아니며 때때로 그 정보를 제대로 전달하기 위해서는 상당한 시간과 노력이 요구된다.

그러나 때로는 아무리 노력해도 그 메시지가 전달되지 않을 때도 있다. 어떤 사람이 해야 할 일을 하도록 모든 노력을 기울였는데도 실패하면 마지막 수단으로 최후통첩을 할 수 있다.

최후통첩의 가장 큰 문제점 중 하나는 일단 전달되면 되돌릴 수 없다는 것이다. 최후통첩은 본질적으로 바꾸거나 조정할 수 없다. 때문에 최후통첩을 받은 사람은 자신이 함정에 빠졌다고 느끼게 된다. 함정에 빠진 기분을 좋아할 사람은 아무도 없다. 만약 당신이 최후통첩을 하고 그것을 지키지 않는다면 당신의 신뢰는 타격을 받을 것이다.

만약 당신의 권한 내에서 모든 것을 했고, 코칭하고 조언하며 설득했는데도 불구하고 여전히 하지 않는다면 최후통첩을 전달하는 것이 이치에 맞을지 모른다. 최후통첩을 할 때는 해야 할 일을 명확히 통보하는 것뿐만 아니라 그 일을 하지 않았을 때 발생하게 되는 결과에 대해서도 명확히 해야 한다. 불확실한 용어를 사용하지 말고 당사자가 제대로 이해했는지 확인하라.

개인에게도 가능하면 최후통첩을 자제해야 하지만, 팀에 대해서는 더욱더 자제해야 한다. 만약 협력이 필요한 부분에 대해 팀에 최후통첩을 했을 때 일부 팀원은 태도와 행동을 개선할 수 있지만 그렇지 않은 팀원도 있을 수 있다. 이렇게 되면 누가 개선하려고 노력하고, 누가 그러지 않는지, 어떤 어려움이 있는지 파악하려다가 오히려 꼼짝달싹 못하게 되는 난처한 상황에 처할 수도 있다.

네이비씰 승리의 리더십

따라서 최후통첩을 강행해야 할 때가 왔다면 팀의 리더에게 분명하게 전달하라. 그러면 그 리더는 팀에 최후통첩을 전달하고(혹은 전달하지 않고) 그 여파를 견디며 팀과 협력할 수 있다. 만약 팀이 임무를 완수하면 리더는 누가 제대로 했고 누가 제대로 하지 않았는지 알게 될 것이다. 그에 맞추어 팀원들을 관리하면 된다. 만약 팀이 임무에 실패하여 최후통첩이 내려졌을 경우 당신은 상관으로서 누구를 상대해야 할지 정확히 알고 있다. 바로 팀의 리더이다.

하급자로서의 최후통첩

최후통첩은 위협적인 파워 게임으로 지휘계통을 거스르는 위험성 높은 행동이다. 부하직원이 "승진시켜주지 않으면 회사를 그만두겠다."고 말하는 경우가 바로 그 예다. 대부분의 사장은 그런 말을 전혀 좋아하지 않는다. 따라서 사장에게 최후통첩을 하는 대신 당신이 왜 승진하지 못했는지 이해하기 위해 노력하는 것이 낫다.

아마도 생각하는 것만큼 당신의 업무 능력이 좋은 것이 아니었거나, 다른 승진 후보자들이 더 좋은 성적을 냈을 수 있다. 그 사람이 당신보다 먼저 들어왔을 수도 있고, 회사가 아무도 진급시키지 않았을 수도 있다. 당신이 아직 진급 자격이 없을 수도 있다. 어떤 경우든 당신의 승진 요구가 먹힐 확률은 거의 없다. 설령 그렇게 해서 승진한다 하더라도 피해가 발생할 수 있다. 팀에 대한 충성도의 한계를 드러냈고 팀과 임무보다 자신의 승진이 더 중요함을 드러냈기 때문이다.

지휘계통에서는 어떤 최후통첩이든 그 기저에 부정적 본질이 내포

되어 있다. 따라서 최후통첩을 하기보다는 상사와 충분한 논의를 통해 자신의 입장과 생각을 전달해야 한다. 지휘계통을 뛰어넘는 최후통첩을 날려서는 안 된다.

만약 상사에게 결과를 알려주기 위해 할 수 있는 모든 선택지를 다 해봤는데도 받아들여지지 않는다면, 실제로 다른 해결책을 찾고자 한다면 상사에게 이야기하는 것이 이치에 맞다. 그렇지만 그것은 최후통첩이 아니라 경고여야 한다. 만약 여러분이 승진을 위해 싸워왔고 모든 필요한 일을 해왔으며 모든 적절한 질문을 해왔다면, 그리고 지금 자리에 충분히 오랫동안 있어서 사실상 가장 적절한 승진 대상이라고 생각한다면 여러분의 상사에게 다음과 같이 말할 수 있다.

"저는 여기에서 6년째 일해왔습니다. 이곳에서 정말 계속 일하고 싶습니다. 하지만 저도 부양해야 할 가족이 있고 그에 맞는 일을 해야 합니다. 다른 회사에도 제가 성장할 수 있는 기회가 있다는 것을 알아주시기 바랍니다. 더 이상 이곳에서 성장할 수 없다면, 원하지 않지만 경력을 쌓을 수 있는 다른 회사를 알아봐야 할지도 모르겠습니다."

최대한 온화하게 표현한 것이지만 대부분의 상관은 그 말을 들으면 기분이 상할 것이다. 그렇기 때문에 불가피한 상황이 아니라면 하지 않는 것이 좋다. 여기서 불가피한 상황이라는 말은 이 방법 말고는 당신이 승진할 수 있는 방법이 전혀 없다고 확신한 경우이다.

물론 지휘계통에 있는 부하직원이 최후통첩을 하는 것은 승진을 요구하는 경우만은 아니다. 어쩌면 더 많은 지원을 요청하는 것일 수도 있고 임금인상 요청일 수도 있다. 또는 장비 지원이나 추가 자금 지원

네이비씰 승리의 리더십

등에 대한 요구일 수도 있다. 최후통첩이 무엇이든지 간에 지휘계통의 상부에서는 이를 달가워하지 않기 때문에 그것을 전달할 때는 극도로 주의를 기울여야 한다.

최후통첩을 받았을 때 대응 방법

아무도 최후통첩을 좋아하지 않고, 그것이 좋은 리더십 도구는 아니지만 불행히도 지도자들은 때때로 그들의 부하들에게 최후통첩을 강요한다. 대개 그것은 최후의 수단이며 다른 모든 리더십 도구가 실패한 상황에서 사용된다. 즉 일반적으로 요구사항이 충족될 수 없거나 거의 불가능하다는 말을 의미한다.

그렇다면 상사가 최후통첩을 할 때 어떻게 해야 하는가?

진실을 얘기해야 한다.

먼저 스스로에게 진실을 말하는 것부터 시작해야 한다. 상황을 냉정하고 정직하게 평가한 후 자신이 맡은 일이 실제로 가능한지 판단해야 한다. 그 일을 이루기 위해 모든 노력을 다하고 있는가? 당신과 당신의 팀이 그 일을 끝내기 위해 할 수 있는 일이 더 있는가? 만약 이 질문들에 대해 당신이 더 많은 것을 할 수 있다는 답이 나오면 당신의 노력을 배가시키고 더 많은 것을 해야 한다.

팀원들에게도 진실을 말해야 한다. 최후통첩이 당신과 당신의 팀에게 주어졌다는 것을 알린 후 주어진 임무를 완수하기 위해 절대적으로 최선을 다해야 한다는 것을 설명해야 한다.

다행스럽게도 당신과 당신의 팀원들이 받은 최후통첩의 임무들을 모두 완수할 경우 당신은 상사와 하이파이브를 하고 팀원들에게 잘했다고 격려할 수 있게 된다. 그리고 다시 새로운 업무나 프로젝트로 넘어갈 것이다.

하지만 불행히도 그런 일이 항상 일어나지는 않는다. 종종 최후통첩이 내려지는 이유는 그 임무나 프로젝트가 어쩌면 불가능할 정도로 어려운 일이었기 때문이다. 당신과 당신의 팀이 초인적인 모드로 그 일을 완수하기 위해 최대한의 노력을 기울였는데도 불구하고 성공하지 못할 수 있다. 그렇다면 어떻게 해야 하는가?

다시 말하지만, 답은 상사에게 진실을 말하는 것이다. 먼저 해야 할 임무를 완수하는 데 도움이 될 수 있는 다른 방법이 있는지 알아봐야 한다. 아마도 더 많은 인원이 필요할 수도 있고 더 많은 자금이 필요할 수도 있다. 최후통첩으로 주어진 업무를 집중적으로 완수하기 위해 다른 작업들을 일단 미룰 필요도 있다.

당신의 상사에게 상황을 설명하는 데 필요한 모든 정보를 얻은 다음에는 최후통첩에도 불구하고 상사가 당신에게 요청한 일을 해내지 못할 거라는 것을 설명하라. 당신이 그 일을 완수하기 위해 필요한 것이 무엇인지 말하고 만약 필요로 하는 것을 얻지 못할 경우 어떤 문제가 발생하는지에 대해 설명하라.

만약 당신이 상사와 의사소통을 잘했고 그가 이야기를 들어줄 만큼 충분히 겸손한 사람이라면, 상세한 상황 설명을 들은 다음에 상황을 인정하고 자신의 주장을 철회하거나 최소한 최후통첩의 내용을 수정할 것이다. 그러나 상사가 그렇게 하지 않을 수도 있다. 최후통첩에 의존

하는 상사들은 상대방의 말에 귀를 기울일 만큼 합리적이지 않기 때문이다.

만약 당신의 리더가 그러한 경우라면 그냥 상황을 받아들이고 당신의 최선을 다해라. 당신의 능력을 최대한으로 발휘하여 당신의 팀을 보호하고 고개 숙이지 말고 결과에 대응하며 버텨내라. 앙심을 품지 말고 나쁜 태도로 임하지도 마라. 상사를 욕하지도 말고 일을 포기하지도 마라. 그렇게 당신의 품위와 부대원들의 사기를 지키는 것이 진정 승리하는 길이다.

상대의 감정을 반영하면서 누그러뜨린다

리더는 자신의 감정을 통제해야 한다. 감정에 이끌려 결정을 내리도록 내버려두는 것은 잘못이다. 이는 리더가 감정을 회피해야 한다는 것이 아니라 감독하고 조절하는 법을 배워야 한다는 뜻이다. 생각을 밝히거나 타인과 소통할 때는 감정이 필요하다.

부하직원 중 한 명이 사무실로 들어와 분노로 얼굴이 빨개진 채 다음과 같이 소리쳤다고 하자.

"말도 안 돼! 공급업체에서 우리 물건을 제 시간에 납품하지 못했어! 2주 연속 이렇게 되니 우리도 이제 마감을 지키지 못할 판국이야!"

확실히 당신은 부하직원을 진정시킬 필요가 있다. 하지만 부하직원에게 다음과 같이 말하면 안 된다.

"여보게, 자네, 일단 진정 좀 하게."

이렇게 말한다면 당신의 말은 역효과를 낼 것이다. 부하직원은 훨씬 더 화가 날 것이다. 자신이 화가 난 상황을 당신이 이해하지 못하는 것에 낙심할 것이고 납품 부서의 잘못이 조직 전체에 미칠 수 있는 심각한 영향을 당신이 전혀 이해하지 못한다고 확신하게 될 것이다. 부하직원에게 진정하라고 말함으로써 당신은 당신과 부하직원 사이에 거대한 틈을 만든 것이다. 당신은 이쪽 편에 서 있고 부하직원은 저쪽 편에 서 있다. 그의 마음을 열고자 했지만 오히려 그는 입을 닫은 채 당신이 하는 말을 귀담아듣지 않을 것이다. 상황은 전혀 개선되지 않는다.

그러니 부하직원과 적대적 대화를 시작하는 대신 동맹이 되어라. 그렇게 하기 위한 좋은 방법 중 하나는 반영과 누그러뜨리기 기법이다. 이것은 당신이 부하직원의 감정을 반영시키되 그것을 좀 더 통제되는 수준으로 누그러뜨리는 것을 의미한다. 그래서 부하직원이 제때 납품되지 못한 것에 대해 분개하여 소리를 지르면 진정하라고 말하는 대신 그의 분노를 반영하기 위해 당신의 목소리는 조금 높이고 감정은 조금 약화시킨 상태로 상황을 정리하는 것이다.

"농담이지? 납품이 얼마나 늦은 거야?"

그의 감정을 반영시킨 말을 해서 당신은 이제 부하직원과 같은 편에 서 있다.

"이틀이요!"

부하직원은 여전히 화가 나 있지만 독기가 조금 빠진 목소리로 대답할 것이다. 이제 상황을 좀 더 진전시킬 수 있게 되었다.

"이틀은 너무하네. 그곳에서 다시는 그러지 않도록 조치해야겠다.

그런데 이 곤란한 상황을 해결하려면 우리도 가만히 있을 순 없지. 어떻게 도와주면 될까?"

이 짧은 대화 속에서 상황은 정리되었고, 당신과 부하직원은 당면한 문제의 해결을 시작할 수 있게 되었다.

이 방법은 어떤 감정이든 다 통한다. 만약 누군가가 슬퍼한다면 그 슬픔을 반영하되 슬픔의 강도를 누그러뜨리도록 노력하라. 만약 누군가가 부러움을 표현한다면 그 부러움을 조금 반영하되 진짜 부러운 것이 무엇인지 설명하라. 그들은 실제로 당신의 말을 들을 것이다.

누군가가 어떤 말이나 상황이 웃기다고 생각하는데 당신이 그들에게 좀 더 긴장하고 진지해지라고 얘기하면 당신이 유머감각이 없는 사람이라고 인식시키는 것과 같다. (참고로 리더가 좋은 유머감각을 갖추는 것은 아주 중요하다). 그러니 대신 빙그레 미소를 짓는 것이 좋다. 그러고 나서 그들에게 상황을 조금 더 진지하게 대할 필요가 있음을 설명해야 한다. 그러면 부하직원은 당신이 유머감각이 있는 사람이라고 생각할 것이고 그들과 정서적으로 연결되기 때문에 당신 말에 좀 더 귀 기울일 가능성이 높아진다.

이 방법은 지휘계통에서도 위아래 양쪽 방향 모두 잘 작동한다. 팀원들과 감정적으로 분리되면 안 된다. 감정을 공유하되 그들의 감정을 반영하고 누그러뜨려서 그들이 차분해지도록 하라. 그러면 당면한 문제를 실제로 해결하는 데 집중할 수 있다.

부하직원의 문제가 계속 해결이 안 될 때는 문서화시킨다

부하들에게 소리 지르기 좋은 때가 있을까? 거의 없다. 물론 아주 시끄러운 곳에 있거나 더 많은 직원의 주의를 끌 필요가 있을 때 등 소리를 질러야 하는 상황도 있다. 그런 상황들은 소리의 크기에 관한 것으로 감정과는 무관하다. 이런 경우에는 사람들이 들을 수 있도록 단순히 소리를 크게 지르면 된다. 하지만 더 큰 목소리로 메시지를 전달해야 하기 때문에 소리를 지르는 것과 감정적으로 소리를 지르는 것 사이에는 큰 차이가 있다.

화가 나고 좌절했거나 당황해서, 혹은 그 밖의 이유들로 인해 감정적으로 소리를 지르는 것은 약한 리더십을 드러내는 것이다. 아마도 당신의 팀원들은 당신 행동을 흉내 낼 것이다. 당신이 화를 내면 그들 역시 화를 낼 것이다. 만약 당신이 좌절하면 그들 역시 좌절할 것이다. 만약 당신이 자제심을 잃기 시작하면 그들도 그렇게 될 것이다.

당신이 말하고자 하는 내용을 그들이 이해하지 못했다고 생각해서 소리를 지른다면 그 방법은 틀렸다. 소리를 치면 그들이 뭔가 잘못하고 있다고 느끼게 된다. 사실 사람들이 당신의 설명을 이해하지 못했다면 그것은 당신 잘못이다. 당신의 주장을 충분히 명확하고 단순하게 표현하지 못했기 때문이다. 이때는 다른 접근법을 찾을 필요가 있다. 소리 지르는 것은 여기에 포함되지 않는다. 진정하라. 다른 방식으로 접근해 보자.

먼저 그들이 이해하지 못한 부분이 무엇인지 물어보라. 그들이 무엇

　　　　　　　　　　　　　　　　　　　　네이비씰 승리의 리더십

을 이해하지 못하는지 알기 위해 그들에게 이해한 부분을 설명해줄 것을 요청하라. 그다음에 정보를 명확히 하고 재구성해서 자세히 설명하라. 그들이 이해할 때까지 정보를 전달해가며 대화를 계속하라. 인내심은 불같은 성격보다 훨씬 더 고귀하고 존경스러운 것이다.

소리를 질러야 할 때도 있지만 그것은 극히 드문 경우로 사전에 계획된 일이어야 한다. 나는 소리를 지른 적이 거의 없다. 20년 군 생활에서 내가 소리를 지른 경우는 손에 꼽을 정도다. 소리를 질렀을 때의 기억이 남아 있다. 나는 불가피한 상황이라 소리를 질렀을 뿐 결코 감정에 휩싸여 소리를 지른 적이 없다. 부하 한 명에게 여러 번 반복해서 얘기했는데도 불구하고 그가 사태의 심각성을 깨닫지 못하고 있음을 알아차리자 소리를 질러서 그에게 경각심을 일깨웠다.

팀원 중에서 규칙을 위반한 사람이 있으면 나는 바로 호통치지 않았다. 대신 처음 위반했을 때 이렇게 말하곤 했다.

"이봐, 너는 규율을 위반했다. 그 사실을 아는가?"

그러면 그가 왜 규칙을 위반했는지 설명했다. 보통은 그것만으로도 충분했다. 그는 다시는 규칙을 위반하지 않을 것이다. 하지만 만약 그가 다시 위반하면 나는 좀 더 심도 있게 말했다.

"이번이 두 번째다. 너도 알지? 우리가 왜 이런 규칙을 가지고 있는지 이해하고 있나?"

그때 나는 그가 규칙이 무엇인지뿐만 아니라 그것을 위반하지 않는 것이 왜 중요한지에 대해 확실히 이해시키기 위해 씰의 규칙을 다시 설명해주었다. 이렇게 반복해서 얘기하면 또다시 규칙을 위반하는 경우가 거의 없었다.

나는 평소에 팀원들에게 규칙이 무엇인지, 그것을 따르는 것이 왜 중요한지 그리고 그것이 전략적 임무 수행에 어떤 영향을 끼치는지, 만약 그것을 따르지 않을 경우 어떤 결과가 초래되는지에 대해 충분히 설명함으로써 팀원들을 올바른 길로 이끌 수 있었다. 원하는 바를 전달하기 위해서 때로는 두세 번의 대화가 필요한 경우도 있다.

하지만 가끔은 여러 번 반복적인 설명에도 불구하고 내 말이 전혀 먹히지 않는 경우도 있었다. 그는 반복적으로 규칙을 위반했다. 소리를 한 단계 더 높여 고함치듯 목소리를 높여 말했다. 다시 말하지만, 이것은 아주 드문 일이었다. 이런 경우에는 사적으로 신속하고 직접적이며 공격적으로 대했다. 나의 감정은 확고했다.

"너는 또 같은 짓을 반복했다. 절대 용납할 수 없어! 나는 두 번 다시 용납하지 않을 것이다."

그리고 나서 목소리를 약간 낮춘 다음 약간 으르렁대듯 다음과 같이 말했다.

"내가 한 말 똑바로 들었어? 이해하고 있는 건가?"

이때 그의 얼굴에 충격과 공포가 드리워졌다. 무엇보다 이해했음이 분명히 드러났다. 그는 내가 고함을 지르는 것을 처음 봤기 때문에 순간적으로 사태의 심각성을 깨달았다. 내 평생 한 사람에게 두 번 이상 소리 지를 일은 없었다.

대부분의 경우 소리 지르는 것은 적절하지 않다. 비록 마음속으로 계산된 선택이었다고 해도 소리 지르는 것은 여전히 자제력을 잃었다는 인상을 준다. 문제해결을 위한 한 가지 방법은 문서화시키는 것이다. 잘못을 저지른 이들에게 여러 번 경고한 후 그 잘못을 기록으로 남겨 위협을 느끼도록 할 수 있다. 많은 사람이 이것을 두려워한다. 만약 그들이 반복적으로 규칙을 위반한다면 그것에 대해 기록을 남겨 잘못을 바로잡는 것이 좋다. 그것은 소리 지르는 것과 동일한 효과를 준다.

물론 당신이 어떻게 하든 자신의 행동거지를 바꾸지 않는 사람들도 있다. 그들은 한계가 분명한 사람으로, 당신은 리더로서 이를 기록하고 결국 팀에서 그들을 제외시켜야 한다.

상대가 하고 싶은 말을 먼저 하게 한 뒤 내 생각을 말한다

직급이 올라감에 따라 당신에게 발언권이 생길 것이다. 당신이 말할 때 사람들이 당신의 말에 경청하길 원할 것이다. 그러나 때로는 당신의 말을 듣지 않는 사람들도 있을 것이고, 당신의 발언을 방해하거나 당신에 대해 입방아를 찧는 사람도 있을 것이다. 이때 어떻게 대처해야 하는가? 답은 꽤 간단하다. 그들이 이야기하게 내버려두어라. 불쑥 끼어들어 원하는 말을 하고 자기 생각을 정리하게 내버려두어라. 여러 가지 면에서 효과적인 방법이다.

만약 하고 싶은 말이 많아 보이면 일단 들어주어라. 말을 많이 하고 싶은 사람에게는 그 생각을 머릿속에서 밖으로 끄집어내놓도록 하는 것보다 더 나은 치료법이 없다. 그들이 하고 싶은 말을 하게 하라. 그들이 하고 싶은 말을 다 하면 이제 당신의 주장을 말할 수 있게 된다.

이랬을 때 좋은 것 중 하나는 그들의 생각을 내놓았기 때문에 당신은 당신이 알고 있는 지식에다 그들이 알고 있는 지식까지 더하여 아는 셈이다. 이제 지식으로 무장한 당신은 그들의 생각에 접근할 수 있다. 당신은 그들의 생각을 바탕으로 반론이나 권고를 할 수도 있다. 여러 사람이 자신의 생각을 나누고 서로 논쟁하고 아이디어의 세부사항에 대해 서로 질문하는 그룹에서 이 방법은 훨씬 더 효력을 발휘한다. 다시 말하지만, 그 시간 동안 당신은 다른 사람들의 생각을 더 명확하게 이해하는 동시에, 관련 주제에 대한 당신의 의견을 더 분명히 할 수 있게 된다. 그리고 마침내 당신에게 말할 기회가 왔을 때 당신은 가장 통찰력 있고 발전적인 의견을 말할 수 있다.

당신이 말을 적게 할수록 더 많은 사람이 들어줄 것이다. 항상 말하고 있는 사람이 되지 마라. 필요할 때 말하되 단지 말을 하기 위한 말은 하지 마라. 다른 사람의 말을 듣고 그들이 말한 내용을 흡수하면 당신은 토론에서 가장 중요하고 영향력 있는 의견을 제시할 수 있게 되고, 이것은 당신의 영향력을 더욱 강화시킬 것이다. 동료들 간의 토론에서 당신이 찬성하는 것 외에 더 이상 덧붙일 말이 없다 하더라도 좀 더 다듬어진 찬성의 말을 하라. 이는 혼잣말처럼 지껄이는 것보다 더 큰 무게감을 줄 것이다.

말을 아껴라. 다른 사람들이 말할 때에는 그냥 놔두어라. 말을 해야 할 때에는 예리하고 강력하게 하라.

사과할 경우에는 해명도 반드시 한다

어떤 리더는 사과하는 것이 나약함의 표시라고 생각한다. 보통 그런 리더는 리더십이 약하고 불안정하다.

잘못을 저질렀을 때 사과하는 것은 잘못된 것이 아니다. 그것은 자신이 가진 것의 일부를 행사하는 것이다. 특히 당신이 누군가에게 부정적인 영향을 끼쳤을 경우 더욱 그렇다. 당신이 그들을 따돌렸거나 그들을 무시했거나, 어떤 식으로든 그들을 존중하지 않았을 수 있다. 그럴 때 사과를 하면 완전히 받아들여질 수 있다. 사실 효과가 있다. 이는 옳은 일이다.

만약 당신이 내린 결정 때문에 사과한다면 사과와 함께 해명도 반드시 해야 한다. 당신이 왜 그렇게 했는지 팀에게 설명하라. 당신이 본 것이 무엇인지, 상황을 어떻게 읽었는지, 그 결정의 결과를 어떻게 예상했는지, 실제로 무슨 일이 일어났는지, 같은 실수를 다시 반복하지 않도록 어떻게 할 것인지 설명하라.

그다음에 잘못한 것에 대해 용서를 구하라. 사소한 실수 하나하나에 대해 구구절절이 사과하지 마라. 사과하는 것은 나쁜 게 아니지만, 사과할 것이 정말 없는데도 불구하고 사과하는 것은 옳지 않다. 만약 잘못된 결정으로 인해 크게 부정적인 결과가 초래된 게 아니라면 반드시 사과하지 않아도 된다. 하지만 여러 사람이 문제의식을 느끼고 사과해야 한다고 생각하면 사과하라.

만약 당신 잘못이 아니라 사과하고 싶지 않은 경우라면 먼저 자신을 되돌아봐야 한다. 아마 당신이 다르게 처리했을 수도 있는 가능성이 있다. 그렇다면 그것에 대해 사과하라. 만약 당신이 정말로 잘못이 없다고 생각한다면 어떻게 해야 할까? 답은 당신에게 있다. 책임의식은 여전히 유용한 방법이다. 사과와 자책을 요구하는 사람들을 무장해제시켜라. 그다음에 해결책을 찾고 다음 단계로 나가야 한다.

나는 사과하는 것이 나쁘다고 생각하지 않는다. 사과는 두려운 일이 아니다. 만약 내가 실수를 했다면 나는 그것에 책임의식을 가질 것이다. 다른 사람이 실수를 해서 아무도 그것에 대해 책임지지 않으려 한 경우에도 그것에 대해 책임의식을 갖고자 했다. 그러한 태도가 나를 리더의 자리에 올라서게 했다. 기꺼이 책임을 졌고 다른 사람의 비난을 감수했다. 실수를 인정하고 사과한 후 앞으로 나아갔다. 당신도 그렇게 하길 바란다.

친숙해지더라도 항상 말을 조심한다

리더와 조직 구성원 사이에는 균열이 생기기 쉽다. 그것은 사회·경제적으로 분화된 임금 차이에 기인한 것일 수도 있고, 계급 구조에 의한 것일 수도 있다. 당신이 직원들과 관계를 맺으려면 그 간격을 매우기 위해 최선을 다해야 한다. 이를 위해 직원들과 함께 시간을 보내라. 직원들과 함께 현장에 나가거나 그들의 사무실을 방문하고 그들의 근무지에서 시간을 함께 보내라.

당신이 돈을 얼마나 벌었는지, 유럽 스키 여행이 어땠는지 이야기하며 돈자랑하지 마라. 당신의 지위가 대화에 방해가 되지 않도록 하라. 당신의 일에 대해서만 이야기하지 말고, 인생, 가족 그리고 미래에 대해 이야기하라. 당신이 그들을 위해 할 수 있는 일을 찾아라. 그들을 알아가라.

리더가 자신의 지휘계통에 있는 모든 사람과 좋은 관계를 맺고자 노력한다면 균열의 간극은 사라진다. 팀원들은 문제점들을 논의하고 관심을 공유하며 수면 아래에서 부글거리는 문제들을 얘기해주길 원한다. 이것은 조직의 분위기를 파악하는 데 매우 중요하다.

하지만 기억해야 한다. 그 틈을 아무리 좁혀도 여전히 둘 사이에는 선이 그어져 있다는 사실을 말이다. 리더는 부대원들에게 지나치게 친숙하거나, 가벼워 보이거나, 경계가 없어 보이지 않도록 주의해야 한다. 가십, 빈정거림, 경솔한 언사 등은 모두 리더로서의 무게감을 떨어뜨리는 행위이다. 놀리는 말도 친구들 사이에서는 별 문제가 안 되지만, 부하직원에게 할 때에는 큰 문제가 될 수 있다.

정당한 비판이라도 사적으로 신중하게 전달할 필요가 있다. 그래야 품위가 유지된다. 이는 팀원 전체가 깨달아야 하는 결정적 잘못을 덮어주라는 얘기가 아니다. 비판은 반드시 건설적이어야 하며 개인의 잠재력에 대한 것이 아니라 그가 행한 구체적인 실수 그 자체에 대한 것이어야 한다.

리더는 매우 신중하게 말을 선택해야 하고 그것이 엄청난 영향을 끼칠 수 있다는 사실을 기억해야 한다. 긍정적인 말은 열정을 불타오르게 할 수 있는 반면, 부정적인 말은 정신을 완전히 피폐하게 만들 수 있다.

그러므로 무슨 말을 하는지, 누구에게 말하는지, 어떻게 말하는지 현명하고 사려 깊게 생각하라.

모든 일에 모범이 된다

만약 당신이 리더 자리에 있다면 팀원들은 당신을 지켜본다. 그들은 당신의 태도를 예의주시한다. 당신의 행동을 지켜보며 작은 것 하나 놓치지 않는다. 만약 당신이 회의에 늦으면 바로 알아차린다. 만약 당신이 눈을 돌리면 그것을 알아차린다. 만약 당신이 하품을 하면 당신을 보고 있던 그들은 당신이 피곤하거나 지루하거나 또는 둘 다일 거라고 생각한다.

팀원들은 모든 것을 지켜보며 당신의 행동을 따라할 것이다. 당신이 늦으면 그들 역시 늦을 것이다. 당신이 옷을 거지처럼 입으면 그들도 그렇게 입을 것이다. 당신이 규칙들을 어기면 그들 또한 항상 따라야 하는 규칙을 어길 것이다.

그들은 의식적이든 무의식적이든 당신의 감정을 따를 것이다. 당신이 침착하면 그들도 침착할 것이고 당신이 당황하면 그들도 당황할 것이다. 만약 당신이 부정적인 태도를 가지고 있다면 그들의 태도 또한 부정적으로 변할 것이다.

반대로 당신이 긍정적인 태도를 보인다면 그들 역시 그럴 것이다. 사람들을 존중하고 겸손하게 대하며 전문가답게 행동한다면 대부분의 경우 팀원들도 그렇게 할 것이다.

많은 리더가 자신의 부하들이 얼마나 통찰력 있는지를 깨닫지 못한다. 부하들은 모든 것을 알아차린다. 그들은 지켜보고 메모하고 자기들끼리 리더의 행동에 대해 토론한다. 나는 부하였기 때문에 이것을 잘 안다. 나는 두 번째 소대에서 계급이 가장 낮았다. 우리는 항상 상사를 지켜보고 있었다.

부하들이 그렇게 세심하게 지켜보고 있기 때문에 만약 당신이 어떤 일을 덮어버리면 그들은 바로 알아차린다. 그러니 실수하더라도 덮지 마라. 인정하라. 책임져라. 다시는 잘못이 반복되지 않도록 당신이 무엇을 할 것인지 설명하라. 그들에게 거짓말하지 마라. 그들은 그것을 꿰뚫어볼 것이다.

리더로서 당신은 감시받고 있다는 것을 기억해야 한다. 모든 일에 모범이 되어야 한다.

맺음말

팀이 성공하면
당신도 리더로서 성공하게 된다

리더가 되면 변명을 해서도 안 되고, 다른 사람을 탓해서도 안 된다. 결정을 내려야 한다. 관계를 맺어야 한다. 모든 사람이 이해할 수 있도록 의사소통을 해야 한다. 자존심을 내려놓고 감정을 다스려야 한다. 거리를 둘 수 있어야 한다. 팀에 자부심을 심어주어야 한다. 팀을 훈련시켜야 한다. 균형을 잡고 기지를 발휘해야 하며 관심을 가져야 한다. 책임의식을 느껴야 한다.

리더가 갖추어야 할 목록은 끝이 없다. 이 모든 것을 잘 해낸다면, 즉 리더 역할을 효과적으로 해낸다면 임무를 완수해 팀이 성공할 수 있다. 리더 역할을 잘 해내지 못한다면 실패하고 임무도 완수하지 못하게 된다.

리더십은 모두 당신에게 달려 있다. 하지만 당신 개인의 것은 아니다. 팀을 위한 것이다. 개인보다 팀이 더 중요하다. 개인의 이익을 팀이나 임무 위에 두는 순간 리더로서 실패하게 된다. 팀이 자기 잇속만 챙기는 당신의 속임수를 알아채지 못할 거라고 생각한다면 당신은 틀렸

네이비씰 승리의 리더십

다. 당신의 팀원들은 바로 알아차릴 것이다.

이 책의 리더십 전략과 전술을 개인이 성공하기 위해 사용해서는 안 된다. 팀이 성공하도록 사용해야 한다. 개인의 경력을 위해 사용한다면 결국 이 전략과 전술은 역효과를 내게 될 것이다. 리더로서 실패하게 될 것이다.

하지만 이 전략과 전술을 다른 사람을 돕고 팀이 임무를 완수하도록 돕는 데 사용한다면 성공할 것이다. 팀이 성공하면 당신도 리더로서 성공하게 된다. 그보다 더 중요한 사실은 당신의 팀원들이 성공하게 된다는 점이다. 이것이 바로 진정한 리더십이다.

네이비씰
승리의 리더십

초판 1쇄 인쇄 2020년 11월 25일
초판 1쇄 발행 2020년 12월 2일

지은이 조코 윌링크
옮긴이 최지희

발행인 장상진
발행처 (주)경향비피
등록번호 제2012-000228호
등록일자 2012년 7월 2일

주소 서울시 영등포구 양평동 2가 37-1번지 동아프라임밸리 507-508호
전화 1644-5613 | **팩스** 02) 304-5613

ISBN 978-89-6952-432-4 03320